La semilla que da mucho fruto

«Respondió Jesús y le dijo: Si conocieras el don de Dios, y quién es el que te dice: Dame de beber; tú le pedirías, *y Él te daría agua viva.*»

(San Juan 4:10)

———✸———

«Mas el que bebiere del agua que yo le daré, no tendrá sed jamás.»

(San Juan 4:14)

———✸———

«El que cree en mí, como dice la Escritura, de su interior correrán ríos de *agua viva.*»

(San Juan 7:38)

EL AGUA VIVA

La semilla que da Mucho Fruto

J. Ernesto Aguilar

WestBow
P R E S S
A DIVISION OF THOMAS NELSON

Los libros de WestBow Press pueden ser ordenados en librerías o contactando directamente WestBow Press Division de Thomas Nelson en las siguientes direcciones o número de teléfono:

WestBow Press
A Division of Thomas Nelson
1663 Liberty Drive
Bloomington, IN 47403
www.westbowpress.com
1-(866) 928-1240

Debido a la naturaleza dinámica del internet, alguna de las direcciones de la página web o alguna otra conexión contenida en este libro pueden haber cambiado desde su publicación y no ser válida. Los puntos de vista expresados en este libro vienen del autor y no necesariamente reflejan los puntos de vista del editor y el editor por este medio no se hace responsable por los mismos

ISBN: 978-1-4497-7212-3 (sc)
ISBN: 978-1-4497-7213-0 (hc)
ISBN: 978-1-4497-7211-6 (e)

Número de Control de la Biblioteca del Congreso de EE.UU.: 2012919460

Reina Valera, antigua versión de Casiodoro de Reina (1569)
Revisada por Cipriano de Valera (1602)

Stock fotos son de Thinkstock.

Impreso en los Estados Unidos de Norteamérica

WestBow Press fecha de revisión 01/10/2013

DEDICATORIA

Dedico este libro, en primer lugar, a mi Dios y mi gran
Salvador, El Señor Jesucristo. ¡Gloria a su Nombre!

Y con todo el amor de padre, también
extiendo esta dedicatoria a mis hijos:

Ernesto J. Aguilar, mi hijo mayor (que está ya con el Señor),

Juan Carlos Aguilar,

Un hijo que no conocí, que también está con el
Señor, y mi hija María Virginia Alonso.

RECONOCIMIENTO ESPECIAL

Quiero hacer una mención especial a las personas que me sirvieron de apoyo y estímulo en la publicación de este libro y en momentos difíciles de mi caminata con el Señor:

Mis amados y fieles mentores, William y Marta López.

Ingeniero Arturo Alba, consejero en la Palabra y corrector de pruebas.

Carlos Ramos, fiel compañero y hermano de milicia

Elías Moreno, consejero y fiel hermano en Cristo Jesús.

Que el Señor Jesucristo les bendiga ricamente, como está escrito:

El Señor complace los deseos de los corazones de aquellos que le buscan y le sirven.

Mi agradecimiento por su ayuda y apoyo en todo momento que necesité de ustedes.

CONTENIDO

PRÓLOGO

Conocí a Ernesto cuando yo enseñaba, en el Instituto Bíblico Alpha & Omega en Miami, FL, los cursos de «Fundamentos Bíblicos» y «Realidades de la Nueva Creación». Con el tiempo, hemos mantenido nuestra amistad y hermandad en Cristo Jesús. Una de las muchas cualidades con las que el Señor lo ha bendecido, y que yo le admiro, es la pasión que tiene por quien no conoce a Jesucristo como su Salvador y el deseo de tener la oportunidad de hablarle y explicarle sobre el Evangelio.

Ahora el Señor lo ha llamado a escribir este libro: *El Agua Viva.* ¿Por qué? En la Biblia, en I Juan 2:18, Jesús, hablándoles a sus discípulos les dice: *«Hijitos, ya es el último tiempo;* y según vosotros oísteis que el anticristo viene, así ahora han surgido muchos anticristos; por esto conocemos que es *el último tiempo»;* y en Mateo 24:5-8 les indica: *"Porque vendrán muchos en mi nombre, diciendo: Yo soy el Cristo; y a muchos engañarán. Y oiréis de guerras y rumores de guerras; mirad que no os turbéis, porque es necesario que todo esto acontezca; pero aún no es el fin. Porque se levantará nación contra nación, y reino contra reino; y habrá pestes, y hambres, y terremotos en diferentes lugares. Y todo esto será principio de dolores.»* Todo esto está pasando actualmente, en la mayoría de los países de la tierra y, obviamente, son «señales» de los «últimos tiempos».

Por eso, el contenido del libro *El Agua Viva*, en sus veintitrés capítulos, viene a explicar y detallar la condición actual de los problemas que afectan al mundo en estos últimos tiempos, y enseña cómo salir triunfante y victorioso caminando, hasta el final, de la mano de Jesús.

Arturo F. Alba

PREFACIO

El Agua Viva es para el hombre y la mujer contemporáneos. Todo ser humano debe conocer de su Creador. *El Agua Viva* te indica cual es el camino del éxito y la felicidad en este planeta en que vives y de tu destino final en la vida eterna, donde el tiempo no es.

Se trata del amor de Dios por ti, el cual dejó su Palabra escrita para que la entiendas y creas, sin lugar a dudas, cuánto te ama. En ella encontrarás también la realidad tangible de su existencia y del universo por él creado.

Si eres una persona religiosa o no, si llevas una vida disciplinada según las enseñanzas o educación que has recibido, si en tu vida ha abundado el pecado o malos hábitos o simplemente tratas de vivir según tu propio criterio, si tu vida debido a asuntos familiares, económicos o legales ha tomado un giro demasiado negativo o si, por el contrario, has tenido éxito en tus gestiones debido a tus propias habilidades e inteligencia... En todos y cada uno de estos casos necesitas del Dios vivo, independientemente de tu experiencia y de la edad que tengas. En cuanto a tu salvación, tu edad no tiene significación alguna delante del Dios Eterno.

Dios detesta el pecado, amando con todo su corazón al pecador. Esa es la naturaleza de Dios. Dios además, es un Dios de Pactos. Es necesario que entres en Pacto con el Dios vivo, para que empiecen a fluir las bendiciones sobrenaturales en tu vida.

Ese Pacto debes de hacerlo voluntariamente y de todo corazón para que tome efecto en tu vida, de lo contrario él respeta y no interviene en tu vida, aun si decides rechazar su amor y sacrificio por ti en la cruz; en este caso quedas expuesto a tus propias decisiones.

Él está dispuesto. ¿Lo estás tú? La voluntad de Dios, que es transparente en su Palabra, indica que él entregó su vida por amor a ti. El hombre tiene la decisión final. Dios no interviene en tu vida, a menos que tú se lo pidas; únicamente a través de la oración y entrega a su voluntad es que el Señor interviene, bendiciendo nuestras vidas.

El verdadero Dios, el Dios de Abraham, de Isaac y de Jacob es un Dios personal, te ama y quiere tener una relación íntima contigo, para bendecirte y prosperarte en esta vida sobre el planeta Tierra y en la eternidad. En él estamos completos. Sin él nada puedes.

Tu comportamiento y obras de justicia no pueden salvarte ni prosperarte. Son «trapos de inmundicia ante un Dios Santo.» Todos hemos pecado y hemos perdido la Salvación y felicidad eterna con la cual él nos dotó. Pero él nos rescata. Únicamente por Gracia Divina (favor inmerecido), es que somos Salvos.

Efesios 2:8-9 es uno de los versículos más explícitos de esta gran verdad: *«Por gracia sois salvos a través de la fe, ni siquiera vuestra, es un regalo de Dios, no por obras para que nadie se gloríe.»*

Las bendiciones son para el creyente. La Gloria solo para él. «Él no comparte su gloria con nadie.»

Al leer *El Agua Viva*, que es en realidad su Palabra, tienes la oportunidad, si eres creyente, de afirmar tu vida con la unción de lo sobrenatural y si no lo eres, él te invita a nacer de nuevo, y cambiar de una vida dirigida por tu propia mente carnal, a una vida dirigida por la mente misma de Cristo, sabiendo con pruebas indubitables que con él «somos más que vencedores» en todas las cosas. Amén. Esta es la decisión más importante de tu vida. Este no es un libro más. Su lectura impactará tu vida en forma muy especial

Además encontrarás, expuestas con detalles en este libro, respuestas a preguntas y secretos milenarios, ocultos y extraordinarios, los cuales son revelados en la Palabra, por medio del Espíritu Santo.

I

INTRODUCCION AL TEMA Y LA CAIDA DEL HOMBRE

EL RECIBIR A JESÚS COMO tu Señor y Salvador es ciertamente una experiencia única y marca un cambio radical en la vida del hombre.

Yo conocí al Señor hace ya más de veinte años. Al principio no pensé que nada dramático estaba ocurriendo en mi vida en el campo natural, aunque si entendí desde entonces, que estaba salvo únicamente por la misericordia de Dios, la Sangre derramada en la Cruz del Calvario y el poder revelador del Espíritu Santo. Yo no tenía parte alguna en mi salvación, solamente el haber entendido, tal como lo explica la Palabra, mi condición de pecador, perdido y destituido de la Gloria de Dios, y el haber aceptado, arrepentido, su plan de salvación siguiendo las instrucciones simples y precisas que Él establece en su Palabra.

No tenía idea en aquel entonces que el Señor me pondría a escribir, para testimonio de su nombre, las revelaciones de su Palabra que por su misericordia me hacía, las cuales yo les daba cabida en mi corazón y, en muchas ocasiones, llevaba un recuento por escrito de las mismas. A medida que esto sucedía, vino a mí un deseo, más bien un mandato del Señor, de compartir con otras personas, especialmente fuera de la Iglesia, las revelaciones y bendiciones que Él, en su misericordia, me daba. Revelaciones estas que, aunque no son nuevas para la Iglesia de Jesucristo, permanecían ocultas a una gran porción de los habitantes del planeta y ciertamente muchas de ellas desconocidas, aun dentro del pueblo de Dios.

Estas revelaciones del poder de la Palabra de Dios, del misterio del Evangelio y de la victoria en nuestras vidas a través de Jesucristo, estaban disponibles para cualquier hombre o mujer, que sinceramente dispusiera en su corazón el buscar a Dios, como dice la Palabra: *Creyendo que le halla*. Sentía un deseo intenso de aprender más de este Padre misericordioso y de compartir con otros el amor de Cristo.

De este fuego de mi espíritu fue que nació, primero, un escrito sobre las creencias no bíblicas de la institución llamada «Testigos de Jehová» y el peligro que representan para aquéllos que no conocen el Evangelio y pueden ser engañados por esta doctrina. Ahora, este libro, *El Agua Viva*, presenta el poderoso Evangelio de nuestro Señor Jesucristo, mientras recorre avenidas, paralelas al mismo, con detalles que usualmente no se tocan y de los cuales el Espíritu Santo me inquietó a escribir en este trabajo, en forma simple, directa y práctica.

El mundo está en la actualidad en una resaca de confusión y libertinaje, con muestras cada día más evidentes de insatisfacción e incertidumbre, pues en el fondo de su ceguedad, buscan que se les hable la verdad para llenar el vacío que cada cual tiene dentro de sí. Este vacío solo lo puede llenar el Cristo de la Gloria, nadie más, nada más. Cuando se hace la luz, las tinieblas retroceden y se expone todo lo que hay en casa, sea malo o sea bueno.

Dos aspectos importantes del estado de la sociedad actual, son enfocados en este trabajo. El primero es el estado espiritual del medio académico y profesional. El segundo es el mundo religioso. Es un hecho cierto que el ambiente académico en general, no solo ignora el Evangelio, sino que da por cierto que el mismo trata de asuntos filosóficos y esotéricos, predominantes en personas de bajo nivel de educación y escasos conocimientos, por lo cual no es un tema de competencia importante para ellos. En realidad, se le considera más bien, en estos medios, como un bagaje de extracción atávica y un estorbo en la vida del hombre moderno.

Este concepto está infiltrado en una gran parte de profesionales, políticos liberales y, sobre todo, en los medios de comunicación y en el mundo artístico y publicitario. Toque usted en estos medios el tema de Cristo y lo van a marginar, ya directamente y sin rodeos o en forma velada, dependiendo del caso, la persona y las circunstancias.

Está escrito, el que está en Cristo, el mundo lo rechaza y lo persigue. Fíjese que no se trata de temas religiosos, estos si son bienvenidos como parte de la cultura contemporánea, especialmente si se trata de doctrinas o religiones aceptable por aquellos que rigen o dirigen las tendencias del mundo. Por ejemplo, la nueva era, el budismo, la meditación, la reencarnación, religiones orientales, espiritismo, religiones africanas como la santería, el budú, etc. No importa qué grupo religioso, ni qué tan descabelladas, incongruentes o ridículas (a la luz de la Palabra) sean las creencias de que se trate. Un grupo de personas lo practica y ya esto le da vigencia y respetabilidad en los medios de difusión. Por supuesto, si es un grupo religioso importante con influencias en el mundo económico y político, con toda razón se le da la mejor cobertura periodística, o televisiva, disponible. A diario, se colocan en las primeras páginas de los rotativos importantes una o más noticias de personajes o eventos religiosos. He aquí las palabras mágicas: Globalismo y ecumenismo, conceptos modernos y políticamente aceptables.

Pero ¿qué tal Jesucristo, su amor y enseñanzas?, ¿qué tal la muerte en la Cruz del Calvario como único y suficiente pago por nuestros pecados?, ¡«No, por favor, esas son cosas pasadas, el mundo ya ha cambiado mucho», dicen o piensan los que no aceptan el evangelio!

Podemos hacer una distinción entre la Palabra de Dios (la predicación del Reino de Dios), y conceptos religiosos, ya de personas o de organizaciones humanas, independientemente de la antigüedad o tradiciones de las mismas:

a) La Biblia es la revelación de Dios y de su santa voluntad, dada al género humano e impartida directamente por el Espíritu Santo (Dios mismo).

b) Los diferentes conceptos religiosos tienen su origen en la mente del hombre o la interpretación personal del hombre.

El hombre es un pecador, vive en tinieblas, por lo cual toda idea de Dios, originada por el hombre mismo (humanismo), no viene de Dios sino de la naturaleza caída (pecado) del hombre; por ello, no refleja la verdad de Dios sino la voluntad del hombre, la cual dibuja o imagina al Dios, que él ve en la creación, según sus propios conceptos. Como consecuencia de ello, estas ideas están contaminadas por el pecado mismo, el cual prevalece en el hombre natural (hombre no redimido). Por el contrario, el mensaje de la Palabra de Dios permanece poderoso, singular, único e incomparable con cualquier concepto humanista, pues viene directamente de Dios mismo.

Por supuesto, Jesús no es aceptado por el mundo. Cristo es la luz, señala el pecado y plantea cambios en la vida del hombre. Pero, «¡yo no necesito cambiar, voy bien así!», o aun peor, «¡Yo soy así!». Se trata, dicen ellos, de «asuntos religiosos» que no competen a la dinámica moderna.

La misma reacción del gobierno romano en Jerusalén, cuando los religiosos fariseos acusaban a Jesús de blasfemia y, por lo tanto, decían que era reo de muerte. ¿Será acaso que Jesucristo ya no es noticia hoy en día? La Palabra dice que Jesús es el mismo ayer, hoy y por todos los siglos. Los discípulos y creyentes estaban asombrados ante las maravillas que hacía el Señor. Entonces Él les dijo: «*Mayores cosas que estas harán ustedes, porque yo voy al Padre*» (San Juan 14:12). Jesús dejó equipada su Iglesia para que hiciera las mismas señales que Él hacía. Así Él lo estableció y así es (La multiplicación del Reino).

Diariamente en todo el mundo, la Iglesia de Cristo: Apóstoles, evangelistas, profetas, pastores, maestros, líderes y obreros, sirviéndoles de instrumente al Señor y bajo la unción del Espíritu Santo, curan todo tipo de enfermedades, muchas de ellas graves y terminales, echan fuera demonios, liberan a los oprimidos del diablo, restauran hogares, liberan a los adictos al alcohol, a las drogas y al tabaco. Hay milagros financieros por medio de la fe (en Jesús) de los creyentes, y las personas nacen de nuevo y son transformadas en una nueva creación en Cristo Jesús. También hay hombres, mujeres y niños que han sido levantados de los muertos. Así lo profetizó Jesús y así es. Hay apóstoles, pastores y evangelistas que poseen amplia documentación médica de muchas de estas señales y prodigios, en el campo de la medicina. Hay testigos oculares, incluyendo multitudes, del poder de Cristo Jesús en estos días. Más aun, cada hombre y mujer nacida de nuevo es un testimonio vivo del poder de Jesucristo en la sociedad actual. Cuando esto sucede en un hombre o mujer, se erradica de la vida de esa persona la mentira, el adulterio, la violencia, la contienda, el alcoholismo, la idolatría, la homosexualidad, el crimen, así como las querellas e infelicidad en las familias.

¿Son estos hechos extraordinarios reportados en las modernas y bien equipadas agencias noticiosas en el mundo? La respuesta es demasiado obvia. ¡Ni pensarlo! Además, un hombre o una mujer, liberados por la Sangre Cristo, rechaza en su espíritu muchas de las programaciones radiales y televisivas del mundo. Han sido traídos de las tinieblas a la luz admirable de Jesús y ya no quieren volver al reino de las tinieblas. «El que está en Cristo, nueva criatura es», dice la escritura. (2 Corintios 5:17). Piensa y se proyecta de manera diferente a la usanza del mundo. Además, así está establecido por el Señor. En realidad, se trata de lucha de poderes espirituales de las tinieblas, de los cuales el Señor nos enseñó ampliamente. *«Porque no tenemos lucha contra sangre y carne, sino contra principados, contra potestades, contra los gobernadores de las tinieblas de este siglo, contra huestes espirituales de maldad en las regiones celestes»* (Efesios 6:12), que hacen guerra espiritual, para confundir e impedir que los hombres oigan el Evangelio y sean salvos.

Es parte de la fuerte corriente del liberalismo político y moral de los tiempos. Se busca darle la gloria al hombre y a las instituciones creadas por el hombre. A Dios simplemente se le ignora. Se menciona a Dios, a través de un instrumento religioso, donde es el hombre el que está en control y recibe el debido reconocimiento (gloria) por la obra que él (el hombre) hace. A Dios se le mantiene, allá lejos, en el trasfondo de las cosas. Sin embargo, Dios dice claramente en su Palabra que Él no comparte su gloria con nadie: *«Yo Jehová; este es mi nombre; y a otro no daré mi gloria, ni mi alabanza a esculturas.» (Isaías 42:8).* Los beneficios y las bendiciones de Dios son para los creyentes. Dios se complace en las mismas. La gloria es solo para Él.

Mientras tanto, en los medios de comunicación, todo se justifica, si se tiene audiencia y produce la rentabilidad que se busca. Autores, comerciantes y técnicos, colaboran con el enemigo sin darse cuenta de que van a su total destrucción, a menos de que se arrepientan a tiempo. De ahí la inmoralidad de las telenovelas, la violencia en la televisión, los programas con lenguaje soez y exposición ante los televidentes de toda la horrenda bajeza del comportamiento humano, motivada por la falta de orden y principios en estas personas, las cuales, a su vez, han sido víctimas de una crianza humanista, secular y aun religiosa, una religión no Cristo-céntrica, que no enseña cambios en la vida del hombre, tal como lo demanda Cristo mismo, sino mas bien manipulan las enseñanzas religiosas para aparentar que las mismas justifican su comportamiento, vida y manera de pensar, las cuales son apoyadas por parte del público que los escucha. Así viven aislados del conocimiento y del amor de Dios, y sus vidas de proyección pública reflejan, claramente, su condición de hombre caído.

Todo esto tiene un efecto negativo e impulsa el aumento del crimen, aun dentro de los hogares y colegios. El alcoholismo, la drogadicción, el aborto, la homosexualidad y el maltrato de niños, incluyendo el abuso o maltrato sexual de los mismos.

Esta situación que se proyecta cada día más en las noticias periodísticas, no es más que la resultante de la aberración sexual, que se enseña a través de la televisión, en conspiración con la mayor parte de los medios de comunicación, y la complicidad de las escuelas, muchos de cuyos directores han sido contaminados por esta corriente del pensamiento liberal.

El Agua Viva es un llamado en amor, para que los que así piensan y para el público en general, el cual es víctima directa de la falta de principios de la sociedad en que vivimos. Al mismo tiempo, *El Agua Viva* ofrece datos científicos e históricos que respaldan el acontecer bíblico y la palabra profética, comenzando en Génesis, con la semilla de la mujer, y terminando en el Apocalipsis, con el triunfo final del Rey de reyes y Señor de señores y su Iglesia, la esposa del Cordero, «*a la cual se le ha sido concedido el vestirse de lino fino, limpio y resplandeciente.*» (Apocalipsis 19:8).

Es cierto que el Evangelio se cree por fe. «Sin fe es imposible agradar a Dios», dice la Escritura, sin embargo, también es cierto que hay tal poder y acumulación de la verdad de Dios en los Evangelios que estos pueden someterse a escrutinio y cuidadoso estudio. Incluyendo cientos de profecías emitidas cientos y miles de años antes de que fueran cumplidas al detalle y registradas, tanto en el Antiguo como en el Nuevo Testamento. Obviamente, esto no es obra de hombres. Al estudiar cuidadosamente la Palabra, vamos a ver la Verdad desbordarse e iluminar el corazón de todo hombre. Como que nos asaltan, de repente, la hermosura, el amor, el poder y la gracia del poderoso Evangelio de nuestro amado Salvador.

El hombre natural reconoce que no sabe ni de dónde vino ni a dónde va. Esto es tan cierto en el hombre común, como en aquellos laureados con premios internacionales y en posiciones de eminencia académica, tanto en el campo de las ciencias, de las letras o de la religión. Esto es tan cierto en el mendigo como en el que vive en riquezas y plena abundancia. No hay nadie que sepa, entre los vivos, ni tan siquiera uno. Solamente hay uno que sabe: El único que se levantó de la tumba con cuerpo glorificado y el cual antes de su muerte temporal profetizó: *«Yo sé de donde he venido y a donde voy»* (San. Juan 8:14). *«Por eso me ama el Padre, porque yo pongo mi vida para volverla a tomar. **Nadie me la quita, sino que yo de mi mismo la pongo. Tengo poder para ponerla, y tengo poder para volverla a tomar. Este mandamiento lo recibí de mi Padre.»** (San Juan 10:17-18).*

Esto fue exactamente lo que dijo (profetizó) y esto fue exactamente lo que hizo (cumplió). Una profecía más, cumplida al pie de la letra, para testimonio de aquellos que pueden creer. Este hecho histórico hace de Jesús un personaje singular, único y extraordinario. Las profecías sobre su nacimiento, vida, muerte y resurrección, y el cumplimiento de las mismas, en minuciosos detalles, lo colocan a Él en posición aparte e incomparable a cualquier espécimen del género humano, a través de toda su historia. Es a Él a quién seguimos. Es a Él a quién creemos. *«Jesús, el Verbo»* (San Juan 1:1), *«El Alfa y la Omega», «El Todopoderoso»* (Apocalipsis 1:8).

Hay razones poderosas para creer. Cada día, más mujeres y hombres, destacados en las ciencias y en las letras, se suman a la Iglesia de Jesucristo, incluyendo científicos y astrónomos. Es importante que el lector bíblico entienda que la Biblia es un libro único, escrito (inspirado) por Dios mismo. De manera que, cuando se lee o se cite, se le preste absoluta atención y se obedezca la Palabra, como lo que es: Palabra de Dios.

El Agua Viva establece, por la Palabra misma, que la Biblia es Palabra de Dios y que la misma se está cumpliendo, a medida que la leemos y nuestro espíritu la recibe, bajo la enseñanza del Espíritu Santo (Dios mismo). La parte científica del libro ha sido manejada en lenguaje simple, sin pretensiones técnicas, pues es importante que todos podamos comprender y sentir lo que dice la escritura: No te avergüences del Evangelio, no importa quién esté delante de ti, esto lo decimos con humildad, pues es ciertamente el Señor quien nos equipa, fortalece y nos da sabiduría. No es necesario ser graduado en ciencias para poder razonar y entender, por ejemplo, que nuestro sistema solar es la resultante de la ejecución de un diseño perfecto y que ese diseño requiere, como consecuencia de causa y efecto, un diseñador sobrenatural, el cual dejó en la Biblia sus huellas indelebles e indisputables.

El otro aspecto que toco, con énfasis y en detalles, es el aspecto religioso, los llamados «latinos», nacidos y educados en Ibero América. Aunque cada país tiene su propia cultura y tradiciones, sin embargo tenemos en común, además del idioma, la huella de una cultura religiosa, cuya gama de creencias se extiende desde el Catolicismo tradicional hasta dioses de origen tribales y religiones ocultistas, tales como los rosacruces, el espiritismo, santería y otras. Estas religiones, muchas veces, son curiosamente mezcladas, lo cual forma parte de nuestras tradiciones y bagaje cultural. De todas ellas, la de mayor influencia es el Catolicismo. Debido a ello, la enseñanza Católica doctrinal es importante, pues es en esta religión en que hemos nacido y crecido la gran mayoría de los creyentes de habla hispana. Somos, en muchos aspectos, el producto de una cultura Católica. El análisis que hago de esta religión no se refiere, en manera alguna, a líderes o personas, en particular, dentro de la historia de la Iglesia Católica, ya que no se trata de críticas personales, tampoco de las obras de caridad dentro de esta institución. Se refiere a la enseñanza que imparte la iglesia Católica, en relación con la impartida en la Iglesia Apostólica original, en estricto acuerdo a la Palabra de Dios.

¿Por qué tocar este tema? En la exposición del poderoso y Santo Evangelio de Paz y Salvación, hay muchos religiosos que aman al Señor, pero desconocen las diferencias doctrinales importantes, entre la religión y la Palabra de Dios. Lo cual es de suma importancia para el conocimiento del verdadero propósito de Dios en nuestras vidas. Al mismo tiempo, hay multitud de religiosos de distintas tendencias, que buscan al Señor sinceramente y desconocen esas diferencias, especialmente el hecho de que las mismas son fundamentales para la salvación. ¿Podemos amar y entregarnos a alguien que no conocemos? Muchas personas creen, de buena fe, que pertenecen a la Iglesia del Señor y que caminan en las enseñanzas de la Biblia, desconociendo el hecho d que muchas de estas doctrinas religiosas no han sido establecidas por la Palabra de Dios, sino que se han desviado de la misma, tanto en lo superficial como en lo esencial.

En el libro de San Judas, versículo 3, el apóstol nos manda a contender ardientemente por la fe. El apóstol San Pablo, en el libro de Gálatas 1:8-9, nos amonesta y advierte: *«Mas si aun nosotros, o un ángel del cielo, os anunciare otro evangelio diferente del que hemos anunciado, sea anatema. Como antes hemos dicho, también ahora lo repito: Si alguno os predica diferente evangelio del que habéis recibido, sea anatema.»* El evangelio se predica como está escrito, sin agregarle ni quitarle. – El Señor dijo: *«Santifícalos en tu verdad; tu palabra es verdad»* (San Juan 17:17). La verdad del evangelio hay que proclamarla a viva voz, pues en ella reside la vida. Sus palabras son Espíritu y son vida – **Callar es hacerse cómplice del enemigo.**

El enemigo no es el hombre, ni las instituciones que este dirige. En Efesios 6:12, la escritura nos explica que se trata de guerra espiritual trazada por el diablo: Satanás y sus cohortes. Querido lector, si usted no tiene la certeza de su salvación, independientemente de su religión, le exhorto por el amor de Jesucristo que murió por usted, crucificado y desnudo en las afueras de Jerusalén, que acepte a Jesús como su Señor y Salvador hoy mismo. No le estamos invitando a un cambio de religión, sino a entrar en una relación personal con el Cristo de la Gloria. Esto no se logra a través de ritos o doctrinas creadas en la imaginación de hombres, tampoco se hereda o se adquiere por ósmosis, debido a tradiciones familiares o religiosas.

Esto puede hacerse únicamente en forma individual y de acuerdo al plan de salvación que Jesús dejó bien establecido en su Palabra. Tan de capital importancia es el conocer el Plan de Salvación, que él dejó su trono en los cielos para venir a ejecutarlo, personalmente, y después que lo hizo nos dejó el Evangelio y su explicación detallada del mismo. (Cuidado con confundirlo con religión alguna, doctrinas de origen humano, prácticas ocultistas o filosofías académicas).

El propósito de este libro, escrito en obediencia a Nuestro Señor Jesucristo, para su honra y para su gloria, es que todo lector reciba la bendición y la salvación ganada para él o para ella, por Jesús en la cruz del Calvario, para todo aquel que busca sinceramente a Dios, sin excepción de persona ni de religión. De gracia recibisteis, dad de gracia. Amén.

RELIGIÓN O RELACIÓN

En los mismos comienzos de la humanidad, (Génesis 11), vemos cómo los hombres empezaron a construir una torre muy alta que llegara hasta el cielo, con la intención de alcanzar a Dios con sus propios esfuerzos. En el versículo 7 y 8 del mismo capítulo, vemos cómo Dios les confundió las lenguas para interrumpir su obra y los esparció por toda la Tierra. Esta es la historia de la Torre de Babel, el primer esfuerzo organizado de los hombres para alcanzar a Dios. Fue de hecho el primer sistema religioso creado por los hombres.

Dios condenó y destruyó sus esfuerzos, aunque sus intenciones parecían buenas. Siglos después, en el primer capítulo de Isaías, (aprox.800 años AC), desde el versículo 10 al 15, Dios explica en detalles cómo aborrece las actividades religiosas del pueblo de Israel, las mismas actividades de adoración y holocausto que Él estableció para darle honra y gloria, pero que se volvieron pura vanidad de ritos y fiestas solemnes, sin que hubiera un corazón arrepentido y humillado ante el Señor. *«No me traigan vanas ofrendas; el incienso me es abominación, luna nueva y días de reposo, el convocar asambleas, no lo puedo sufrir; son iniquidad vuestras fiestas solemnes, vuestras lunas nuevas y vuestras fiestas solemnes las tiene aborrecidas mi alma; me son gravosas; cansado estoy de soportarlas.» (Isaías 1:13-14).*

No se agradaba Jehová de la religión. Vayamos al Nuevo Testamento sin apartarnos del tema. Uno de los pasajes más explícitos lo encontramos en Lucas 18:10-14:

«Dos hombre subieron al templo a orar: Uno era fariseo (religioso), y el otro publicano (típico pecador). El fariseo puesto en pie, oraba consigo mismo de esta manera: Dios, te doy gracias, porque no soy como los otros hombres, ladrones, injustos, adúlteros, ni aun como este publicano; ayuno dos veces a la semana, doy diezmos de todo lo que gano. Mas el publicano, estando lejos, no quería ni aun alzar los ojos al cielo, sino que se golpeaba el pecho, diciendo: Dios se propicio a mi pecador. Os digo, que este descendió a su casa justificado, antes que el otro; porque cualquiera que se enaltece, será humillado; el que se humilla será enaltecido.» Jesús no indica, en este pasaje, que el religioso fariseo estuviera mintiendo en el recuento de su religiosidad, más bien claramente nos hace ver que el genuino arrepentimiento del pecador (publicano), y la búsqueda de Dios con todo su corazón , es lo que agrada y mueve su mano. En el evangelio de San Mateo 7:21-23, Jesucristo mismo le advierte a los religiosos:

«No todo el que me dice: Señor, Señor, entrará en el reino de los cielos...» (Verso 21). *«Muchos me dirán en aquél día: Señor, Señor, ¿no profetizamos (predicamos), en tu nombre, y en tu nombre echamos fuera demonios...?»*

(Verso 22). «Y entonces les declararé: Nunca os conocí; apartaos de mí, hacedores de maldad.» (Verso 23).

La clave en este pasaje es que el Señor dice: *«no os conocí.»* ¿Cómo que no os conocí? Dios es omnisciente, todo lo sabe, todo lo conoce. ¿Cómo entonces es que dice: No os conocí?

El Dios del universo envió a su unigénito hijo, Jesucristo, no para que fuésemos parte de ninguna religión; vemos que Dios detesta las religiones. Nos envió a su unigénito hijo para que tuviésemos **relación** con Él. Relación íntima, conocimiento del Señor de acuerdo a su plan de salvación. Rendirnos, obedecer y depender personalmente de Él. ¡Esa es la clave! Por eso es que Él, eventualmente, le dirá a muchos religiosos: «Apartaos de mí, no os conocí.» No buscaron la relación, ni el «conocerlo» a Él, tal como está establecido en su Palabra.

Para aquellos que ya conocen a Jesús a través de su evangelio, es muy importante no descuidar nuestra relación y continua comunión con el Señor. Muchas veces, aun conociendo al Señor, podemos involucrarnos demasiado en actividades, aun buenas, y olvidarnos de ir a Él, fuente de Agua Viva.

Es la relación, o el conocimiento de Él, por medio de la obediencia, adoración y la búsqueda de su rostro, lo que Él quiere de nosotros. ¿Ya eres hijo de Dios?, ¿Ya le conoces a Él? No descuides tu relación e intimidad con Él. Es en esta intimidad en que Dios te revela los propósitos que Él tiene para tu vida. *Dice en Jeremías 33:3 «Clama a mí, y yo te responderé, y te enseñaré cosas grandes y ocultas que tú no conoces.»*

Entonces él te indicará claramente las obras que tú debes hacer en tu nueva vida.-- Efesios 2:10: *«Porque somos hechura suya, creadas en Cristo Jesús, para buenas obras, las cuales Dios preparó de antemano para que anduviéramos en ellas.»* ¡En él estamos completos!

LA CAIDA DEL HOMBRE

Antes de tocar el tema de la caída del hombre, es necesario despejar los aires de tradiciones especulativas, que nada tienen que ver con el relato de lo acontecido en el Jardín del Edén. Satanás se ha encargado de distorsionar la revelación y el maravilloso mensaje de Génesis, haciendo creer que el pecado original, fue un pecado sexual entre Adán y Eva. Multitud de personas aun piensan así, con la anuencia de algunas instituciones religiosas.

Veamos, Dios crea al hombre y a la mujer, les da un cuerpo maravilloso, diseñado sexualmente el uno para el otro, los bendice con el placer extraordinario de la unión de ambos cuerpos, les da el mandato de multiplicarse y poblar la tierra y cuando ejecutan ese mandato, ¡Ah!, entonces los castiga. ¿Cómo es posible?, ¿Es acaso Dios arbitrario?, ¿Se puede acaso amar a un Dios así? ¡Nada más alejado de la enseñanza de las Escrituras!, los capítulos 1, 2 y 3 de Génesis no enseñan, ni remotamente tal cosa. (antes del pecado original ya eran ellos marido y mujer, véase Génesis 3:6), (después que comieron de la fruta del conocimiento del bien y el mal , entonces fueron expulsados del Huerto del Eden , para evitar que comieran también del fruto de la vida, para que no vivieran eternamente. Genesis 3:22-24)

La unión matrimonial, así como el disfrute sexual del hombre y la mujer casados, tal como lo estableció Dios, es una de las bendiciones maravillosas de Dios al hombre, la cual recibieron gozosos Adán y Eva y nada tiene que ver con pecado.

Satanás por supuesto se ha encargado de engañar al ser humano, torciendo la creación de Dios, creando, el aberrante concepto del sexo ilícito, el cual si es pecado: Fornicación, adulterio, homosexualismo y tantas otras desviaciones sexuales, las cuales traen al hombre enfermedades, dolores, contiendas y muerte. El sexo ilícito es una de las resultantes del pecado original y no el pecado original mismo. Aclarado esto, entremos en este importante tema.

¿Cuál es entonces el pecado original, que produce la separación del hombre de la bendición perpetua de Dios, cayendo bajo la maldición del pecado, él y todos sus descendientes? Vemos, en las primeras letras descriptivas del comienzo de la creación, cómo Dios le habla a la tierra, al aire, y al agua para crear la luz, las plantas, los animales, los peces, etc., pero para crear al hombre, Dios habla consigo mismo, lo cual nos revela la naturaleza de Dios, así como el amor y el diseño creativo de características especiales que Él utilizó, para la creación del ser humano: *«Hagamos al hombre a nuestra imagen y conforme a nuestra semejanza» (Génesis 1:26)*. La obra maestra de la creación de Dios, el hombre, es hecho a semejanza de Dios.

Dios: Padre, Hijo y Espíritu Santo. (Dios uno solo es).

El Hombre: Espíritu, Alma y Cuerpo. (El hombre es también uno, en su concepción).

Dios crea al hombre y a la mujer, como arrancada del cuerpo mismo del hombre. Dios crea al hombre, género humano (hombre y mujer). Un solo ser y le da a este ser una dualidad de capacidad única, que ningún otro ser creado tiene:

a) Voluntad propia (libre albedrío)

El propósito de Dios al crear el hombre es hacerse de una familia, bendecirla y compartir con ella.

b) Señorío sobre todas las cosas creadas

El hombre no solo podía determinar libremente qué hacer o qué no hacer con su vida, sino que, además, sin ningún entrenamiento o preparación previa, Dios le da la potestad o el poder, para gobernar la tierra y todo lo que en ella hay. Todos los animales, a los cuales

Adán les puso nombre, estaban sometidos en mansedumbre al hombre; él era en realidad el Señor o Rey de la Tierra.

¿Cómo es posible que Dios le haya entregado a un ser humano recién creado tanto poder? Por dos razones, ambas poderosas en Dios:

1. El hombre no conocía el pecado y tenía la naturaleza de Dios, lo cual indicaba que no podía ejercer mal alguno (pecado), pues no conocía tal cosa. Igualmente, todas sus decisiones y obras eran de naturaleza creativas, justas y perfectas.

2. Dios le dio su Palabra, instrumento poderoso y suficiente para una vida feliz, abundante, emocionante, llena de gozo y... eterna. Coronándole, además, con el hermoso regalo de la mujer, su mujer - la belleza extraordinaria de Eva, hueso de sus huesos y carne de su carne- y con el mandato de*: «Fructificad y multiplicaos; llenad la Tierra y sojuzgadla.»* ¡La Tierra estaba sometida al hombre! (Génesis 1:28).

¡Gloria a Dios! ¡Con razón era un paraíso terrenal!

Esta era la situación del hombre antes de la caída: Vida abundante, felicidad, gozo, trabajo creativo, interesante, emocionante, comunión diaria con su Padre Celestial, bendiciones nuevas cada día, imposibilidad de cometer errores, torpezas o tener sentimientos de temor, resentimiento, odio, envidia o rechazo, además de ausencia total de enfermedades, accidentes o muerte y el disfrute de Eva su mujer, dada por esposa.

¿Dónde estaban los altares, los sacrificios, las ofrendas, ritos y oraciones en aquellos primeros pasos del hombre en la Tierra?, ¿Dónde estaba la religión? No había nada de esto, la religión ni existía ni era necesaria. ¿Por qué? Porque había una relación de gozo e intimidad con el Señor, sin que nada pudiera interrumpirla para siempre. Así lo había diseñado Dios. Esa era su voluntad. ¿Acaso no estaría el hombre instruido, advertido y preparado para evitar que el mal, la enfermedad, los accidentes, dolores y sufrimientos entraran en su vida y en su familia? Definitivamente, sí estaba debidamente instruido en todo lo necesario para la preservación de su estado de vida abundante, a través del poder y la sabiduría de la *Palabra de Dios.* La Palabra de Dios les instruyó y ellos, Adán y Eva, recibieron y entendieron la instrucción cabalmente. ¿Cómo lo sabemos? (Referencias: Capítulos 1, 2 y 3 del Libro de Génesis.)

Porque es Eva quién rechaza los argumentos de Satanás, cuando este le miente diciéndole: «Aunque dijo Dios que de todos los árboles del huerto no comeréis»... y seguidamente le ofreció la fruta del árbol del conocimiento del "Bien y del Mal." Fue Eva misma quién corrigió a Satanás, en dos falsos conceptos (mentiras) emitidos por éste, con la intención de confundir y engañar. Eva le respondió al maligno con Palabra de Dios, la cual rechazaba y rectificaba el engaño del maligno.

La respuesta de Eva está en Génesis 3:2-3: *«Y la mujer respondió a la serpiente: Del fruto de los árboles del huerto podemos comer; pero del fruto del árbol que está en medio del huerto dijo Dios: "No comeréis de él ni le tocaréis para que no muráis»* ¿Por qué entonces cayeron en la trampa tendida por el enemigo?: Por desobediencia (rebelión). Usaron la misma bendición que Dios les había otorgado (voluntad propia) contra el consejo sabio y prudente de Aquel que les dio la vida. Al desobedecer, *el pecado* y sus devastadoras consecuencias entraron en sus corazones y en el mundo.

Tenían ambos, no solo la instrucción necesaria para rechazar el pecado, sino que sabían además, las consecuencias de transgredir la Palabra: Génesis 2:17 *«Mas del árbol de la Ciencia del Bien y del Mal no comerás, porque el día que de él comieres ciertamente morirás.»* Esta fue la instrucción precisa que recibió Adán directamente de Dios; instruyendo a su mujer posteriormente de la misma. ¿Entonces cuál fue el pecado original? **Desobediencia a la Palabra de Dios/**

Rebelión. Al desobedecer a Dios y aceptar la tentación del enemigo, **el hombre le da a Satanás derecho legal sobre su vida y la de sus descendientes.**

¿Por qué Dios creó el árbol del bien y del mal? Pudiéramos especular o simplemente preguntarnos. La respuesta es bien simple: Habiendo dotado Dios al hombre de libre albedrío o voluntad propia con el poder y derecho a escoger libremente, (la libertad, es un don y derecho dado por Dios al hombre), era importante entonces, que Dios, desde el principio le enseñara al hombre que no todo lo que el eligiera en la vida era bueno o de bendición, que únicamente siguiendo su Palabra voluntariamente, es que tenía la seguridad de siempre vivir en victoria. De no haberlo diseñado así ¿Cómo es que el hombre podría haber sabido que ciertas decisiones o elecciones en su vida eran dañinas a su vida? Debido a esta sabiduría Divina, fue que Eva sabía perfectamente que debía elegir y las consecuencias de elegir en oposición a la Palabra. **Eva, aunque bien instruida, se dejo engañar por el enemigo,** contaminando también a Adán y toda sus descendencia (nosotros).

Vive en obediencia a la Palabra (el diseño de Dios) y tendrás vida y vida abundante. Vive de acuerdo a tus propias ideas o según tu propio criterio, tu propia voluntad y el resultado va ser: fallas, tropiezos, sufrimientos y muerte. La misma disyuntiva presentada a Eva por Satanás tienen que enfrentar el hombre y la mujer de hoy, se le llama humanismo. Lo cual consiste en la solución de los problemas que confronta el hombre moderno, no por medio de Dios, sino a través del hombre mismo. *Los caminos que parecen rectos al hombre, son caminos de muerte.*

¿Qué escoges tu hoy, la muerte o la vida, la maldición o la bendición? Dios nos ama y quiere evitar que nos extraviemos en caminos torcidos.

Cuando te lanzas de una altura y te golpeas o destruyes tu vida, no es que Dios te haya castigado, es que has ignorado la ley de la gravedad, una de las leyes físicas del planeta. Al violar una ley se produce una consecuencia negativa. De la misma forma, existen leyes espirituales, establecidas en la Palabra.

Si desobedeces una ley espiritual: Recoges la consecuencia de dicha infracción. Pudieras decir, ¡yo no creo en esas leyes!, ¿qué tal si no crees en la ley de la gravedad?. ¿Te pudieras entonces lanzar de un quinto piso, sin consecuencias para tu vida? Las leyes espirituales son anteriores a las físicas, aun si no crees en ellas se van a cumplir en tu vida: Las obedeces con sabiduría, para gozo y bendición, o las desobedeces, para tropiezo y maldición. (Leer las bendiciones en Deuteronomio 28:1-14. Leer las consecuencias de la desobediencia, maldiciones, en Deuteronomio: 28:15-68.)

Él nos ama entrañablemente y, como Padre fiel, nos dirige por caminos de victoria y gozo eterno, pero en manera alguna, nos obliga o nos impide ejercer la libre voluntad que Él nos otorgó, al crearnos a su imagen y semejanza. Si insistes en seguir en tus propios caminos, lo que Él hace en su infinito amor y sabiduría es advertirnos que el entrar en actividades que no son aprobadas por Él, nos conduce al sufrimiento y a la muerte; este llamado está en toda la Palabra: desde Génesis hasta Apocalipsis. Aun después de la caída y rebelión contra su voluntad, Dios mantiene el regalo otorgado al hombre desde el principio: Libre albedrío y voluntad propia. Dios tiene pacto con su Palabra y nunca ha de violarla. Debido a este regalo dado al hombre es muy importante entender que, cuando vamos a Dios, tenemos que pedirle en oración y con toda sinceridad que intervenga en nuestras vidas y nos bendiga; de lo contrario, Él no lo hará, pues no quiere violar nuestra condición de hombre libre.

¿Tenemos que darle acaso permiso a Dios para que intervenga en nuestras vidas y en los asuntos de la Tierra? Así es. Es necesario, imprescindible y parte fundamental en toda la Palabra, que el hombre una vez que sea rescatado de la condición de pecador perdido, tiene que comunicarse mediante la oración y pedirle que intervenga y dirija nuestras vidas y asuntos en la Tierra. Si se lo pedimos sinceramente, él lo hará, como Padre amoroso que es.

El hombre al contaminarse, él y su descendencia, con el germen del pecado, se separa de Dios. Dios es luz, verdad, vida y gozo y no puede habitar en medio del pecado, tinieblas, incertidumbre, sufrimiento, violencia y muerte. El hombre, la creación maravillosa de Dios, le ha fallado a su creador: Al ceder a la tentación de Satanás, le otorgó el *derecho legal* al enemigo de intervenir y manipular nuestras vidas y nuestra descendencia. El enemigo, Satanás, contrario al amor de Dios, no nos pide permiso para interferir en nuestras vidas, causando conflictos, dolor, sufrimientos y destrucción, tanto en el ámbito personal, como familiar, material y espiritual. *«En los cuales el dios de este siglo (Satanás), cegó el entendimiento de los incrédulos, para que no les resplandezca la luz del evangelio de la gloria de Cristo, el cual es la imagen de Dios» (2 Corintios 4:4).*

¿Son entonces todas las calamidades, guerras y crímenes en el mundo el resultado de la voluntad y de la condición caída del hombre mismo? Así es. ¿Cuál entonces es la salida de la presente condición del hombre y de la contaminación del mundo?

1 Corintios 15:21-22

«Por cuanto la muerte entró por un hombre (Adán), también por un hombre (Jesucristo), la resurrección de los muertos. Porque así como en Adán todos mueren, también en Cristo todos serán vivificados.»

Era necesario otro hombre para rescatar al hombre caído. De otra manera, la criatura cumbre de la obra de Dios habría sido derrotada por la perfidia del enemigo. ¿Cómo puede Dios, mediante el hombre mismo, restablecer la vida, la paz y el orden de Dios, sin quitarle al hombre la soberanía que le dio sobre el planeta? Dios tiene la respuesta mediante su poderoso Evangelio: Vayamos al próximo capítulo de este recuento histórico y profético, para encontrar la respuesta extraordinaria de Dios.

II

EL EVANGELIO

LA VIDA ETERNA SE RECIBE por Gracia. Es un regalo hermoso, único. **Lo más importante en la vida del hombre**. Es un encuentro personal con Jesús.

Es de monumental importancia entender que: *«Somos pecadores y hemos sido destituidos de la Gloria de Dios»* (Romanos 3:23); en *Éxodo 4:7, leemos «de ningún modo tendrá (Dios) por inocente al malvado (pecador).»* Nótese que antes de la entrada de Jesucristo al ministerio, vino primero Juan el Bautista a proclamar el bautismo de arrepentimiento. Juan fue el precursor del Señor, el que anunció, preparó y allanó el camino para su venida, así también el arrepentimiento es el antecedente o precursor de la salvación. La palabra «arrepentimiento» es traducida de la palabra «metanoia» del griego original, (idioma en que se escribió el Nuevo Testamento). Esta palabra indica cambio de dirección, cambio de actitud y de comportamiento, cambio total. De esta palabra griega se deriva la raíz etimológica de la palabra del idioma castellano, la cual indica transformación total o el renacer de una nueva y diferente criatura. Ya sabemos, como es que la oruga que se arrastra como gusano vil, se convierte en una hermosa criatura de vividos colores la cual tiene la libertad y facultad de volar y visitar, como embajadora de vida, a las hierbas y a las flores del campo. Este fenómeno natural se conoce con el nombre de «metamorfosis».

No es el arrepentimiento un remordimiento temporal, debido a que hemos hecho mal o tenemos consecuencias negativas por nuestro comportamiento, sino más bien, es el detestar y apartarse del pecado, el cual nos separa de Dios, de sus bendiciones y de la salvación eterna. Es el arrepentimiento un cambio interno y total en la vida del hombre, producido no por el hombre mismo, sino por haber recibido al Espíritu Santo, el cual es el motor e inductor que transforma nuestras vidas.

Jesús vino a predicar el Reino de Dios, pero para entrar en la luz del Reino es necesario primero arrepentirse, o «nacer de nuevo», tal como Jesús mismo le enfatizó repetidamente a Nicodemo, Principal de los judíos (Leer San Juan 3:1). Lo primero que predicó Jesús al iniciar su ministerio fue: *«Arrepentíos porque el Reino de los Cielos se ha acercado» (Mateo 4:17).*

Las buenas nuevas del Evangelio de nuestro señor Jesucristo son que Él hizo todo por nosotros. Somos salvos únicamente, creyendo por fe, en el poder redentor de su sangre. *«Hemos sido comprados por precio»* (1 Corintios 6:20). Somos salvos creyendo que su sacrificio voluntario en la cruz del Calvario fue el pago o rescate, suficiente y total por nuestros pecados. Es muy importante entender que, en la misma forma que somos salvos mediante la fe en Él, si revertimos el concepto, al rechazarlo, somos condenados:

«Porque de tal manera amó Dios al mundo, que ha dado a su Hijo unigénito hijo, para que todo aquel que en Él cree, no se pierda, mas tenga vida eterna. Porque no envió Dios a su Hijo al mundo para condenar al mundo, sino para que el mundo sea salvo por Él. El que en Él cree, no es condenado; pero

el que no cree, ya ha sido condenado, porque no ha creído en el nombre del unigénito Hijo de Dios.» (Juan 3:16-18)

Es un regalo inmerecido. No hay nada que el humano pueda hacer para ganar su salvación. Hay abundante escritura sobre esta salvación inmerecida; veamos dos versículos bien explícitos. Efesios 2:8-9:*«Porque por gracia sois salvos por medio de la fe; y esto no de vosotros, pues es don de Dios; no por obras, para que nadie se gloríe.»*

Tito 3:5-7: *«Nos salvó, no por obras de justicia que nosotros hubiéramos hecho, sino por su misericordia, por el lavamiento de la regeneración y por la renovación en el Espíritu Santo, el cual derramó en nosotros abundantemente por Jesucristo nuestro Salvador, para que justificados por su gracia, viniésemos a ser herederos conforme a la esperanza de la vida eterna.»*

Más aún, *Romanos 3:20: «Ya que por las obras de la ley ningún ser humano será justificado (salvo) delante de Él.»*

La salvación, como todo regalo, necesita de alguien que lo reciba. Usted puede recibir a Jesús y ganar la vida eterna, además de ser transformado desde el momento mismo que lo reciba, o puede razonar en su mente (levantar argumentos como hizo Eva) y rechazarlo ya abiertamente, o tomar una posición aparentemente neutral. Es una decisión, que todos tenemos que hacer, la Palabra nos enseña que hoy es el día de salvación.

Dios nos enseña en su Palabra que estamos con Él, o contra Él. No hay neutralidad en la dimensión espiritual. Usted, o está con Jesús o con el enemigo. (Mateo 12:30 – *«Y amarás al Señor tu Dios con todo tu corazón, y con toda tu alma, y con toda tu mente y con todas tus fuerzas. Este es el primer mandamiento.»*)

La mayoría de los habitantes del planeta viven engañándose a sí mismos: Pertenecen a un grupo religioso, quizá a una religión cristiana, pero viven una vida mundana; no hay diferencias entre sus vidas y las vidas de los impíos. Lo que les sucede, a los que así viven, es que no han recibido al Cristo vivo en su corazón, a la persona de Jesús. Jesús no es el señor de sus vidas, «no han nacido de nuevo».

San Juan 3: 3: *«Respondió Jesús y le dijo: De cierto, de cierto te digo, que el que no naciere de nuevo, no puede ver el reino de Dios.»*

San Juan 1: 11-12: *«A lo suyo vino, y los suyos no le recibieron. Mas a todos los que le recibieron, a los que creen en su nombre, les dio potestad de ser hechos hijos de Dios.»*

2 Corintios 5:17: *«De modo que si alguno está en Cristo, nueva criatura es; las cosas viejas pasaron; he aquí todas son hechas nuevas.»*

Consecuentemente, no son salvos, no han recibido el regalo de la vida eterna. Manipulan su fe y viven practicando el pecado, para su propia perdición. Es difícil engañar al hombre. ¿Podremos engañar a Dios?

Es importante anotar que lo contrario es igualmente cierto: Una persona de vida moral y ordenada, sin el conocimiento de Cristo, ha basado su comportamiento en <u>su propio pensamiento</u>, es recto ante sus propios ojos. Este tipo de persona está igualmente perdida. *Isaías 64:6: «Si bien todos nosotros somos como suciedad y todas nuestras justicias como trapos de inmundicia.»*

Por supuesto ambos prototipos pueden ser salvos, si hay arrepentimiento y búsqueda del Señor, antes de partir de este mundo. El arrepentimiento bíblico implica cambio de dirección. Cristo no es una religión. Cristo es el poder de Dios revelado en la carne.

Él es una persona, Él es el Mesías (el enviado), Él es Dios y quiere tener una relación personal e íntima con aquellos que lo reciben a Él y a los cuales les quiere dar el regalo de la vida eterna. Esto es lo que la Biblia llama *conocerlo a él* (relación íntima). Somos salvos y nacidos de nuevo, creyendo en Él (en su Palabra) y su sacrificio en la Cruz del Calvario, como pago *total y suficiente* por todos nuestros pecados. Que sea Él, el Señor de tu vida, caminar en obediencia. La Palabra nos enseña con claridad meridiana que hay un solo nombre en el cual podamos ser salvos y un solo mediador entre Dios y los hombres.

Hechos 4.12 «Y en ningún otro hay salvación; porque no hay otro nombre bajo el cielo, dado a los hombres, en que podamos ser salvos.»

1 Timoteo 2:5 ***«Porque hay un solo Dios, y un solo mediador entre Dios y los hombres, Jesucristo hombre.»***

Es muy importante recibir la revelación de los dos pasajes anteriores. Aunque Jesucristo era (y es) Dios en la carne, fue su inmaculada humanidad, fue el hombre sin pecado (el único humano que jamás pecó), Jesús el humilde y extraordinario hombre de Galilea, el que pagó por nuestros pecados y nos rescató de eterna condenación. *«Haya, pues, en vosotros este sentir que hubo también en Cristo Jesús, el cual, siendo en forma de Dios, no estimó el ser igual a Dios como cosa a que aferrarse, sino que se despojó a sí mismo, tomando forma de siervo, hecho semejante a los hombres; y estando en la condición de hombre, se humilló a sí mismo, haciéndose obediente hasta la muerte, y muerte de cruz. Por lo cual Dios también lo exaltó hasta lo sumo y le dio un nombre que es sobre todo nombre, para que en el nombre de Jesús se doble toda rodilla de los que están en los cielos, y en la tierra, y debajo de la tierra; y toda lengua confiese* que Jesucristo es el Señor, para gloria de Dios Padre.» (Filipenses 2:5-11).

Dios es amor, pero también es justicia perfecta, consecuentemente tenía que castigarnos a todos, pues todos somos pecadores. Jesucristo, el Dios hecho hombre, se dispuso para que la justicia de Dios recayera sobre Él. De esta forma, sobre su cuerpo en el madero, se cumplió la justicia de Dios por nuestros pecados; y por Él, fuimos también justificados. «Con todo eso, Jehová quiso quebrantarlo, sujetándolo a padecimiento. Cuando haya puesto su vida en expiación por el pecado, verá linaje, vivirá por largos días, y la voluntad de Jehová será en su mano prosperada.» (Isaías 53:10).

Fue necesario que un hombre (Jesús) arrancara de las manos de Satanás, la autoridad legal que otro hombre (Adán) le diera irresponsablemente, para sojuzgar y mantener bajo pecado a la raza humana, tal como está registrado en Génesis 2:17 **«Mas del árbol de la ciencia del bien y del mal no comerás; porque el día que de él comieres, ciertamente morirás.»** Esa acción de rescate fue exactamente lo que Jesús hizo:

Él tomó esa autoridad de manos de Satanás y se la devuelve a cada creyente, que renunciando al viejo hombre y a la vida de pecado, le entregue su vida a Cristo. Además, Jesús pagó el precio completo por la redención de nuestros pecados y transgresiones por medio de su preciosa y poderosa sangre. Porque, así como en Adán todos mueren, también en Cristo todos serán vivificados. Isaías 53:5 dice: *«Mas Él herido fue por nuestras rebeliones, molido por nuestros pecados; el castigo de nuestra paz fue sobre Él, y por su llaga fuimos nosotros curados.»*

1 Corintios 15:21-22 «Porque por cuanto la muerte entró por un hombre, también por un hombre la resurrección de los muertos. Porque así como en Adán todos mueren, también en Cristo todos serán vivificados.»

ENTONCES, ¿SON LAS OBRAS NECESARIAS O NO?

Una vez salvado, redimido y convertido en hijo de Dios por la sangre de Cristo *«Mas a todos los que le recibieron, a los que creen en su nombre, les dio potestad de ser hechos hijos de Dios; los cuales no son engendrados de sangre, ni de voluntad de carne, ni de voluntad de varón, sino de Dios.»* (Juan 1:12-13). Entonces es usted instruido y equipado, a través de la Palabra y bajo la guía del Espíritu Santo, a hacer las obras de la Iglesia, el Cuerpo de Cristo, del cual ya es usted parte. Las obras que

Él pre-ordenó, para que anduviésemos en ellas. *«Porque somos hechura suya, creados en Cristo Jesús para buenas obras, las cuales Dios preparó de antemano, para que anduviésemos en ellas.»* (Efesios 2:10).

Estas obras no se hacen por salvación. Se hacen por gratitud, regocijo y obediencia. Además, es el medio que Él ha establecido (su cuerpo en la Tierra), para predicar el Evangelio del Reino, hasta los últimos confines de la tierra. Siendo una nueva creación, un hijo o hija de Dios, el Santo Espíritu que ahora mora en usted, le inquieta a seguir los pasos de su Padre Celestial. ¿Quién puede olvidar que hemos sido comprados por precio? El precio pagado es la sangre preciosa y poderosa de Dios, que vino directamente del Trono de la Gracia, la única sangre divina que ha corrido por venas humanas.

Ciertamente, aunque la salvación es un regalo inmerecido y disponible para todo aquel que cree, el precio que se ha pagado por ella es superlativo e inconmensurable, pues se trata de un valor superior a la suma total del valor del universo, balanceado con el poder mayor del mundo que es el amor ágape de aquel que entregó la vida, la difamación de su carácter y aun la comunión con su Padre por amor a nosotros. Amén.

¿Quién puede olvidar que ahora tenemos vida abundante y somos coherederos de las promesas de Cristo Jesús en esta vida y en la eterna, que está por manifestarse? Una vez nacidos de nuevo, hacemos las obras que el Espíritu de Dios en nosotros nos inquieta a hacer, como parte del cuerpo de Cristo, la Iglesia.

III

COSMOLOGÍA Y LA PALABRA DE DIOS.

EN LA MAYORÍA DE LOS círculos académicos se acepta que la ciencia y la Biblia recorren caminos, no solo diferentes sino además, opuestos y divergentes. A medida que la ciencia avanza en sus descubrimientos y se establecen nuevos conceptos y adelantos, se aparta más aún de las enseñanzas bíblicas. De esta forma, se llega a la conclusión de que los que siguen la Biblia son personas a la zaga de los conocimientos y adelantos modernos. ¿Es esto cierto?... Veamos, analicemos la Biblia a través de principios y descubrimientos científicos, hechos históricos e investigación médica, todo ello en relación con el estado social y moral de la humanidad en los tiempos actuales.

La definición de cosmología dice que es una rama de la Astronomía que trata del origen, estructura y relación espacio-tiempo del universo. La Biblia tiene relación con la mayor parte de las teorías acerca de la formación del universo, ya por correlación o por oposición directa a las mismas. La Biblia enseña que los cielos y la tierra (el universo), y todas las criaturas visibles e invisibles, el espacio físico y el tiempo mismo, fueron creados por Dios, en un evento todo poderoso, sobrenatural y supremo. (Leer, Génesis capítulos 1 y 2, y San Juan capítulo 1). También enseña que el hombre fue creado del polvo de la tierra, a imagen y semejanza de Dios.

Así mismo podemos entender, a través de la Biblia, que Dios es anterior, aparte y más allá de su creación y/o criaturas. Dios es Santo, Santo, Santo. Dios, su creación y sus criaturas son entidades diferentes e independientes de Dios mismo. Dios no depende de ellas. Ellas (toda la creación) dependen de Dios. Él tiene la capacidad de estar en todos los lugares al mismo tiempo (omnipresencia), sin embargo el lugar de su habitación (anterior a la creación), es una realidad objetiva donde el tiempo no transcurre, esa(s) dimensión(es) está, también, más allá del espacio físico del universo conocido.

Si nuestro mundo físico es bellísimo solamente podemos suponer lo extraordinario y hermoso del mundo invisible (para nosotros), donde Dios habita.

Dios es el gran *Yo Soy*, siempre en tiempo presente. Su existencia es independiente al tiempo y más allá de nuestro universo, el cual los científicos ya reconocen que es finito. Él habita más allá de la dimensión del tiempo, la cual también es finita, tuvo un comienzo y tiene un final, profetizado desde la antigüedad en las escrituras. La Ciencia ya ha reconocido que el tiempo es un devenir continuo no regresivo **que tuvo un principio.**

En el libro «The Creator and the Cosmos» (El Creador y el Cosmos) de Hugh Ross, Doctor en Ciencias, (Astrónomo y Físico/ Matemático), en la página 67, leemos lo siguiente: «En una serie de ensayos aparecidos de 1966 a 1970, tres astrofísicos británicos, Stephen Hawkings, George Ellis y Roger Penrose, extendieron la ecuación de la teoría de la relatividad incluyendo espacio y tiempo. El resultado fue llamado el "Teorema Espacio-Tiempo de la Teoría General de la Relatividad". Este teorema demuestra que si la teoría general de la relatividad es válida para el universo, entonces, bajo condiciones muy generales, el espacio y el tiempo deben de haber sido originados en la misma gran explosión cósmica (big bang theory) que produjo (creó) la materia y la energía.»

Según palabras del propio Hawkings, el tiempo mismo debe haber tenido un principio. En contraste con el espacio y el tiempo, así como su propia creación, Dios no tiene principio ni fin.

La Biblia también nos enseña que Jesucristo, la segunda persona de la Trinidad, fue el Creador mismo. *San Juan 1:1-3 «En el principio (antes que nada) era el Verbo (Jesús), y el Verbo era con Dios, y el Verbo era Dios. Este era en el principio con Dios. Todas las cosas por Él fueron hechas, y sin Él nada de lo que ha sido hecho, fue hecho.»*

¿QUIEN ES LA PALABRA DE DIOS? ¿QUÉ TAN ANTIGUA ES LA PALABRA DE DIOS?

La frase «En el principio» fue usada en Génesis 1:1 y en el Nuevo Testamento en San Juan 1:1. Indica un estado anterior a la formación del mundo.

No había nada creado todavía, ni espacio físico, ni concepto del tiempo. No había galaxias, estrellas y por supuesto tampoco existía la Vía Láctea, en uno de cuyos brazos fue creado nuestro sistema solar incluyendo el planeta tierra y sus habitantes. Solamente existía El Verbo, La Palabra, uno de los nombres de Jesús, El Padre, el Hijo y el Espíritu Santo y la hermosa dimensión inconmensurable donde vive Dios y donde el tiempo no es. La Palabra fue usada por Jesús para crear el universo. Él habló y el universo fue hecho. Es decir la misma Palabra que tenemos hoy en nuestra Biblia fue la que Él usó para crear el universo, esto está explicado tanto en el Antiguo como en el Nuevo Testamento. Hebreos 11:3 *«Por fe entendemos haber sido constituido el universo por la Palabra de Dios, de manera que lo que se ve fue hecho de lo que no se veía.»* (No hubo materia prima, solamente el poder de la Palabra). Salmo 33:6 *«Por la Palabra de Jehová fueron hechos los cielos, y todo el ejército de ellos por el aliento de su boca.»*

Consecuentemente la Palabra de Dios:

1. **Precede al Universo y, por supuesto, todo concepto religioso.** *«En el principio era el Verbo, y el Verbo era con Dios, y el Verbo era Dios» (San Juan 1:1).*

2. **Es viva, eficaz y poderosa.** *«Porque la Palabra de Dios es viva y eficaz, y más cortante que toda espada de dos filas; y penetra hasta partir el alma y el espíritu, las coyunturas y los tuétanos, y discierne los pensamientos y las intenciones del corazón.» (Hebreos 4:12).*

Y podemos preguntarnos: ¿Quién es la Palabra? Y la respuesta es: La Palabra es Jesús, **el Verbo**, uno de los nombres poderosos de Jesús. ¿Podemos ignorar a Dios o crear nuestro propio concepto religioso de Él?

Si encontramos un reloj en medio de la floresta, no sería muy inteligente concluir que, debido a la abundancia de minerales en el lugar, cambios de temperaturas, tormentas eléctricas, vientos, y el pasar del tiempo, el reloj fue diseñando y armado, espontáneamente en forma incidental, como consecuencia de un medio ambiente favorable para ese tipo de desarrollo sistemático.

Si usamos tal razonamiento, solamente pretendemos ignorar al relojero-fabricante. Aunque irreal en sus planteamientos fundamentales, este simple razonamiento teórico nos va a ayudar a entender conceptos y conclusiones académicas que pudieran parecer complicadas a simple vista. Nuestro sistema solar, tiene las características de un reloj. Tiene un diseño meticuloso, de extraordinaria precisión en todos sus movimientos, tanto de rotación como de traslación. En realidad, es un reloj que marca con precisión los años, meses, días, horas, minutos y segundos. Esta creación colosal, extraordinaria, única, singular y asombrosa, está diseñada con un equilibrio delicado. Con parámetros precisos, a tal punto que los más adelantados descubrimientos astronómicos parecen indicar que el universo ha sido diseñado para sostener la vida del tercer planeta de nuestro sistema solar: La Tierra.

¿Es posible tener un diseño funcional, preciso y objetivo sin tener un diseñador? La teoría del reloj encontrado en la floresta, da la respuesta a esta pregunta. Si existe un diseño funcional existe un diseñador, ya sea este visible, o no. El universo entero ha sido diseñado con asombrosos detalles, precisión, orden y amor. Astrónomos y astrofísicos han descubierto factores de crítica precisión, los cuales son esenciales para que pueda haber vida en un planeta.

Del libro «The Creator and the Cosmos» ('El Creador y el Cosmos'), de Hugh Ross, Astrónomo y Físico Matemático:

1. El sistema solar está situado en el lugar idóneo del brazo espiral de nuestra galaxia, la via láctea. Este brazo, a su vez, está colocado a la distancia correcta del centro de la galaxia. Si se cambiara esta posición del sistema solar, en función del espacio que ocupa en la galaxia, ocurriría lo siguiente: Si la distancia fuera muy cerca o muy lejos de la parte más densa del brazo espiral, eliminaría la posibilidad de que en ese sistema planetario pudiera haber un planeta con las condiciones adecuadas para sostener la vida en el mismo. De manera que, el primer parámetro crítico, para que pueda haber vida en el planeta Tierra, es la posición precisa que ocupa nuestro sistema solar en el brazo espiral de la galaxia.

2. Distancia exacta del planeta con relación a su estrella (el sol). Una pequeña variación de esa distancia ($\pm$ 2%), eliminaría totalmente la vida en el planeta.

3. La precisión del período o velocidad de rotación sobre su eje (24 horas). Si el planeta rotara más lento, las

diferencias de temperaturas entre el día y la noche serían demasiado grandes. Si, por el contrario, fuera más rápido, la velocidad de los vientos tendría resultados catastróficos.

4. La inclinación del eje de la tierra es de 23 grados. Si tuviera otro orden de inclinación, las diferencias en temperatura serían muy grandes para sostener la vida en el planeta.

5. La edad correcta del planeta en términos cosmológicos. Si fuera más joven rotaría la tierra muy rápidamente, si más antigua, muy lentamente. En ambos casos la vida en el planeta sería imposible.

6. Tamaño y distancia de la Luna, nuestro satélite natural. La relación tamaño-distancia entre Luna/Tierra es única en nuestro sistema solar, la luna es muy grande con relación a la Tierra, comparada con otros satélites del sistema solar, consecuentemente ejerce una fuerza gravitacional enorme sobre el planeta, lo cual resulta en grandes beneficios para la Tierra, por ejemplo, las mareas, las cuales limpian nuestras aguas costeras y re-abastecen el mar de los elementos nutritivos, necesarios para sostener la vida en el mar y, por ende, en el planeta mismo.

7. Índice de gravedad en la superficie del planeta. Si fuera más fuerte la atmósfera, tendría gases como el metano y el amoníaco, ambos dañinos a la fisiología de nuestro cuerpo. Si más débil la atmósfera perdería mucha agua. En cualquiera de los dos casos, la vida sería imposible en la Tierra.

POSIBILIDAD DE VIDA EN OTRAS GALAXIAS O PLANETAS LEJANOS.

Son necesarias una serie de coincidencias astronómicas mínimas, para que en un planeta pueda sostenerse la vida: Una estrella de cierto tipo e intensidad como el Sol, un planeta a la distancia exacta de su estrella, son condiciones elementales para asegurar el sostenimiento de la vida en un planeta, como en el caso de la Tierra.

En círculos académicos, se reconocen 33 parámetros o condiciones críticas para que la vida en un planeta pueda producirse (la galaxia adecuada, la posición correcta dentro de la galaxia, la estrella, distancia del planeta, distancia del satélite, gravedad, atmósfera, temperatura, etc.).

Ignorando 31 de estos parámetros y tomando en cuenta solamente dos:

1. Estrella adecuada (como el sol).

2. Distancia precisa entre la estrella y el planeta.

Los astrónomos estiman, que solamente el 0.001% de todas las estrellas puede tener un planeta capaz de sostener vida avanzada.

Probabilidades que concurran positivamente, estos 33 parámetros en un sistema planetario aparte del nuestro: 10 (-42), o sea diez elevado a la cuadragésima segunda potencia negativa.

Posible numero de planetas (no descubiertos aun) en el universo: 10 (22), es decir, diez elevado a la vigésima segunda potencia (el numero 10 seguido de 22 ceros). Estos son los resultados, al calcular estas dos figuras astronómicas para llegar a probabilidades matemáticas: Hay menos de una posibilidad en un quintillón de que la vida pueda ocurrir en otro planeta en el universo.

¿Qué planetas se han descubierto fuera de nuestro sistema solar?

Traducción de la publicación «Reasons to Believe»: (Razones para Creer).

«En el año 1994, Alexander Wolszczan de la Universidad de Pensilvania, anunció el descubrimiento de dos, posiblemente tres, planetas circulando en órbita alrededor de una estrella que se conoce como PSRB1257PLUS12; esta estrella está en una condición que los científicos llaman colapsada o deprimida, emitiendo una onda larga de radiación concentrada como en un haz de luz. Estas radiaciones se consideran letales o mortales, consecuentemente, todo planeta que pertenezca a este sistema está expuesto a radiación mortal, por lo tanto, ni siquiera se pueden considerar como posibles receptores de vida.

El primer planeta tiene una órbita de 30 millones de millas de la estrella, con un período orbital de 67 días. El segundo tiene una órbita a 50 millones de millas con un período orbital de 98 días terrestres.

En Octubre 19 de 1995, fue anunciado el descubrimiento de un planeta, y posiblemente dos, orbitando alrededor de la estrella Pegaso 51, la cual se encuentra a 40 años/luz del planeta Tierra. Los que vimos y oímos la noticia a través de la televisión, podíamos observar en la pantalla una estrella muy brillante. Esta foto que estudiaban los astrónomos era en verdad como se veía la estrella en Octubre de 1955. Este es el tiempo que le tomó a la luz en llegar a la cámara que tomaba esta foto, después de viajar a la velocidad de 18'000,000 de kilómetros por minuto. La órbita de este planeta está tan cercana a su estrella (sol), que su período orbital es de cuatro o cinco días, con una temperatura en la superficie de 1800 grados Fahrenheit (punto de ebullición del agua; 212 grados Fahrenheit o 100 grados centígrados.) El segundo planeta está muy lejano a su estrella y los astrónomos lo califican como de un clima de frío extremo.

Aparte de estos y otros descubrimientos esporádicos que carecen todavía de conclusiones precisas, y a pesar del poderoso telescopio espacial Hubble, colocado en un satélite, fuera de la atmósfera de la tierra, solamente otros nueve planetas han sido confirmados: Los nueve planetas de nuestro sistema solar. Todos estos datos apuntan hacia un diseño divino de nuestro sistema solar.

Si el universo nos indica un diseño sobrenatural, aun más podemos decir lo mismo del diseño único, magnífico, extraordinario y complejo del hombre.

IV

EL PUNTO DE VISTA ACADÉMICO-HUMANISTA.

VEAMOS EL PUNTO DE VISTA científico, para explicar la creación del Universo, así como la aparición del hombre y la vida misma en el planeta Tierra.

De acuerdo a teorías científicas. ¿De dónde hemos venido? La formación del universo fue el resultado de una explosión cataclísmica (big bang theory), partiendo de un conglomerado o masa muy pequeña compacta y extremadamente densa de materia cósmica. Como resultado de esta explosión sideral, este material cósmico fue impulsado al espacio en inmensas masas expansivas. Esas masas expansivas de materia cósmica, por medio de sistemas gravitacionales, formaron galaxias, estrellas y conjuntos planetarios, como nuestro propio sistema Solar.

A medida que pasaba el tiempo (billones de años), en un universo infinito*, los planetas comenzaron a perder calor (enfriarse), y moléculas de oxígeno, carbón y otros elementos comenzaron a combinarse y a reaccionar en un ambiente más favorable, hasta que finalmente, por casualidad incidental, se formó la primera célula viva. Es decir la vida fue creada por una muy improbable coincidencia, en un caldo primitivo de cultivo, en algún lugar y tiempo en una etapa pre-evolutiva del universo.

*(El concepto de un universo infinito fue establecido por Emmanuel Kant, 1724-1804. Este concepto fue aceptado por toda la comunidad científica, hasta principios del siglo XX. Posteriormente, esta premisa fue reconsiderada, como veremos más adelante).

El mecanismo o sistema físico/biológico, a través del cual minerales y elementos químicos puedan dar lugar a una célula viviente, no se conoce científicamente. Tampoco existe una teoría válida ni reconocida que explique cambios formativos de esa naturaleza. Es decir, la base o fundamento de toda esta teoría, es puramente imaginaria. Consecuentemente, se puede aceptar únicamente por fe o convicción personal. Esto hace que dicha teoría trascienda los cánones de estricta y disciplinada investigación científica, para entrar en el campo filosófico, especulativo, dogmático.

Es verdaderamente dramático que toda esta teoría, considerada por muchos académicos y políticos como algo incuestionable, tenga una base puramente especulativa. Siguiendo el proceso evolutivo, con el pasar de billones de años, debido al mejoramiento climático o medio-ambiental, la primera célula viva fue evolucionando en organismos vivos más complejos, tales como los protozoos, invertebrados, vertebrados y los primeros mamíferos. Siguiendo el mismo patrón evolutivo, algunas «criaturas humanoides» aparecieron en el planeta, las cuales fueron evolucionando más y más. Finalmente apareció en la superficie del planeta, debido a estos procesos, el Homo Sapiens, el hombre moderno. Resultante de la etapa actual del proceso evolutivo.

La teoría de la evolución requiere tiempo infinito en un universo infinito. Estas condiciones son necesarias para poder contar con un tiempo teorético, suficientemente extenso para lograr los cambios biológicos necesarios. Cualquier edad del universo, menor que infinita, es insuficiente. La propia teoría de la evolución fue originalmente enunciada, con base en esta condición universalmente aceptada en aquel entonces: Espacio infinito/Tiempo infinito.

El primer escollo técnico mayor de la Teoría de la Evolución, apareció en el año 1920 con la publicación de la Teoría de la Relatividad de Albert Einstein, la cual requiere un punto de partida o principio. La aceptación universal dentro de la comunidad científica de la época, de la Teoría de la Relatividad, comenzó a sacudir el antiguo concepto de Emmanuel Kant y la ecuación: Infinito Espacio/ Tiempo.

Debido a este cambio en las bases originales en las cuales se apoyaba la teoría de la Evolución, a partir de 1920, empezaron a aparecer una serie de adiciones o modificaciones dentro de la teoría de la evolución, como «puntuated equilibrium», la cual trata de explicar la carencia de fósiles que reflejen algún tipo de transición evolutiva (no existe), en el registro de fósiles. Otras tratan de compensar la carencia de tiempo suficiente (probabilidades), para que la teoría sea aceptable.

Todas estas proposiciones o añadiduras (adiciones al enunciado original de la teoría), están basadas en suposiciones teoréticas, con un solo objetivo en mente: Mantener a cualquier costo la validez de la Teoría.

El último de estos esfuerzos ha sido adicionarle 500 billones de años más, a la aparición del hombre sobre el planeta (cantidad especulativa). La idea detrás de la misma: Compensar por la carencia de tiempo en un universo finito (limitado).

Es muy interesante observar en comentarios de libros y revistas que tratan temas antropológicos, históricos y zoológicos, la mención de supuestos estados evolutivos, como si se tratara de hechos comprobados. Cuando en realidad la Teoría de la Evolución sigue siendo, después de tantos años, lo que siempre fue: Una teoría; la cual con el tiempo y los nuevos aportes científicos ha comenzado a desmoronarse, pues sus bases son cada día más precarias, como veremos más adelante.

La teoría de la evolución y la teoría del big bang tiene muchas dificultades teóricas y técnicas. Vamos a concentrarnos en las que consideramos las dos mayores, en el área del campo científico:

a) Primera y segunda ley de la Termodinámica.

b) Carencia de evidencia científica y de testimonios físicos y oculares.

LAS DOS LEYES DE LA TERMODINÁMICA.

Estas leyes del campo de la física fueron descubiertas y probadas mayormente por Julios Robert Von Mayer (1814-1878) y Nicholas Leonard Sadi Carnot (1796-1832). Experimentos posteriores, en la disciplina de la Física, han confirmado ambas leyes.

Las leyes y su definición:

Primera Ley: La ley de la Energía.
La energía no se crea ni se destruye. Solamente se transforma.

Segunda Ley: La ley de la Entropía.
Un sistema energético, dejado a sí mismo, se degrada, desintegra y llega al equilibrio (paralización/terminal) de su desarrollo termodinámico (Entropía).

En el libro «Story of Physics» (Historia de la Física), por Lloy Motz y Jefferson Hane Weaver, aparece en las páginas 167 y 168, la siguiente declaración:

La segunda ley se aplica básicamente a los procesos irreversibles. Los procesos irreversibles, al mismo tiempo, están asociados a sistemas que terminan en desorden. En otras palabras, **la cantidad total de desorden en el Universo aumenta, a medida que los procesos irreversibles proceden (avanzan).** En la medida en que aumentan los procesos irreversibles, como una explosión, también aumenta el desorden en el Universo. Aun más, el total de energía aplicada para realizar trabajo disminuye con cada proceso irreversible, el cual transforma o convierte energía disponible en energía **no disponible** (ya utilizada). En el Universo, los procesos irreversibles son la regla, no la excepción. Como consecuencia de ello, la segunda ley nos indica que el Universo, y todos los sistemas que contiene el mismo, se desenvuelven hacia un desorden total. Cuando se llegue a este desorden total, el Universo alcanzará un estado de completo equilibrio, en el cual todos los procesos cesan. Completo equilibrio significa cese de toda actividad o muerte del sistema.

En la primera ley vemos que la energía no puede ser creada (en el mundo físico). Sin embargo, somos testigos de su existencia real y poderosa en este mundo o universo en el cual habitamos, **consecuentemente, esa energía tuvo que ser creada más allá e independientemente de la dimensión física en la cual nos encontramos.** Esta conclusión indica que la creación tuvo que tener un Creador, como consecuencia lógica de causa y efecto. **Este Creador necesariamente existe en una dimensión distinta del universo físico conocido.**

Por otro lado, la segunda ley indica que cualquier impulso, explosión, o fuente de energía, dejada por sí sola, entra en una etapa de desaceleración y desorden para terminar en equilibrio o muerte (cesación del proceso energético).

Si aplicamos estas dos leyes a la teoría de que el universo conocido tuvo su origen en una explosión cósmica accidental, la cual provocó un subsiguiente desarrollo de sistemas y cuerpos celestiales en perfecta armonía, tenemos que llegar a la conclusión de que la misma carece de base científica. Las leyes físicas no respaldan tal teoría.

Por otro lado, introducir a Dios en la ecuación, dándole a la mencionada teoría vigencia como modelo científico aceptable, excepto que dirigido por Dios, tiene también dificultades insalvables, desde el punto de vista bíblico: La palabra indica claramente que Dios creó al hombre, un ser viviente tal como es, así mismo los animales, de modo que el modelo evolutivo no cabe dentro del concepto bíblico, excepto que se desmienta la Palabra y sabemos que esto es imposible. *«El cielo y la tierra pasarán; pero mis palabras no pasarán.»* (Mateo 24:35)

En Cosmología, uno de los modelos del origen y subsiguiente desarrollo del Universo, es el conocido como el «Universo en Expansión». Este modelo establece lo siguiente: Las galaxias lejanas están retrocediendo a una velocidad, la cual se incrementa linealmente con la distancia de las galaxias del centro de la explosión original.

Este modelo nos indica que las galaxias se apartan más y más a una velocidad de escape dada, cuya velocidad aumenta en razón directa con la distancia a que estas galaxias se encuentran de su punto de partida. A medida que aumenta la distancia, se incrementa la velocidad de escape. Es una constante muy similar a la caída que se experimenta, por ejemplo, al lanzar un objeto desde un avión a una altura de 10,000 metros (10 Km), a medida que se aleja del punto de partida mayor es la velocidad del objeto durante su caída. Por cada segundo de tiempo que transcurre durante la caída, la velocidad de la misma se incrementa.

Este descubrimiento y estudio detallado del universo en expansión se debe al gran astrónomo americano Edwin Powell Hubble (1889-1953).

Salmo 104:2 (referencia al Dios creador) *«El que se cubre de luz como de vestidura, que extiende los cielos como una cortina.»* Este Salmo escrito en los albores de la humanidad, «extiende los cielos como cortina,» ya nos indicaba lo que todavía hoy parece algo increíble: Que el espacio sideral y el número desconocido de galaxias, y cuerpos celestes que hay en el mismo, se expanden continua y constantemente a una velocidad vertiginosa, a medida que yo escribo estas líneas y usted medita sobre ellas.

Este modelo del Universo, como tantos otros, fue desarrollado sobre la premisa de una explosión original de un núcleo extremadamente denso, caliente y pequeño, el cual dio origen al Universo y desde el cual todo se inició: La teoría del big bang (the big bang theory).

La mayor dificultad de esta famosa teoría, no es la explosión en sí, sino el ignorar al originador o creador de la explosión y la sorprendente belleza, armonía y energía interminable, que se ha creado con ella (lo cual es contrario a la entropía o segunda ley física del universo).

En las propias palabras de astrónomos, físicos y matemáticos modernos, la mayor parte de ellos no creyentes, todas estas teorías tienen fallas insalvables, cuando la ecuación matemática se invierte, para llegar al punto (espacio/tiempo) del inicio mismo de la explosión.

Vamos a revisar alguno de los comentarios científicos más importantes. Del libro «The Story of Physics» (La Historiade la Física), por los autores Lloyd Motz y Jefferson HaneWeaver, capítulo 20, páginas 380 a 391:

«Hasta muy recientemente esta parte de la ciencia (formación del universo), había sido dejada exclusivamente a un pequeño grupo de cosmólogos teóricos. La mayor parte de los físicos, sencillamente, ignoraban o dejaban a un lado el área de la formación del universo. El motivo de esta situación es que ellos consideraban **que la**

evidencia acumulada a través de la observación, constituía una base muy frágil sobre la cual desarrollar un modelo aceptable del universo.

En otras palabras, no hay evidencias para construir un modelo matemático o teórico, sin tomar en cuenta factores ajenos al universo físico-conocido, (lo cual los llevaba a consideraciones fuera del campo de la Física, concepto contrario a la disciplina misma que practican).

En la ecuación cosmológica de Einstein (factor/tiempo), revertiendo la secuencia de la ecuación, podemos llegar al estado original o inicio de la gran explosión cósmica (big bang theory). Sin embargo, en este modelo matemático hay un factor de capital importancia no tomado en consideración. Para poder entender la carencia funcional de este modelo, vayamos de nuevo a los comentarios relacionados con la teoría de Einstein, en el libro anteriormente mencionado, página 381. Tener en cuenta que la contracción debe ser adiabática*, ya que ninguna energía puede entrar o salir del universo (primera ley).

*(Adiabática: Indica cantidad de energía finita o energía ya en existencia).

Aquí se indica no solo que la energía no puede salir o entrar en el universo, sino también, como corolario a esta frase, podemos concluir que tampoco se conoce la fuente u origen de donde ésta energía vino, ya que no pudo ser creada, como la primera ley establece.

El modelo matemático/cosmológico de Einstein se inicia desde la explosión original (big bang) y se revierte la ecuación para llegar al inicio mismo de la explosión.

El momento cero, «Initial Singularity» como se conoce en el lenguaje científico en inglés, o segundos antes de iniciarse la explosión, produjo comentarios verdaderamente inesperados en este trabajo científico, de mayor consideración en círculos académicos. Registra el libro antes mencionado, en la misma página, el siguiente comentario:

"En el estado de "Initial singularity" (singularidad inicial), el cual no tiene significación física alguna, la ecuación se disgrega o desintegra, de manera que no hay manera de entender el nacimiento del universo (penetrar el misterio) a través de la teoría, tal como está planteada."

Los científicos han aportado una contribución valiosísima al conocimiento del orden del universo y la inmensidad asombrosa del mismo, sin embargo, se encuentran totalmente perdidos cuando al aplicar las mismas leyes que ellos han descubierto, tratan de entender y penetrar el origen del universo y la energía que lo mantiene en perfecta armonía, sin tomar a Dios en consideración. La razón de esta situación es de hecho muy simple: La fuente u origen de la creación no puede ser encontrada en el mundo físico. Buscan y no encuentran, porque no buscan la verdad sino buscan comprobar teorías producto de sus propias mentes. Buscan en la dimensión que no es. La explicación teológica a través de la Palabra de Dios es también muy simple:

Aun si el universo se hubiera iniciado con una extraordinaria explosión cósmica (pudiera haber sido así), la energía, la materia, la dimensión espacio/tiempo, el asombroso diseño y la ejecución de todo ello provino de un Creador, de Dios, que habita en confines o dimensiones que no tienen relación física alguna con el universo conocido, el cual, a su vez, está sujeto a la omnipotencia de su creador.

Hebreos 11:3 «Por la fe entendemos haber sido constituido el universo por la palabra de Dios, de modo que lo que se ve fue hecho de lo que no se veía.»

La segunda ley (entropía), es compensada por el hecho de que Dios sostiene todas las cosas con el poder de su palabra.

Hablando de Cristo:

Hebreos 1:3 «quien sustenta todas las cosas con la Palabra de su poder.»

Colosenses. 1:17 «Él (Jesús) es antes de todas las cosas y todas las cosas en Él subsisten.»

CARENCIA DE EVIDENCIAS DE UN PROCESO EVOLUTIVO

Del libro «El Colapso de la Evolución» (*The Collapse of Evolution*) del autor: Scott M. Huse.

a) Salto imaginario/especulativo de la materia muerta a los protozoos.

b) Los evolucionistas proponen 100 millones de años de transición entre los invertebrados y los vertebrados. Esto implica necesariamente la existencia potencial de millones de fósiles en distintos estados evolutivos entre estas dos especies o tipos de animales. No hay evidencia alguna de fósiles en distintos estados evolutivos.

c) Evidencias de estados evolutivos entre los peces y los anfibios: No existen.

d) No se han encontrado fósiles de transición entre reptiles y mamíferos.

e) No existen, a pesar del esfuerzo antropológico e investigativo, fósiles intermediarios o de transición que conduzcan al hombre partiendo de los simios.

Los dibujos de figuras intermedias entre el hombre y los simios, que aparecen en libros y museos, han sido artísticamente interpretadas, partiendo muchas veces de pequeñas fracciones de huesos. Cuando se desea saltar a una conclusión dada, se le da cabida a la imaginación especulativa. Nada concreto ha podido ser establecido.

Las mentes científicas de la Edad Media desarrollaron la teoría de la «generación espontánea». Esta teoría sencillamente enunciaba que, bajo ciertas condiciones medio-ambientales, algunas formas de vida podían espontáneamente ser creadas. Ejemplos: Un tronco de árbol en descomposición en medio del bosque, de humedad, suciedad, hojas podridas, lluvia, etc., produciría gusanos. Trastos sucios, trapos, aceite, en ambiente de calor dejado por largo tiempo en un sótano, produciría ratones.

Esta teoría fue motivo de burlas a medida que la ciencia avanzaba en sus descubrimientos de las leyes biológicas, físicas y químicas, que gobiernan la vida en el planeta. Sin embargo el hombre, en su deseo de ignorar a Dios y sus leyes espirituales, repite el mismo error, aun en medio de avanzados conocimientos.

¿Acaso no están los evolucionistas modernos creyendo algo similar a los científicos errados de la época medioeval?. Veamos: ¿No es cierto que según la teoría de la evolución, la vida comenzó hace millones de años, cuando debido a procesos evolutivos en los que intervinieron tiempo, cambios climáticos, cambios químicos y biológicos, la materia inerte fue transformada en un momento dado en célula viviente? Ciertamente hay una similitud y paralelismo en ambas teorías. Vida producto de materia muerta, inorgánica o inerte, cuando se le agregan factores ambientales favorables y el tiempo adecuado para que se desarrolle la misma.

No existe científicamente ni tan siquiera una teoría válida, que explique el cambio de materia inorgánica a una célula viviente.

El más reciente descubrimiento científico pone en duda la teoría de la evolución, logrando que muchos científicos estén reconsiderando su posición respecto a esta teoría y otros muchos se han separado de identificarse con la misma.

Debido a avances recientes en el campo de la microbiología, se ha descubierto lo que se ha dado a conocer como verdaderos motores de asombroso diseño, en ciertos micro-organismos. Estos motores tienen una complejidad simplista que no puede ser explicada ni entendida por ningún modelo evolutivo, mucho menos por el Origen de las Especies de Charles Darwin, en cuyo tiempo no existía el conocimiento de la microbiología. Estos motores le dan movilidad a un apéndice, o cola, de estos micro-organismos, cuyo apéndice le sirve de instrumento de locomoción en el medio en que se encuentren. Este apéndice funciona en forma similar a la hélice de una nave motorizada. Lo asombroso de estos motores es su eficiencia, velocidad, energía y versatilidad. Motores que funcionan a miles de revoluciones por minuto y en una fracción de segundo, y sin detenerse, revierten su dirección, rotando a la misma velocidad pero en dirección opuesta. Este descubrimiento ha asombrado a los científicos.

No hay ningún motor inventado por el hombre, si tan siquiera existe un proyecto de motor que pretenda alcanzar esos niveles de eficiencia y versatilidad. Estos motores, los cuales ya han sido dibujados por los científicos, constan de las siguientes partes o mecanismos:

a) Baterías o células eléctricas para producir la energía impulsora.

b) El motor en sí que convierte la energía en fuerza circulatoria.

c) El eje que conecta la rotación al apéndice o cola del micro organismo.

Esta realidad, este diseño de la naturaleza (diseño de Dios), desafía la selección de las especies enunciada por Darwin en su teoría, la cual requiere un lento proceso evolutivo de un cambio a otro y de una especie a otra.

En este proceso evolutivo (según la Teoría de la Evolución), impera el triunfo o permanencia del organismo más apto o eficiente sobre otro que degenera o se desprende, por ser inadecuado o inefectivo (dominio o permanencia de la selección del más fuerte o capaz). La secuencia evolutiva requiere millares o millones de años para que se produzcan los cambios de una especie a otra. De esta teoría se desprende que no hay tal cosa como un diseño creado y perfeccionado por la naturaleza es decir por Dios mismo. Ejemplo: La destreza, poder y coordinación de las patas de las bestias o las piernas del hombre, según la teoría evolucionista, ha sido el proceso de cambios lentos a través de billones de años, después de los cuales las patas de las bestias o las piernas del hombre llegaron a alcanzar la perfección, la fuerza y la destreza que tienen en la etapa evolutiva de la época actual.

El motor de los micro-organismos desmiente estos conceptos teóricos, vamos a ver por qué: Este motor ha sido bautizado por los científicos como Sistema de Mínima Complejidad, **lo cual indica que no se puede separar, aislar o prescindir de ninguna de sus partes sin anular o cancelar todo el sistema.**

Consecuentemente, estos motores no pudieron ser formados por lenta evolución, pues sus partes por separadas hubieran sido totalmente inútiles. Ejemplos: La cola sola de por sí, hubiera sido un apéndice inmóvil, el eje impulsor solo sin las células eléctricas, hubiera sido desechado como algo inoperante, el motor impulsor, sin el eje o sin las células eléctricas hubiera sido también declarado como inútil en el sistema evolutivo de la «selección de las especies.»

El motor en sí, con todas sus partes y funcionamiento rotativo, *tuvo que haber sido creado, simultáneamente listo para funcionar en toda sus capacidad.* Esto presenta una dificultad mayor para aquellos que aceptan la teoría de la evolución. Este simple descubrimiento en el campo científico ha hecho sacudir estrepitosamente las ideas y conceptos de muchos evolucionistas.

Debido a todos estos razonamientos, existe una lista enorme de científicos y profesores que apoyaban la teoría de la evolución que ya no lo hacen, apoyando ahora el modelo creativo. Para abundante información sobre el modelo creativo, en términos geológicos y cosmológicos, así como de nombres de científicos que lo proclaman, pueden contactar en el Internet la siguiente organización científica: «Creation in the 21st Century.»

El modelo creativo es aquel que acepta la perfección y la multitud de variedades, colores, especies, diseños y conceptos de un Dios todopoderoso, creador de todo lo visible e invisible.

¿QUÉ DICE LA BIBLIA?

Milenios antes de todas estas teorías especulativas, *Génesis 1:27 declara «Y creó Dios al hombre a su imagen y semejanza...»; Génesis 1:24 «produzca la tierra seres vivientes según su género, bestias, y serpientes y animales de la tierra según su especie.»*

La Biblia explica que los animales fueron creados por Dios en una acción sobrenatural, para que se reprodujeran, *según su género,* y posteriormente crea al hombre según la semejanza de Dios. Obviamente lo mismo tuvo que suceder con los micro-organismos. Dios es el gran creador de lo grandioso, de lo minúsculo y de lo microscópico.

La abundancia de fósiles encontrados no indica un proceso evolutivo, sino más bien apunta hacia un cataclismo hidráulico. La formación de fósiles, en cantidades importantes, no sucede ni ha sucedido en el mundo moderno. Cuando un pez o un animal muere, su cuerpo es comido por otros animales o se descompone y sus restos vienen a formar parte del medio ambiente. Así desaparecen sin dejar rastros.

En contraste, con esta situación del mundo actual, en la antigüedad hubo una inmensa cantidad de fósiles. Estos millones de fósiles parecen haber sido formados cuando los animales que habitaban el mundo antiguo quedaron atrapados y sepultados, de repente, por un desastre natural de proporciones apoteósicas.

La existencia abundante de fósiles de la antigüedad parece ser la consecuencia y resultado directo de un evento cataclísmico, tal como el Diluvio Universal, que la Biblia registra con detalles.

LO QUE USTED CREE DETERMINA SUS PRINCIPIOS Y SU VIDA MISMA

Las diferencias de principios y conducta son determinantes en cada persona para establecer sus criterios, manera de pensar y correlación con su entorno y medio ambiente. Enormes diferencias de personalidad y carácter existen según confíen en la existencia de un Dios creador de todo lo que existe o crean que hemos llegado aquí a través de un accidente cósmico, que precedió a un posterior proceso evolutivo igualmente accidental o casual.

¿Por qué tanto énfasis en encontrar la clave de nuestro origen? La visión que tiene el hombre de sí mismo en lo personal, así como colectivamente, su conducta en la familia y su comportamiento social, va a depender directamente del conocimiento de su origen.

Por ejemplo, si estamos convencidos de que somos el producto de un accidente cósmico y el resultado directo de un proceso evolutivo partiendo de un animal irracional, ¿por qué preocuparnos acerca de la esfera moral y de la responsabilidad que pudiéramos tener hacia otras personas?, ¿Acaso no estamos aquí por un accidente espontáneo?, ¿No se nos dice que esta es la única vida que vamos a tener? Entonces, disfrutemos mientras tengamos vida, de la mejor manera posible, saquemos el mejor partido de cada cosa. Vivamos para nosotros mismos, sin importarnos el resto de la humanidad. De hecho, el mundo moderno vive cada día más dentro de estos cánones ego-centristas. Solamente, recuerde las noticias de anoche o léase el periódico de hoy para comprobar cómo vive la humanidad, actualmente, y cómo es que los partidos políticos liberales están estableciendo leyes y regulaciones para que la persona humana pueda hacer lo que mejor le parezca o convenga a sus circunstancias.

Vemos, por ejemplo, el establecimiento del aborto como «derecho de la mujer,» vemos la lucha por establecer «los matrimonios homosexuales», vemos cómo los jueces quieren imponer más bien sentencias simbólicas a los que violan o maltratan sexualmente a los niños, el imperio de la pornografía, como «derecho de expresión», para corromper las entrañas de niños y adultos, el tratar de reducir la edad de consentimiento sexual, para poder abusar sexualmente de los niños con impunidad, etc. *«Mi pueblo fue destruido, porque le faltó conocimiento,» dice el Señor (Oseas 4:6).*

En cambio, si la humanidad creyera en la existencia de un Dios, poderoso, creador del cielo y tierra, misericordioso, justo y amoroso, tuviéramos, como consecuencia directa de este conocimiento, una sociedad cuyas características serían la honestidad, la consideración, el amor y el respeto de cada hombre hacia su prójimo.

V

LAS PRUEBAS IRREFUTABLES DE LA VERACIDAD DE LA BIBLIA

DATOS IMPORTANTES SOBRE LA BIBLIA y la originalidad de la misma conservada a través de los siglos:

Antiguo Testamento:

39 Libros escritos en el idioma Hebreo entre los años de 1513 AC y 443 AC (espacio de tiempo 1070 años aproximadamente)

Nuevo Testamento:

27 Libros escritos en el idioma Griego entre los años 40 DC y 98 DC de nuestra era. (Espacio de tiempo 59 años aproximadamente)

¿Es la Biblia que leemos hoy la misma que la que Dios, a través del Espíritu Santo, dictó a los profetas escogidos por Dios para escribirla?

La siguiente respuesta a esta pregunta es magistralmente contestada por el profesor y maestro bíblico Ing. Arturo Alba:

Cuando Dios originalmente encargó al hombre para escribir Su Palabra, ésta fue inspirada por Dios e inerrante (sin error).

"Toda la Escritura es inspirada por Dios, y útil para enseñar, para redargüir, para corregir, para instruir en justicia, a fin de que el hombre de Dios sea perfecto, enteramente preparado para toda buena obra" (2 Timoteo 3:16-17; *"Santifícalos en tu verdad; tu palabra es verdad"* (Juan 17:17).

Cualquier erudito interesado en los documentos, estará de acuerdo en que la Biblia ha sido extraordinariamente preservada a través de los siglos. Copias de la Biblia fechadas en el siglo XIV DC son casi idénticas al contenido de las copias del siglo III DC, cuando fueron descubiertos los Pergaminos del Mar Muerto, los eruditos estaban asombrados de ver la similitud que tenían con otras copias antiguas del Antiguo Testamento, aunque los Pergaminos del Mar Muerto eran cientos de años más antiguos que cualquiera de los descubiertos previamente. Aún muchos escépticos y duros críticos de la Biblia, admitieron que la Biblia ha sido transmitida a través de los siglos con mucho más exactitud que ningún otro documento antiguo.

No hay absolutamente ninguna evidencia de que la Biblia haya sido revisada, editada o alterada de ninguna manera sistemática. La gran cantidad de manuscritos bíblicos hace sencillo el reconocer cualquier intento de distorsión de la Palabra de Dios. No hay ni una doctrina mayor de la Biblia que sea puesta en duda como resultado de diferencias menores existentes entre los manuscritos.

Nuevamente, la pregunta, ¿podemos confiar en la Biblia? ¡Absoluta y Totalmente! Dios ha preservado Su Palabra a pesar de los errores no intencionales y los ataques intencionales de los seres humanos. Podemos tener absoluta confianza de que la Biblia que tenemos hoy, es la misma Biblia que fue escrita originalmente.

La Biblia es la Palabra de Dios y, con toda tranquilidad, podemos confiar en ella.

2 Timoteo 3:16 -- *"Toda la Escritura es inspirada por Dios, y útil para enseñar, para redargüir, para corregir, para instruir en justicia"*

Mateo 5:18 -- *"Les aseguro que mientras existan el cielo y la tierra, ni una letra ni una tilde de la ley desaparecerán hasta que todo se haya cumplido."*

Arturo Alba , Octubre, 2012

La biblia escrita por docenas de profetas de Dios, sin embargo fue en realidad inspirada, y revelada por el Espíritu Santo, Dios mismo.

Este mismo Dios poderoso que la inspiró, se ha encargado de preservarla sin alteración alguna a través de los ataques del hombre impío y de Satanás mismo.

Los cinco primeros libros del Antiguo Testamento son: Génesis, Éxodo, Levíticos Números y Deuteronomio. El resto del Antiguo Testamento está compuesto por los Salmos, Proverbios, Eclesiastés, El Cantar de los Cantares y los libros de Los Profetas.

Podemos dividir el Nuevo Testamento en cuatro partes importantes:

a) Los cuatro Evangelios: Mateo, Marcos, Lucas y Juan

b) Las Epístolas (cartas) de los apóstoles.

c) El libro de los Hechos (de los apóstoles), libro histórico de la Iglesia Original.

d) Apocalipsis o Revelación de nuestro Señor Jesucristo.

La primera evidencia sobre natural en la Biblia es la Biblia misma.

Es muy difícil encontrar dos libros seculares, ya del mundo de las letras o las ciencias, escritos sobre el mismo tema y en el mismo período histórico, que no tengan diferente información y/o puntos de vista contradictorios.

Si por el contrario, escogemos libros del mismo tema, pero de diferentes períodos históricos, entonces vamos a encontrar diferencias abismales entre un libro y el otro, a tal grado que el más antiguo tendrá información errónea, o fuera de orden, de acuerdo a los últimos descubrimientos, ya sean estos históricos, geográficos o científicos.

Esto es cierto aun en períodos relativamente cortos en el tiempo, en los cuales hubo grandes cambios en el conocimiento o nuevos descubrimientos en el tema de que se trate. Esto es ciertísimo en las disciplinas de astronomía, medicina, las ciencias en general y aun en Historia. Descubrimientos arqueológicos han hecho cambiar multitud de conceptos históricos.

A medida que el conocimiento de la raza humana se expande, se ven los errores, lagunas y fallas del pasado, lo cual da lugar a que se modifiquen, cambien y sean establecidos nuevos conceptos, esquemas y diseños.

En contraste con este devenir continuo y palpable de la experiencia humana, los libros de la Biblia nunca han tenido que ser revisados o cambiados, ni un solo error ha sido encontrado en ellos. Esto es particularmente asombroso, pues fue escrita por docenas de diferentes escritores (profetas), durante períodos históricos no solo diferentes, sino con siglos de separación entre unos y otros. Por ejemplo, entre el profeta Isaías del Antiguo Testamento y el nacimiento de Jesús hay una separación de ocho siglos, aproximadamente. Entre el último libro del Antiguo Testamento (Malaquías) y el primero del Nuevo (Evangelio de San Mateo) hay cuatro siglos de diferencia.

Y esto es lo impresionante y asombroso: Aun cuando algunos de estos libros fueron escritos en períodos prehistóricos, la Biblia tiene un conocimiento de actualidad en materias como historia, medicina, ciencias y otros muchos campos de las disciplinas humanas. Este tema debe ser de consideración y estudio, aun para aquellos que todavía no son creyentes.

LA EXACTITUD DE LA BIBLIA COMO FUENTE HISTÓRICA

Las gentes que poblaban la tierra prometida son llamados en la Biblia el pueblo de los Hititas. Ellos habitaban la tierra desde el tiempo de Abraham y sus descendientes. Por muchos años, los académicos e historiadores consideraban este recuento bíblico como una de las fallas e inexactitudes de la Biblia, una de las razones que argumentaban era que estas gentes no aparecían en ningún otro documento, referencia o fuente histórica.

Sin embargo, hoy después de confirmaciones históricas, los arqueólogos e historiadores reconocen a los Hititas como una nación influyente e importante en la historia antigua. Algo similar sucedió con tres ciudades importantes de la Biblia: Sodoma, Gomorra y Ur, en la antigua Mesopotamia. Tradicionalmente, los historiadores no reconocían que esas ciudades en realidad hubieran existido. Para ellos, se trataba solo de leyendas de un libro sin importancia histórica o académica.

Este concepto persistió hasta 1964. Ese año fueron descubiertas en Siria más de diecisiete mil tabloides antiguos los cuales contenían, no solo los nombres de estas ciudades, sino también descripciones de las mismas, comprobando además que el lenguaje escrito era ya conocido en tiempos de Abraham, otra revelación Bíblica, también por años negada por los historiadores. En Isaías 20:1 se menciona el nombre del Sargón, Rey de Siria. Esta es la única referencia de este Rey en literatura antigua; consecuentemente, su existencia fue negada como hecho histórico, otro supuesto error bíblico.

Pero en el año 1842, Botta descubrió las ruinas del palacio de Sargón en Khorsabad, en el Norte de Nínive, con tesoros históricos e inscripciones donde se describía a Sargón como uno de los grandes reyes de Asiria. Aunque su nombre había desaparecido del mundo, estaba registrado en la Biblia.

Libros históricos han tenido que ser corregidos, de acuerdo a informaciones bíblicas, las cuales no eran consideradas, por los académicos, como fuentes históricas confiables.

Descubrimientos de las ciencias en tiempos modernos: La Biblia ya los había registrado como hechos establecidos desde tiempos muy antiguos. Nuevos descubrimientos en el campo de las ciencias y la historia misma confirman las verdades bíblicas a medida que estas palabras están siendo escritas.

La razón de esta exactitud bíblica está también, ampliamente, explícita en las escrituras: Los escritores han sido muchos, pero el autor de la Biblia es uno solo. Los profetas han escrito estos libros bajo el poder y la unción del Espíritu Santo. Dios mismo es el autor de la Biblia y Dios se revela a sí mismo, a través de su Palabra, a todo hombre o mujer que, sinceramente, lo busque con un corazón arrepentido, confiando en su palabra y no en razonamientos y doctrinas de origen humano.

Aunque Dios requiere fe: «*Pero sin fe es imposible agradar a Dios*» (Hebreos 11:6). La Palabra de Dios está abierta al escrutinio y la meditación. Descubriendo los asombrosos hechos, profecías, datos y verdades bíblicas, usted también llegará a la misma conclusión: Un solo autor, el Espíritu Santo, Dios mismo.

¿QUE DICE LA BIBLIA DE SÍ MISMA?
¿QUIEN ESCRIBIO LA BIBLIA?

II de Pedro 1:21 «Porque nunca la profecía fue traída por voluntad humana, sino que los santos hombres de Dios hablaron, siendo inspirados por el Espíritu Santo.»

II de Timoteo 3:16 *«Toda la escritura es inspirada por Dios, y útil para enseñar, para redargüir, para corregir, para instruir en justicia.»*

Hebreos 4:12 «Porque la palabra de Dios es viva y eficaz, y más cortante que toda espada de dos filos; y penetra hasta partir el alma y el espíritu, las coyunturas y los tuétanos, y discierne los pensamientos y las intenciones del corazón.»

¿QUIÉN ES LA PALABRA?:

La Palabra (el Verbo) es uno de los muchos nombres de Jesús. Cada uno de sus nombres nos ministra, en forma poderosa, y nos dirige hacia una nueva revelación. Juan 1:1 *«En el principio era el Verbo, y el Verbo era con Dios, y el Verbo era Dios.»* La Palabra es Jesucristo, el Creador. **Debido a esta revelación sabemos que la Palabra de Dios precede al mundo y, consecuentemente, a la Iglesia y a cualquier concepto religioso.**

¿Qué dice Jesús acerca de la Palabra?:

Mateo 24:35 «El cielo y la tierra pasarán, pero mis palabras no pasarán.» Confirmación de que la Palabra es anterior a la creación y, por lo tanto, permanecerá después de que cesen de existir el cielo y la tierra que conocemos. *San Juan 1:1 «En el principio era el Verbo, y el Verbo era con Dios, y el Verbo era Dios.»*

¿Usó Jesús la Palabra de Dios escrita (el Antiguo Testamento), mientras estuvo predicando en la Tierra? No solo Jesús sino también el enemigo (Satanás), pues en sus manipulaciones y maldades, el enemigo conoce la importancia sin paralelo, que para Jesús tiene la Palabra de Dios.

Veamos la escritura en Mateo 4:1-11, el pasaje en el cual se describe cuando Jesús es llevado por el Espíritu al desierto para ser tentado por Satanás. Vemos en este pasaje, cómo es que Satanás usa la Palabra de Dios para tentar a Jesús:

Primera tentación - Versículo 3, «Si eres Hijo de Dios di que estas piedras se conviertan en pan.» Respuesta de Jesús: *«Escrito está: No solo de pan vivirá el hombre sino de toda palabra que sale de la boca de Dios.» (Deuteronomio 8:3).*

Segunda tentación - El diablo le lleva sobre el pináculo del templo y le dice: «Si eres Hijo de Dios échate abajo; porque escrito está: a sus ángeles mandará cerca de ti y en tus manos te sostendrán, para que no tropieces con tu pie en piedra» *(Mateo 4:6). Respuesta de Jesús: «Escrito está también: No tentarás al Señor tu Dios.» (Deuteronomio 6:16).*

Tercera tentación. - Mateo 4, versículo 8: *«Otra vez le llevó el diablo a un monte muy alto, y le mostró todos los reinos del mundo y la Gloria de ellos y le dijo: Todo esto te daré, si postrado me adorares.» Respuesta de Jesús:* **«Vete Satanás, porque escrito está: al Señor tu Dios adorarás y a Él solo servirás.» (Deuteronomio 6:13).**

Tanto la tentación de Satanás, como las respuestas de Jesús al enemigo, fueron extraídas de la Biblia, del antiguo testamento. En este pasaje indicamos los versículos que uso Jesús para contestarle a Satanás todos del libro de Deuteronomio. *«El diablo entonces le dejó y he aquí vinieron ángeles y le servían.» (Mateo 4:11).*

La importancia extraordinaria que tiene este pasaje de la tentación de Jesús por el enemigo es la siguiente: ¿No era Jesús Dios en la carne, creador del cielo de la tierra?, ¿No podía Jesús usar su poder creativo para callar y aun hacer desaparecer al diablo, con alguna palabra nueva, con alguna respuesta especial para la ocasión? Claro que podía, la Palabra misma nos enseña en Apocalipsis *22:13 «Yo (Jesús) soy el Alfa y la Omega, el principio y el fin, el primero y el último.»*

Sin embargo, Él no hizo nada de eso, sino que para enseñanza de su Iglesia (los creyentes), responde al enemigo con la Palabra ya escrita, lo cual fue suficiente, no solo para acallar al enemigo, sino para hacer que desapareciera de la escena ante sus respuestas poderosas, extraídas de la Palabra de Dios en el Antiguo Testamento.

¿Seremos capaces de aprender esta lección? Si el hijo de Dios mismo, nuestro Maestro, usa la Palabra escrita para toda ocasión, es muy importante que nosotros hagamos lo mismo. Esta es la razón por la cual, aunque Dios es soberano, no se manifiesta, ni se produce jamás en contra de su Palabra, dejada a los hombres, para guía, consuelo, salvación, corrección, exhortación y seguridad. **Creer en Jesús significa creerle a Jesús y funcionar de acuerdo a esa Palabra de vida.** De otra forma, la persona se engaña a sí misma, sostenida por falsos conceptos de su propia mente carnal. *«Pero sed hacedores de la Palabra, y no tan solamente oidores, engañándoos a vosotros mismos.» (Santiago 1:22).*

¿QUIÉN INTERPRETA LA PALABRA DE DIOS?

Juan 14:25-26 *«Os he dicho estas cosas estando con vosotros. Mas el Consolador, el Espíritu Santo, a quien el Padre enviará en mi nombre, él os enseñará todas las cosas, y os recordará todo lo que yo os he dicho.»*

Cuando te humillas y recibes al Señor Jesús en tu corazón, como tu Señor y tu Salvador, el Espíritu Santo (Dios mismo), te abre las Escrituras y te lleva al conocimiento de la verdad. Debido a esto, es que todas las denominaciones evangélicas enseñan las mismas doctrinas, con sólo algunas variantes periféricas (menores), que para nada alteran el mensaje del Evangelio, tal como fue predicado por Jesús y más tarde por los Apóstoles en la Iglesia original. Esto en sí es verdaderamente sorprendente desde el punto de vista del hombre natural, tomando en cuenta que hay multitud de denominaciones, que muchas de ellas tuvieron su origen en distintos países, distintas culturas y diferentes épocas históricas. Para Dios no hay nada imposible. La Palabra no cambia, siempre es la misma.

Confirmación de esta verdad:

1 Juan 2:27 «Pero la unción que vosotros recibisteis de Él permanece en vosotros y no tenéis necesidad de que nadie os enseñe; así como la unción misma os enseña todas las cosas, y es verdadera, y no es mentira, según ella os ha enseñado, permaneced en él.» (La unción del Espíritu Santo).

Un solo intérprete y maestro: El Espíritu Santo.

PRE-CONOCIMIENTO CIENTÍFICO.

Hace menos de 600 años, se creía que la tierra era un disco plano. Líderes, astrónomos e investigadores científicos, como Galileo, que se dieron cuenta de que la tierra se movía o rotaba, fueron perseguidos y acusados de herejes por líderes religiosos.

Colón tuvo que reclutar sus tripulaciones para su primer viaje al nuevo mundo entre condenados a muerte y prisioneros, pues se temía que al llegar al borde del océano, se caería en un abismo. Este era el concepto general del conocimiento de la Tierra todavía en 1492.

Sin embargo, revisemos lo que la Biblia nos revela aun 2000 años antes de estos acontecimientos:

Isaías 40:22, (hablando acerca de Dios): *«Él está sentado sobre el círculo de la tierra.»*

La Palabra círculo, en el hebreo original, es «khug». Los académicos del hebreo indican que esta palabra, en una traducción más correcta de la misma, es esfera o redondez.

En el libro de Job 26:7 leemos «*Él (Dios) extiende el norte sobre vacío, cuelga la tierra sobre nada.*» Es muy claro lo que Dios nos está diciendo: **La tierra es una esfera (globo terráqueo) y está suspendida en la nada del vacío sideral, tal como la conocemos en nuestros días.**

Dos mil años después, los hombres más brillantes y educados de la época, en tiempos del gran almirante (Colón), todavía estaban confundidos al respecto, pues no conocían las escrituras. Por lo tanto, no podían creer en ellas, de otra manera hubieran reconocido la verdad del cosmos que nos rodea. Al respecto, es interesante saber que Colón, el cual conocía las Escrituras, sabía de la redondez de la Tierra.

Los primeros astrónomos, antes de la invención del telescopio por Galileo, consideraban que había un número específico de estrellas en el firmamento. Ptolomeo creía que había 1,058 en total. Kepler descubrió 1005, de esta forma hubo varios trabajos científicos de esta naturaleza, arrojando cada uno de ellos cifras de este orden.

Estos hombres se consideraban en aquel tiempo, y aún se reconocen en nuestros días, como hombres de extraordinaria inteligencia y genio científico, los cuales contribuyeron en gran manera al campo de la astronomía. Sin embargo, hoy sabemos, después de años de estudio del firmamento, que las estrellas existen en **un número incalculable (no se pueden contar).**

Los astrónomos modernos consideran que el número de estrella es del orden de 10 a la vigésima sexta potencia, o 100 mil millones de billones de estrellas.

Aun con poderosos telescopios ensamblados en satélites y las más rápidas computadoras que la ciencia puede ofrecer, **las estrellas no se pueden contar.**

Qué dice la Biblia acerca de este tema:

Leemos en *Jeremías 33.22 «Como no puede ser contado el ejército del cielo (estrellas) ni la arena del mar...»* (Sabemos que en la cultura hebrea se conocían números del orden de múltiplos de un millón) Las mentes más brillantes de la investigación astronómica, como Ptolomeo, Kepler, Copérnico y muchos otros después de ellos, no podían ni tan siquiera acercarse a la gran revelación bíblica, expuesta miles de años antes de que ellos nacieran, cuya revelación ha sido confirmada al detalle, en nuestra época de asombrosos adelantos y descubrimientos científicos.

Dice el Salmo 147:4 *«Él cuenta el número de las estrellas; a todas ellas llama por sus nombres.»* Vemos la revelación de la omnipotencia de Dios y podemos así medir comparativamente la pequeñez del hombre, aun con sus más avanzadas tecnologías. Él (Dios), cuenta el número de las estrellas; a todas ellas llama por sus nombres.

DIOS Y LAS DIMENSIONES DESCONOCIDAS EN LAS CUALES ÉL VIVE

Dios existe más allá de las tres dimensiones físicas del universo. ¿Puede usted alcanzarlo? Dios vive en una dimensión donde el tiempo no existe. La palabra eternidad no describe fielmente la existencia de Dios, porque la eternidad implica el transcurso del tiempo: Centurias, milenios, etc. Hay una correlación entre la palabra eternidad y el tiempo. Sin embargo, si vamos al relato bíblico, descubrimos que Dios vive en una dimensión más allá del tiempo.

Para Dios, un día es como mil años y mil años como un día. *«Mas, oh amados, no ignoréis esto: que para con el Señor un día es como mil años, y mil años como un día.» (2 Pedro 3:8).*

Jesucristo, en el principio creó el Cielo y la tierra y todo lo visible e invisible, *«Todas las cosas por Él fueron hechas, y sin Él nada de lo que ha sido hecho, fue hecho.» (Juan 1:1-3).*

Como Jesucristo era antes de la creación, pues fue el creador mismo, ello implica que tuvo que atravesar espacio y tiempo, desde su vida pre-terrenal, para hacerse hombre y penetrar el espacio físico en el cual se encuentra el planeta Tierra, a través de la concepción del Espíritu Santo en el seno de la virgen María, la cual habría de concebir al Mesías prometido de la casa de David, como estaba escrito. De esta forma fue sujeto en la carne a la dimensión espacio/ tiempo de este planeta. Jesús Nazareno, el Dios-Hombre, Dios el Hijo.

¿Tienen los hombres alguna idea o conocimiento no bíblico, de esta dimensión donde vive Dios?

A través de la Teoría de la Relatividad, Einstein le demostró al mundo científico que un vehículo viajando en el espacio, a medida que aumenta su velocidad, disminuye el transcurso del tiempo dentro del vehículo. Experimentará una relación inversamente proporcional entre velocidad y tiempo. Es decir, a medida que aumenta la velocidad del vehículo, disminuirá el paso del tiempo, cuando la nave alcance la velocidad de 300,000 Km/segundo, esto es la velocidad de la luz, el correr del tiempo será cero. El reloj del tiempo se detiene. La nave ha alcanzado la dimensión del no-tiempo. Este descubrimiento extraordinario de la ciencia ocurrió en el año de 1920. La relación velocidad/tiempo/espacio, acerca de la cual el hombre apenas comienza a conocer al entrar el siglo XXI, fue revelada en la Biblia, milenios antes del conocimiento científico más elemental.

2 Pedro 3:8 (refiriéndose al Antiguo Testamento)*: «...para con el Señor, un día es como mil años, y mil años como un día.»*

I de Timoteo 6:16: Dios vive en una luz inaccesible: *«El único que tiene inmortalidad, que habita en luz inaccesible; a quien ninguno de los hombres ha visto ni puede ver, al cual sea la honra y el imperio sempiterno.»*

Estos dos pasajes nos dan una idea de su habitación, lugar o dimensión, en la cual Él vive, así como su capacidad de moverse de una dimensión a la otra y estar en todas al mismo tiempo. En el libro a los Hebreos se establece que lo que es visible y tangible, nuestro universo físico, fue hecho de lo que nosotros no podemos ver o detectar. El universo fue creado de una fuente u origen distinto a la materia, energía, tiempo, longitud, anchura y altura que constituye el universo conocido *«Por la fe entendemos haber sido constituido el universo por la Palabra de Dios, de modo que lo que se ve fue hecho de lo que no se veía.» (Hebreos 11:3).*

La ciencia anterior al año 1920 creía que el tiempo era infinito, nunca empezó, nunca termina. Ya los científicos hoy en día piensan que sí hubo un comienzo del tiempo. ¿Qué dice la Biblia?

Tito 1:2 «En la esperanza de la vida eterna, la cual Dios, que no miente, prometió desde antes del principio de los siglos.» (Antes del comienzo del tiempo).

Efesios 1:4 *«Según nos escogió en Él, antes de la fundación del mundo para que fuésemos santos y sin mancha delante de Él.»*

Apocalipsis 13:8 *«el Cordero inmolado desde antes de la fundación del mundo.»*

Colosenses 1:16-17 *«Porque en Él (Jesús), fueron creadas todas las cosas, las que hay en el cielo y las que hay en la tierra, visibles e invisibles; sean tronos, sean dominios, sean principados, sean potestades; todo fue creado por medio de Él y para É Y Él es antes de todas las cosas, y todas las cosas, en Él subsisten. »*

Si con el solo propósito de ilustración pudiéramos concebir todo el universo, como la figura geométrica de un cubo, Él vive en un plano o dimensión más allá de ese cubo. Esa dimensión, donde Él vive siempre fue (existió). Consecuentemente, estaba ya allí, cuando este cubo (espacio/tiempo/universo) no existía.

Aunque Dios tiene la capacidad única de estar, al mismo tiempo, en todas las partes de su creación (omnipresencia), sin embargo la creación no es Dios, ni el lugar de su habitación es dentro de los límites de esa creación.

Es importante entender la naturaleza única de Dios. Un Dios creador independiente de su creación. Dios y su creación son dos entidades diferentes: La creación depende de Dios. Dios no depende de su creación. Este concepto, es parte del discernimiento de quién es *Él,* ya que hay doctrinas erróneas que conciben a Dios como una criatura. Otras consideran que todo es Dios: Animales u objetos inanimados. Otras, que el hombre está en un estado de desarrollo o evolución, al final de la cual, será también Dios. Conceptos todos, que contradicen las Escrituras.

Dios tiene atributos que solo le pertenecen a Él; por ejemplo, tiene la capacidad de estar en todos los lugares al mismo tiempo, pero Dios no es un objeto o una criatura. Dios no es hombre ni el hombre es Dios. *«Dios no es hombre para que mienta, ni hijo de hombre para que se arrepienta.» (Números 23:19).*

Es en este contexto, cuando podemos intelectualmente empezar a entender lo que ya sabemos por fe: El extraordinario, asombroso, poder sobrenatural y sin límites de Dios.

Elohim es el primer nombre de Dios que aparece en la Biblia en Génesis 1:1. Esta palabra en Hebreo indica tres o más: Dios el Padre, Dios el Hijo, Dios el Espíritu Santo, (la Trinidad); tres personas que forman, en perfecta armonía, una sola Divinidad. Un solo Dios. El Dios de Abraham, de Isaac y de Jacob: Un Dios personal.

¿Podríamos acercarnos, o tal vez conquistar esas dimensiones utilizando la ciencia, el intelecto, la metafísica o tal vez el poder mental?

Cuando Einstein elaboró su «Teoría Especial de la Relatividad», de la misma se desarrolló un corolario, el cual constituye una verdadera decepción para los viajeros (imaginarios) intergalácticos. El corolario indica lo siguiente: Una infinita cantidad de energía debe ser aplicada a un objeto (vehículo), para que el mismo pueda desplazarse a la velocidad de la luz, tarea esta imposible, debido a que la cantidad total de energía que contiene el universo es finita. (Finita, como el binomio espacio/tiempo el cual también es finito, es decir limitado).

Contrario a las leyes mecánicas de Newton, las cuales establecen que un objeto puede viajar a cualquier velocidad, siempre que se le aplique la correspondiente fuerza para impulsarlo, Einstein concluye que nada puede viajar más rápido o tan rápido como la velocidad de la luz. La reducción del tiempo transcurrido en un vehículo, a medida que se impulsa en el espacio, como está enunciado en la teoría de la relatividad, es ya un hecho científico y aceptado académicamente en forma universal.

Ahora bien, alcanzar la velocidad de la luz, o la dimensión donde el tiempo no transcurre, es una tarea imposible, de acuerdo al mismo Einstein. Esta es solamente una razón más, usando nuestro intelecto, que demuestra que Dios no puede ser alcanzado mediante esfuerzos de hombres (mentales, físicos o sentimentales). Mediante el poder mental o la meditación trascendental, Dios no puede ser alcanzado, sin embargo la meditación trascendental y el buscar a Dios a través de la metafísica, pone a los que la practican en contacto con el mundo de los demonios y espíritus de las tinieblas.

Satanás es un asesino y padre de mentiras, según lo describió el mismo Jesús *(Juan 8:44: «Vosotros sois de vuestro padre el diablo. Y los deseos de vuestro padre queréis hacer. Él ha sido homicida desde el principio, y no ha permanecido en la verdad, porque no hay verdad en él. Cuando habla mentira, de suyo habla; porque es mentiroso, y padre de mentira.»*

Ese es el motivo por el cual las personas involucradas en esas prácticas son engañadas, llegando a creer que están en contacto con Dios. En realidad, están en contacto con demonios y poderes espirituales de maldad, los cuales pueden ser confrontados únicamente con la sangre de Cristo y el poder del Espíritu Santo, mediante un hijo de Dios sometido al Señorío de Jesús (a la Palabra). La mente es carnal, de acuerdo a la Biblia, por lo tanto, no puede controlar el espíritu del hombre, ni el área espiritual en la cual el hombre natural puede manifestarse. **Es el espíritu del hombre, una vez que reciba al Espíritu Santo y esté sometido a Él y su voluntad, el que puede controlar la mente y, también, el cuerpo del hombre.**

VI

MEDICINA. LA EPIDEMIA DEL SIDA Y LA PALABRA DE DIOS.

En el libro de texto de medicina «Holt Pediatrics» se encuentra un descubrimiento extraordinario relacionado con la sensibilidad hemorrágica de los recién nacidos. Existe una especial sensibilidad hemorrágica, entre el segundo y el quinto día de edad. Una hemorragia a esa edad, aunque inconsecuente, pudiera extenderse y producir serios daños en los órganos internos, especialmente en el cerebro y causar la muerte, por desangramiento, al recién nacido.

Esto es debido a la ausencia de vitamina K en la sangre, la cual comienza a producirse en el sistema intestinal, **a partir del quinto al séptimo día de vida.** La Protrombina es un segundo elemento, el cual contribuye a la coagulación de la sangre. Este elemento es extremadamente bajo en los primeros tres días del infante, entonces comienza a incrementarse a partir del tercer día, **hasta llegar al octavo, alcanzando entonces el 10% por encima de su punto**

normal, es decir el 110% del nivel normal en la persona. (Journal of American Medical Association, February 1947);

Génesis 17:12 Dios hablándole a Abraham: «*Y de edad de ocho días será circuncidado todo varón entre vosotros por vuestras generaciones; el nacido en casa, y el comprado por dinero a cualquier extranjero, que no fuere de tu linaje.*» ¡Qué instrucción tan precisa! No el sexto, no el séptimo. Precisamente el octavo día, es decir, en el momento de mayor elevación en la capacidad de la sangre para coagular.

Los hombre de ciencia han visto, con asombro, que Génesis 17:12, escrita hace más de 3,000 años, cuando el hombre no disponía de conocimiento científico alguno, coincide estrictamente con avanzados conocimientos médicos, de nuestra era.

LA EPIDEMIA DEL SIDA

La epidemia del SIDA, además de sus terribles consecuencias en toda la humanidad, ha causado gran controversia en relación a sus orígenes, manera de prevenirla y causas de la misma. La profesión médica está desorientada y confundida con relación a esta epidemia. Mientras tratan de estudiar y saber más acerca de la misma, para poder controlar y prevenir la enfermedad o encontrar una vacuna que la elimine, las autoridades sanitarias están recomendando el uso de preservativos, para prevenir la contaminación. «Control mediante educación», ellos proclaman. La realidad es que los preservativos tienen un porcentaje de eficiencia muy bajo en una enfermedad muy contagiosa. La enseñanza del uso de preservativos y del mal llamado «sexo con seguridad», implica un creciente factor de contaminación. A medida que la promiscuidad e inmoralidad aumenta, también incrementan los factores de riesgo y contaminación en toda la población.

Otro ángulo de la controversia es el hecho que algunos consideran el SIDA como una maldición o castigo de Dios, para aquellos que practican la inmoralidad y el homosexualismo. En el extremo opuesto de esta controversia están los homosexuales, la prensa liberal y una gran mayoría de la opinión oficial y política en el país. El consenso general es el siguiente: El SIDA es una epidemia terrible que afecta a la humanidad, es el problema de todos y no tiene nada que ver con el homosexualismo y mucho menos con un castigo o maldición de Dios. Como prueba de lo que dicen, insisten que muchas gentes enfermas hoy, no son homosexuales. Por supuesto la enfermedad también se transmite a través de transfusiones de sangre, uso de drogas, agujas contaminadas y la práctica del sexo natural con homosexuales.

Uno de los libros que vierte luz sobre este tema es «Rethinking AIDS» (Reconsiderando el SIDA), publicado por The Free Press, NY, en 1993. El autor, Robert Root-Berstein, es profesor asociado de fisiología de la Universidad del Estado de Michigan. Este es un libro científico de investigación médica, muy bien documentado (de más de 500 páginas), el cual detalla eventos y datos históricos de la enfermedad del SIDA, así como descubrimientos científicos sobre la misma. El libro carece de perspectiva cristiana o religiosa.

A continuación, citas de este libro que se relacionan con el tema de este trabajo:

Del prefacio del libro: «No entendemos la enfermedad del SIDA. No entenderla desde el punto de vista médico quiere decir, no tener suficientes conocimientos de la misma, para poder intervenir en ella y controlar el proceso de la enfermedad.»

Página 7: «La enfermedad del SIDA llamó la atención a la comunidad médica por primera vez, en el año de 1981, cuando médicos en Nueva York y Los Angeles, empezaron a reportar grupos pequeños pero significativos de hombres jóvenes, previamente saludables, que de repente comenzaron a ser víctimas de "kaposis sarcoma" y neumonía maligna.»

Después de explicar el desarrollo de la enfermedad viene a continuación el siguiente párrafo: **«Quizá el aspecto más llamativo de estos primeros casos es que cada uno de estos primeros pacientes de sida, se identificó a sí mismo como homosexual.»**

Capítulo 10, página 333: «Durante los años 1986 y 1987, Pifer estudió un grupo de veintisiete hombres homosexuales, todos saludables, y encontraron que ellos tenían deficiencias inmunológica serias. Después de estudiar una serie de diferentes factores que pudieran haber contribuidos a esa situación, Pifer y sus colegas concluyeron que no se podía encontrar una causa específica y única que pudiera haber contribuido a esas serias deficiencias en su salud , excepto el hecho de que los índices de anormalidad eran significativamente más comunes en los hombres homosexuales que en los hombres heterosexuales, o mujeres homosexuales, incluidos en el mismo grupo de estudio.»

También se reporta, en este estudio, **«que particularmente perjudicial para la salud de los hombres homosexuales era la fornicación anal con frecuencia hemorrágica y la transmisión de enfermedades venéreas debido a esta práctica. Los investigadores llegaron a la conclusión de que estos hallazgos son de gran importancia cuando se trata de entender el por qué las tres cuartas (3/4) partes de los casos de sida, hasta la fecha, han ocurrido en hombres homosexuales.»**

Continúa explicando el libro: **«esta situación de baja protección inmunológica en conjunto con la fornicación anal y membranas sangrantes, expuestas al semen, puede haber creado las condiciones optimas para la transmisión rápida del virus del SIDA (HIV), la cual a su vez causa el SIDA»** (Desarrollo de la enfermedad).

Página 335: «Solamente una cosa es cierta: Muchos científicos han llegado a la conclusión de que el virus del sida no es el solo causante de esa enfermedad. Por ejemplo, la Dra. Elena Buimomiciklein y sus investigadores co-asociados, habiendo observado la extrema actividad viral en los hombres homosexuales, ya sean SIDA positivos o no, proponen que esas infecciones asociadas con esperma y linfocitos, en el semen, pueden ser un factor importante para inducir la producción de linfocitos T4, los cuales son de absoluto requisito para la aparición del sida... Los resultados también sugieren que la gran cantidad de virus que rodean a los homosexuales de factor sida negativo puede ser un factor en el desarrollo del SIDA entre ellos.»

Lo que estos investigadores científicos nos están diciendo podemos traducirlo simplemente a lo siguiente: **La fornicación entre homosexuales produce sangrados frecuentes en las membranas anales. Estos sangrados, contaminados con semen, parecen ser la causa del virus del SIDA, lo cual a su vez parece ser un factor importante en su desarrollo. También sus investigaciones los han llevado a la conclusión de que la gran cantidad de virus, que emiten los homosexuales hombres, puede ser un factor determinante en el desarrollo del SIDA, incluso entre homosexuales de factor SIDA negativo. ¡Asombroso!**

Capitulo 8, Pagina 281 del Libro Rethinking AIDS:

¿Por qué el SIDA es una epidemia ahora?

El SIDA es una enfermedad social.

El "Treponema Pallidum", la bacteria que causa la sífilis, afecta 14 hombres por cada mujer en la Gran Bretaña. La proporción es similar en otras partes de Europa. La biología per se, no afecta la distribución de esta bacteria, (intrínsecamente no tiene preferencia por hombres o mujeres.) Porque la bacteria T. Pallidum, infecta a ambos sexos. Son, sin embargo, los factores sociales, la causa de la desigualdad de la sífilis entre los sexos.

"La proporción de casos de sífilis en la Gran Bretaña entre hombres y mujeres era 50:50.

La diferencia hoy, es explicada por la casi erradicación de esta enfermedad en la comunidad heterosexual, (parejas de hombres y mujeres), sin embargo no ha sido así entre los homosexuales (parejas de hombres), entre los cuales se ha mantenido una alta frecuencia de la misma.

La sociología y no la biología explica la distribución de los agentes sexuales que trasmiten estas enfermedades.

Yo Creo que la misma conclusión se aplica al caso del SIDA. Para entender el SIDA, debemos documentar y entender los cambios sociales en el homosexualismo, el uso de drogas y la práctica médica han creado las condiciones que han permitido que el síndrome explote a la prominencia que ha tenido en la pasada década. (este libro fue escrito en 1993)

"LA SALIDA DEL CLOSET"

Las revoluciones sociales siempre han tenido consecuencias médicas. Los disturbios de "Stonewall", en la ciudad de York, el Crucible del año 1969, que causó el movimiento de "Liberación Gay", creó otra revolución social, la cual no fue una excepción en las reglas medicas, ya comprobadas en otros movimientos y radicales cambios de comportamiento social.

El "salirse del closet" ha alterado no solamente la percepción del homosexualismo, pero también las consecuencias medicas del mismo.

Hasta aquí las citas del libro Rethinking AIDS or The Tragic Cost of Premature Consensus.

En Octubre de 1996, el «Centro de Control de Enfermedades», reportó que cerca de 550,000 personas en los Estados Unidos han sido diagnosticadas con SIDA. De estos, 343,000 han muerto

(62.4%), la mayoría de ellos en su juventud. La cifra de muertes está acercándose al orden de ¡3,000 por mes!

La epidemia del SIDA no existía hace apenas 30/40 años. Entonces cabe la pregunta: ¿Qué tiene que ver todo esto con la Biblia, cuyos más recientes libros («Hechos de los Apóstoles», y el «Apocalipsis»), se escribieron hace ya 2000 años?

Si vamos al libro de Génesis, el primer libro de la Biblia (libro escrito hace aproximadamente 3,500 años), vamos a ver que las ciudades de Sodoma y Gomorra tenían una población que practicaban la homosexualidad en forma generalizada. El juicio de Dios los tocó y la Biblia registra que estas ciudades fueron incineradas, sin quedar nada de ellas; asimismo, con ellas desaparecieron todos y cada uno de sus habitantes, excepto Lot y su familia. Además del juicio de Dios, debido al pecado en estas ciudades, ¿estaría Dios evitando una epidemia prematura del SIDA en la humanidad?

Vayamos al nuevo testamento:

*1 Corintios 6:18 «Huid de la fornicación. Cualquier otro pecado que el hombre cometa, está fuera del cuerpo; más el que fornica, **contra su propio cuerpo peca.**»*

*Romanos 1:27 «Y de igual modo también los hombres, dejando el uso natural de la mujer, se encendieron en su lascivia unos con otros, cometiendo hechos vergonzosos hombres con hombres, y **recibiendo en sí mismos la retribución debida a su extravío.**»*

No puede ser más precisa la Biblia, no puede este tema ser mas explicito en la misma: En Romanos 1:20-32, y en la Primera Carta a los Corintios 6:18, la Biblia claramente indica que este tipo de pecado tiene consecuencias directas en el cuerpo del pecador.

Ahora en estos últimos tiempos de adelantos científicos, la experiencia y la investigación médica, como en el libro científico anteriormente citado, también señalan de que se trata: Producción de virus, enfermedades venéreas malignas, apuntando todo esto directamente hacia la causa misma de la epidemia del SIDA. La Biblia lo revela claramente y la investigación médica lo comprueba más de 2000 años después.

El SIDA no es un castigo de Dios, es la consecuencia y la resultante de quebrar el orden y las leyes del comportamiento humano, establecidas de manera inequívoca por Dios. Cuando un padre le advierte a su hijo, una y otra vez, no jugar en medio de la calle y el hijo es atropellado por un vehículo, obviamente no se trata de un castigo de su padre. Se trata de las consecuencias de la desobediencia del hijo ante las advertencias y consejos de su padre.

Así mismo sucede con la enfermedad del SIDA y la palabra de Dios. La homosexualidad no es una condición genética o hereditaria, tampoco se trata de una configuración especial del cerebro con la cual los homosexuales nacen. Estas teorías surgen del deseo de justificar la homosexualidad como un comportamiento normal, con el objeto de mantener el mundo en confusión y tinieblas, lo cual es el objetivo del enemigo y sus cohortes.

La Biblia habla de pecados y comportamientos que se transmiten de una generación a otra, debido a la desobediencia a Dios y a la falta de arrepentimiento. Para mayor entendimiento, leer Éxodo capítulo 20:1-5 y la Carta a los Romanos 1:20-32.

Esta maldición, desencadenada por el pecado, ya que el hombre decide desobedecer a Dios, usando su propia voluntad en contra de los consejos de su Creador, puede ser detenida y revertida, mediante un corazón quebrantado y arrepentido, buscando sinceramente a Dios y recibiendo a Jesús como su Señor y Salvador. Dios no miente. Su Palabra es verdad. El homosexualismo es un pecado. Un homosexual es un pecador el cual puede arrepentirse y convertirse en un hijo de Dios. Todos somos criaturas de Dios. La Palabra establece claramente que Hijos son solamente aquellos que lo reconocen a Él como su Creador, Señor y Salvador.

El mundo y los medios de comunicación tratan de confundir aún más, usando los términos homosexualismo y homosexual, como si se tratara del mismo concepto. El primero (homosexualismo), Dios lo aborrece (el pecado); el segundo (el homosexual) (el pecador) Dios ofrendó su vida en la cruz del Calvario por él. **¡Qué contraste, la Santidad y el amor de Dios!**

CONCEPTO POLITICO/SOCIAL DE CONSIDERACION PARA LOS HOMOSEXUALES QUE VIVEN EN LA SOCIEDAD MODERNA:

Es necesario, en esta coyuntura, tocar el tema del orden político/social de este asunto. Desde el punto de vista de la justicia y leyes sociales, el homosexual tiene todo el derecho a hacer y llevar el estilo de vida que más le plazca sin que nadie se lo pueda prohibir y así es, pues nada menos que Dios le otorga ese derecho. Es un derecho que no viene del humanismo o de doctrinas de hombres. Este derecho viene directamente del trono de la Gracia de Dios, pues es nuestro Dios el que crea al ser humano con libre albedrío o voluntad propia.

¿No es esto una contradicción a lo que estamos estableciendo? De ninguna manera, Dios establece sus leyes y mandamientos así como las bendiciones y consecuencias al cumplirlas o no. (Léase La Caída del Hombre al principio de este libro.)

Es el hombre el que voluntariamente debe buscar de Dios y de sus bendiciones. Dios le advierte de las consecuencias cuando se rebela en contra de las leyes espirituales establecidas en su Palabra. Es el hombre el que determina su destino por medio del "derecho a tomar sus propias decisiones", lo cual es parte del amor de Dios al crear al hombre.

Ese derecho, cuando se ejerce en rebelión (desobediencia), Dios advierte, está cargado de trágicas consecuencias, tanto en el orden natural como en el orden espiritual.

En los Estados Unidos de América, la «Ley de Declaración de Derechos» (*Bill of Rights*), como parte de las leyes americanas, reconoce los derechos individuales otorgados por Dios al hombre. La Constitución solamente sirve de puente al pasarle al hombre el derecho otorgado por Dios mismo. Así es que el hombre puede ejercer el derecho de desobedecer a Dios; **es un derecho que le otorga Dios al hombre y no el hombre a sí mismo. Voluntariamente al ejercer su derecho en su forma de vida el hombre mismo decide su destino.**

Por otro lado el hombre, en su ejercicio como gobernante, no tiene derecho a darle privilegios o protección especial al homosexual, por encima de los derechos del hombre común, no homosexual. Esto es lo que está pasando en la época actual. Los gobiernos se están abrogando el derecho de darle protección por encima de los demás hombres, a los que practican la homosexualidad, lo cual hacen solapadamente incluyendo a otros grupos humanos, de esta forma el privilegio otorgado a los homosexuales, pasa supuestamente desapercibido, como tal. La Palabra de Dios en Romanos capítulo uno, tiene una seria advertencia para estos que apoyan este pecado en el hombre.

En la Palabra de Dios hay todo un tratado, corto pero poderoso, en verdades y hechos sobre este tema: Libro de Romanos, Capitulo 1, versos 20 al 32. Aquí Dios condena no solo a los que practican tales cosas, sino «también aquellos que se complacen en apoyar, proteger y ocultar a los que las practican.» Dios parece condenar, al mismo nivel, tanto a los que practican la homosexualidad como aquellos que apoyan, protegen y condonan este comportamiento de actividad sexual, contraria al diseño de Dios, el cual señala como una abominación esa conducta desde el libro de Génesis al de Apocalipsis.

Esto es una importante advertencia para políticos y funcionarios públicos, tanto a nivel local como Federal, que locamente tratan de hacer leyes o regulaciones (consideraciones especiales), para apoyar a los que practican estas aberraciones sexuales condenadas por Dios en toda la Palabra. No saben que están jugando con fuego, atrayendo sobre sí mismos la condenación de Dios sobre sus decisiones y aun de sus propias personas, para aquellos que toman esas decisiones para ganar posiciones económicas y políticas. Recomiendo el estudio cuidadoso de Romanos que cito en el párrafo anterior.

EL AMOR DE DIOS

Dios ama al homosexual, como a cualquier otro pecador. ¿Qué quiere decir esto, que puede seguir pecando porque lo ama? De ninguna manera. El amor de Dios hacia el pecador indica claramente que derramó su Sangre preciosa para que el pecador pueda acogerse a su perdón y misericordia mediante el ARREPENTIMIENTO, (METANOIA), cambio de dirección, **vida nueva en Cristo Jesús.**

El pecador que soslaya o desprecia el sacrificio de la Cruz para su perdón está ya condenado. *Juan 3:16-19 «Porque de tal manera amó Dios al mundo, que ha dado a su Hijo unigénito para que todo aquel que en Él cree, no se pierda mas tenga vida eterna. Porque no envió Dios a su Hijo al mundo para condenar al mundo, sino para que el mundo sea salvo por Él. El que en Él cree, no es condenado; **pero el que no cree, ya ha sido condenado porque no ha creído en el nombre del unigénito Hijo de Dios.»***

Por este inmenso e incomprensible amor por el pecador, independientemente del tipo de pecado, Él llama a todos al arrepentimiento y provee para cada uno de ellos salvación, amor y vida abundante. Dios, sin embargo, no interfiere con nuestra voluntad y el libre albedrío que Él nos otorgó. Consecuentemente, Él respeta aun la voluntad del pecador, si este insiste en continuar por su propio camino. Dios si le advierte, en amor, las consecuencias de su desobediencia.

El argumento de la prensa liberal y la actitud oficial del gobierno es que tenemos que apoyar a los homosexuales. Hay una respuesta a este argumento con una simple pregunta: ¿Quién verdaderamente ama y protege? ¿Aquel que ve al pecador con simpatía condonando su comportamiento y dejándolo así a su suerte de perdición y muerte, o aquel que se toma el trabajo y el riesgo de decirle la verdad sobre el pecado y sus consecuencias, abriéndole la puerta de la salvación y la recuperación de su salud y de su vida?

¿Ayudaría usted a su hijo a adquirir la droga que consume porque ama usted a su hijo, condenándolo así a la perdición de ser un drogadicto? La respuesta es demasiado obvia. Se necesita nada más una cosa para llevar este cambio a la práctica: Amor, no el amor condicionado del hombre no redimido, sino el amor ágape, el *amor de Cristo,* el poder más grande del universo.

La ciencia ya ha descubierto lo que la Palabra nos revela desde el principio. El SIDA es solamente parte de las manifestaciones registradas en *Mateo 24:7 «Porque se levantará nación contra nación, y reino contra reino; y habrá pestes, y hambres, y terremotos en diferentes lugares»;* y en el libro de Apocalipsis con profecías y revelaciones. La protección y promoción del homosexualismo y del aborto, son partes de las señales de los últimos tiempos y del control del mundo por un gobierno mundial dirigido por Naciones Unidas.

VII

MENSAJE EN AMOR A LOS CATÓLICOS. LA IGLESIA

ANTES DE ENTRAR EN ESTE tema, es necesario hacer una distinción entre la "Iglesia Católica y Apostólica", tal como está definida en el credo de Nicea con el cual estamos totalmente de acuerdo y la "Iglesia Católica, Apostólica y Romana".

Vamos a ver como la primera (Iglesia Católica y Apostólica) indica claramente, la Iglesia de Cristo en la Tierra, según la fundo el señor en el Nuevo testamento. En cambio la segunda (La Iglesia Católica Apostólica y Romana), es una organización religiosa, que se aparto con el tiempo y por voluntad propia, de muchas de las doctrinas y mandatos del Nuevo Testamento.

Para entender lo anterior debemos hacer una definición etimológica del término **católico**: La palabra católico viene del vocablo griego *katholou,* del cual se deriva, la palabra en latín *Catholicus*. El significado de esta palabra es "completo", "total o totalidad" y se explica más comúnmente con la palabra **universal.**

De manera que el termino en sí, nada tiene que ver con lo religioso o con la religión, excepto por el uso que se le dio posteriormente durante la formación del cuerpo de Cristo, la Iglesia. Católico quiere decir algo completo, algo universal.

La Iglesia en El Nuevo Testamento uso el Idioma Griego como su base cultural e instrumento de comunicación, debido a ello, en un momento dado se aplico a la misma idiomáticamente, en forma correcta, el término católico.

El primer uso de la palabra católico en la historia de la Iglesia fue en el siglo segundo, en el año 107 aproximadamente: Es en una carta de Ignacio de Antioquia a la Iglesia de Esmyrna, una de las congregaciones cristianas fundadas por Pablo. Esta carta en uno de sus párrafos dice lo siguiente: "Dondequiera que el obispo se presenta en la congregación (o conjunto de personas o multitud), así como Jesucristo, ahí está la Iglesia Católica."

Otra mención:

En un fragmento del escrito "el Muratorian" en el año 177, al comentar el martirio de Policarpo ocurrido en el año 155, también se menciona la palabra católico en relación con la Iglesia (universal) de Cristo.

En estas y otras menciones de la palabra católico, siempre fue implícito el sentido del vocablo: "La Iglesia católica" se refería a la "Iglesia Universal de Cristo" (congregaciones cristianas) y no a ninguna organización religiosa en particular.

Las referencias ocasionales en el segundo y tercer siglo a la Iglesia Católica se refieren a La Iglesia, el Cuerpo de Cristo. Implica este término que Cristo tiene una sola Iglesia y que esa Iglesia de Jesucristo es una Iglesia universal, presente en toda nación y lengua. Es decir en toda la Tierra. *"Cuando dos o más están reunidos en mi nombre, yo estoy en medio de ellos"*. En esta función interpretativa del vocablo, toda la Iglesia de Cristo es Católica o universal. Esto es correcto y siempre fue entendido así.

La explicación anterior es necesaria y apropiada pues de aquí en adelante, cuando se mencione, en este libro, la Iglesia Católica, me voy a referir, no al vocablo en sí y su significado, sino a la organización religiosa fundada en el siglo cuarto a partir del 325 DC distinguida con el nombre de "Iglesia Católica, Apostólica y Romana".

La Iglesia no es una fuerza religiosa tratando de cambiar al mundo, a través de poderes e influencias doctrinales y políticas. La Iglesia no es exclusiva de una denominación determinada por el número de miembros, la antigüedad y tradiciones de un grupo religioso. La Iglesia no es ecuménica, tratando de armonizar y unificar todas las religiones. La religión no es más que el hombre tratando de crear su propio concepto de Dios, según el razonamiento filosófico y teológico de cada cual, o cada organización religiosa. Detrás de este tipo de religión está el espíritu de rebelión y hechicería (pecado original). Este espíritu ciega al hombre produciendo en él un espíritu de incredulidad a la Palabra. ¿Debe la Iglesia aprobar o simpatizar con otras religiones, contaminándose con su perenne confusión?

De ninguna manera. Tanto en el Antiguo Testamento como en el Nuevo, vemos a un Dios celoso que ordena a su pueblo que se aparte de los dioses de los otros pueblos. Dice, pues, el Señor en *Isaías 29:13: «Porque este pueblo se acerca a mí con su boca, y con sus labios me honra, pero su corazón está lejos de mí.»* Aquí habla el Señor de cánticos, de alabanzas y ceremonias religiosas, las cuales no se hacían con un corazón contrito y de genuino arrepentimiento, como Dios demanda.

En el Nuevo Testamento, vemos a Jesús en continua confrontación con los religiosos y como en el caso de la «Parábola del Publicano y el Fariseo», que bajaron a orar al templo, siendo el fariseo un religioso diezmador y cumplidor de la ley y siendo el publicano un odiado pecador. Sin embargo, Jesús dijo: *«Os digo que éste descendió a su casa justificado antes que el otro; porque cualquiera que se enaltece, será humillado; y el que se humilla será enaltecido.»* (Lucas 18:14). ¿Por qué? Pues simplemente el religioso estaba confiando «en sus propias buenas obras y cumplimiento de la ley», mientras que el publicano hizo dos cosas necesarias: **Reconoció, arrepentido, que era un perdido pecador y que su Salvación dependía únicamente de Dios, al cual reconocía y rogaba en oración.**

La Iglesia no es una religión. La Iglesia promueve la transformación del ser humano (cuerpo de Cristo), mediante una intima relación con Él, a través de su Palabra y de su Santo Espíritu. La Iglesia no es una organización de concepción humana; tampoco es una organización religiosa. (no hablo, por supuesto, de conceptos políticos/legales). Cristo claramente dijo: *«Yo soy el camino, la verdad y la vida, nadie viene al Padre sino por mí.» (San Juan 14:6)*. Su mandato fue que evangelicemos al mundo, para que a través del evangelio las almas se conviertan a Cristo.

La Iglesia va y toca las puertas de todos los corazones y de todas las razas y culturas, con un solo objetivo: **Evangelizar y salvar al ser humano de la condenación eterna.** ¿Qué debemos hacer cuando no reciben el mensaje de salvación? Dejar sembrada la semilla y vamos a la siguiente casa, no sin antes descontaminarnos espiritualmente de ellos (sacudiendo el polvo de nuestros zapatos), y deseándoles que lleguen a ser salvos antes que se tengan que despedirse de este mundo. Esto es lo que Cristo nos mandó a hacer. Es únicamente el Espíritu Santo, Dios mismo, el que convence de pecado a la persona para que acepte la salvación que se le ofrece. El común denominador es el Cristo crucificado y resucitado. No el amor de los hombres pues el verdadero y único amor consiste en el conocimiento (relación íntima) de Jesús vivo y resucitado en nuestros corazones. Cuando esto sucede en los creyentes, el amor de Jesús se derrama en el corazón de las demás personas. Así está previsto por el Señor.

¿Qué es entonces la Iglesia?

La Iglesia no es una organización. La Iglesia es un organismo, cuya cabeza es Cristo. Definamos brevemente ambos términos:

Organización: se define en el diccionario como la «acción de organizar u organizarse.» (Diccionario Ilustrado Sopena, Barcelona 1981). Es decir, es una acción tomada por el hombre que da como resultado el establecer una organización de hombres, sistemas y métodos, para lograr un propósito determinado.

Organismo: se define como «Conjunto de órganos del cuerpo animal o vegetal» (diccionario ilustrado Sopena, Barcelona 1981).

Podemos simplemente ver que la primera definición **(organización),** nos indica la resultante de un diseño y esfuerzo de hombres. Mientras que en la segunda *(organismo),* vemos que se trata de un diseño de Dios mismo, pues el hombre no puede crear plantas o animales y mucho menos infundir en ellos la vida misma. **¡Solo Dios puede hacer tan grandiosa obra!**

Pues bien, ésta es la gran diferencia. La Iglesia es una creación de Dios, no del hombre. Por lo cual todo creyente entra a ella, buscando el discernimiento y la presencia de Dios. El verdadero creyente entra en obediencia bajo la dirección del Espíritu Santo. Nada más. **Así pues, la Iglesia es un organismo vivo, cuya cabeza es Cristo mismo.** Este organismo, está dirigido por la Palabra de Dios, el amor de Dios y la dirección precisa y certera del Espíritu Santo. La Iglesia no es un cuerpo independiente dirigido por religiosos, la *Iglesia es el cuerpo de Cristo.* De este modo opera en el orden y propósito de Dios.

¿Cuáles son las escrituras que respaldan estas definiciones? *Efesios 1:22-23 «Y sometió todas las cosas bajo sus pies, y lo dio por cabeza sobre todas las cosas a la iglesia, la cual es su cuerpo, la plenitud de Aquel que todo lo llena en todo.» Efesios 5:23 «porque el marido es cabeza de la mujer, así como Cristo es cabeza de la Iglesia, la cual es su cuerpo, y Él es su Salvador.»*

¿Como funciona la Iglesia? Identificando a Cristo como la cabeza de la Iglesia. *Colosenses 2:18-19 «Nadie os prive de vuestro premio, afectando humildad y culto a los ángeles, entremetiéndose en lo que no ha visto, vanamente hinchado por su propia mente carnal y no asiéndose de la Cabeza, en virtud de quien todo el cuerpo, nutriéndose y uniéndose por las coyunturas y ligamentos, crece con el crecimiento que da Dios.»*

Estructura y Niveles de Autoridad en la Iglesia.

*Efesios 4: 11-16 «Y Él mismo (Cristo) constituyó a unos, apóstoles; a otros, profetas; a otros, evangelistas; a otros, pastores y maestros, a fin de perfeccionar a los santos, para la obra del ministerio, para la edificación del cuerpo de Cristo, hasta que todos lleguemos a la unidad de la fe y del conocimiento del Hijo de Dios, a un varón perfecto, a la medida de la estatura de la plenitud de Cristo; para que ya no seamos niños fluctuantes, llevados por doquiera de todo viento de doctrina, por estratagema de hombres que para engañar emplean con astucia las artimañas del error, sino que siguiendo la verdad en amor, crezcamos en todo **en aquel que es la cabeza, esto es Cristo**, de quien todo el cuerpo, bien concertado y unido entre sí por todas las coyunturas que se ayudan mutuamente, según la actividad propia de cada miembro, recibe su crecimiento para ir edificándose en amor.»*

En este pasaje, Pablo nos habla de que Cristo mismo fue quien estableció los cinco ministerios de su Iglesia: Apóstoles, Profetas, Evangelistas, Pastores y Maestros, para la edificación de Su Cuerpo: La Iglesia. ¿Dónde están los sacerdotes? En el próximo capítulo hablaremos sobre el tema de la clase sacerdotal.

Definamos por la Palabra, quiénes son los que componen el cuerpo que forma la Iglesia. El cuerpo de la Iglesia es formado por creyentes, nacidos de nuevo, los cuales han dedicado su vida a Cristo, son obedientes a su Palabra y han sido lavados por la sangre del Cordero. Los creyentes y sus líderes, establecidos por Dios mismo en el nuevo

Pacto (Profetas, Evangelistas, Apóstoles, Pastores y Maestros), esa es la Iglesia, la cual cruza barreras de denominaciones utilizando y agrupando en una sola unidad, la Iglesia de Cristo.

¿Qué es un creyente o verdadero partícipe de la Iglesia? Entiéndase por creyentes aquellos que creen en la Palabra y viven de acuerdo a ella, sabiendo en sus corazones que la Palabra es Jesús y Jesús es la Palabra. **Creyente es aquel que deja de creer lo que él creía, para creer lo que dice Dios.** El que cree, según su propio criterio o entendimiento, se cree a sí mismo. Le cree a su propia mente carnal, lo cual le aparta de recibir la bendición de Dios, pues está en desobediencia a la Palabra (Jesús).

La Iglesia está en el mundo, pero no pertenece al mundo. La Iglesia es heredera de «la salvación que viene de los Judíos» y es fiel con el pueblo de Israel, la manzana de los ojos de Dios, frente a la persecución de sus enemigos. Sabemos por la Palabra que el pueblo de Israel, el pueblo de Dios, reconocerá al Mesías, a Jesucristo, el Mesías de Israel. ¡Únicamente, Cristo salva! La ciudad del Gran Rey es Jerusalén. Es en Jerusalén donde Cristo viene a establecerse en su segunda y próxima venida. (Apocalipsis 21:2).

Zacarías 8:3 «Así ha dicho Jehová: Yo he restaurado a Sion, y moraré en medio de Jerusalén; y Jerusalén se llamará Ciudad de la Verdad y el monte de Jehová de los ejércitos, Monte de Santidad.»

¿Puede usted saber, quién pertenece ó no a la Iglesia? No necesariamente. En una congregación dada, puede ser que solamente un pequeño porcentaje de los miembros sean nacidos de nuevo y estén caminando con el Señor, especialmente en su diario vivir. En otra, puede que sea un porcentaje mayor. (Depende de la enseñanza y unción del Santo Espíritu que se imparta en la congregación). Son estos hombres, mujeres y niños nacidos, de nuevo, los que constituyen la Iglesia, el cuerpo de Cristo en la Tierra.

Es una relación vertical entre el creyente y Dios. Solamente Dios y el creyente lo saben con certeza. (El espíritu Santo nos da testimonio que somos hijos de Dios). Sin embargo el creyente, y aún el no creyente, pueden ver el fruto de una vida transformada por el Señor. ¿Está entonces la iglesia fraccionada? Aunque la Iglesia puede estar aparentemente dividida en muchas congregaciones y denominaciones, en realidad no hay división en la Iglesia de Cristo. No puede haberla en el cuerpo de Cristo. La Iglesia está unida por el poder sobrenatural de la Palabra y del Espíritu Santo, ella ha sido creada y sostenida por Jesús. La Iglesia responde solo a la voz de su Señor. Le sirve solo a Él y está apartada de la corrupción del mundo por la Santidad, impartida a la Iglesia por medio del Espíritu Santo, Dios mismo.

La Iglesia está en espera de su rescate y de la segunda venida del Señor Jesús. Como Cristo tiene un solo cuerpo, solamente hay una sola Iglesia.

1 Corintios 12:27 «Vosotros, pues, sois el cuerpo de Cristo, (la Iglesia), y miembros cada uno en particular.» ¿Cuál es el propósito principal de la Iglesia? (Hombres y mujeres nacidos de nuevo): Proclamar las buenas noticias del Evangelio a toda criatura, la sana doctrina de salvación sin sustraerle o añadirle nada a la Palabra de Dios. ¡Salvar al mundo que se pierde! Es la única forma de salvar al hombre y de llevarlo a un camino de bendición y seguridad, mientras esté aquí en la tierra.

¿CUAL ES LA IGLESIA ORIGINAL?

Debido a que existe el concepto generalizado de que la Iglesia Católica Romana es la Iglesia fundamental y dado el hecho de que existen grandes diferencias doctrinales entre las enseñanzas Católicas y las doctrinas establecidas, por los apóstoles, en la Iglesia original; es importante que se aclare en forma escueta y simple alguna de estas diferencias, así como los registros bíblicos y datos históricos que respaldan estas afirmaciones.

El motivo de señalar estas diferencias, no es el iniciar una crítica estéril, sino por el contrario es para establecer el puente sobrenatural para la salvación de las almas y para cimentar una relación genuina con el Señor. Él es la verdad y todo el que le ama debe acogerse a esa verdad. La escritura así lo indica, en forma tácita y definitiva. Jesús, orando al Padre: *«Santifícalos en tu verdad; tu Palabra es verdad.» (San Juan 17:17).*

Antes de seguir en este interesante tema, quiero dejar establecido por qué le llamo «la iglesia original» y no la iglesia «primitiva», como generalmente se le nombra en los círculos religiosos. La palabra primitiva indica un estado embrionario, imperfecto o en desarrollo. Aunque la Iglesia empezó, obviamente, con un número pequeño de creyentes, en realidad vemos a la Iglesia iniciarse con el poder del Espíritu Santo en Pentecostés, con llamas como de fuego sobre los ciento veinte primeros creyentes, hablando en lenguas y profetizando. Observamos como los discípulos que se habían desperdigados y acobardados en el momento de la detención del Maestro, ahora los vemos, de repente, llenos de valor, renovados, poderosos en palabras y en obras: Hacen andar a los paralíticos, sanan los enfermos, levantan los muertos y en la primera predicación de Pedro se sumaron, tres mil nuevos creyentes a la Iglesia.

Luego, la iglesia nada tenia de «primitiva», fue la Iglesia original fundada por Cristo, desde un principio, llena de poder, de misericordia, de Palabra de Dios y de obediencia al mandato de su Maestro, milagros y maravillas se sucedían continuamente, funcionando en ella, en forma evidente y manifiesta, los nueve dones del Espíritu Santo. Los hechos históricos señalan de manera categórica que nunca la Iglesia estuvo más llena de poder y triunfante que la Iglesia original como lo indican, cabalmente y con detalles, las reseñas emocionantes e históricas en los veintiocho capítulos del libro de Los Hechos, aun en medio de atroces persecuciones,

La Iglesia crecía en poder y en número de creyentes a medida que se arreciaba la persecución, ¡Gloria a Dios, Aleluya!

Nacimiento de la Iglesia

La Iglesia, tal como fue profetizado por Cristo mismo, nació diez días después de su ascensión al cielo ó 50 días después de su resurrección. Jesús estuvo 40 días, visitando a sus discípulos en la Tierra, después de levantarse de los muertos. *(Hechos 1:3-4) «A quienes también, después de haber padecido, se presentó vivo con muchas pruebas indubitables, apareciéndoseles durante cuarenta días y hablándoles acerca del reino de Dios. Y estando juntos, les mandó que no se fueran de Jerusalén, sino que esperasen la promesa del Padre, la cual, les dijo, oísteis de mí.»*

El acontecimiento histórico del nacimiento de la Iglesia sucedió en la ciudad de Jerusalén. Lugar: En el Aposento Alto; día: El preciso de la celebración de Pentecostés. (Hechos 2:1-21). Es importante tomar en cuenta que la fiesta de Pentecostés es la fiesta judía de Shavout, o fiesta de Semanas, (Levítico 23:15-21). La fiesta judía de Shavout también fue cuando le fueron entregados a Moisés los diez mandamientos. Esta ocasión fue realmente el nacimiento de la nación Judía, o el Judaísmo, de manera que tanto el Judaísmo como la Iglesia de Cristo tienen una festividad o día común de nacimiento.

Fue en el Aposento Alto dónde estaban reunidos un total de 120 discípulos, incluyendo a María, la madre de Jesús, todos unánimes en oración, cuando de repente vino un viento recio que llenó toda la casa; lenguas de fuego se posaron sobre ellos y empezaron a hablar en nuevas lenguas. Fueron bautizados con la llenura del Espíritu Santo y fueron transformados radicalmente de un grupo de asustados y huidizos religiosos, seguidores de Jesús a un grupo de discípulos audaces, determinados, valientes y ungidos por el Espíritu Santo con el poder, la gracia y el amor de Dios. Este fue el nacimiento de la Iglesia, año 33 de nuestra era. (33 DC)

Desde este momento en adelante, la Iglesia comenzó a crecer y expandirse en forma dramática y sobrenatural. Crecía mediante la conversión genuina de las almas y la transformación de hombres y mujeres mediante el poder de Dios y la llenura del Espíritu Santo. A estas conversiones le seguían señales, prodigios y maravillas, como está registrado en el libro de los Hechos de los Apóstoles. Así nació la Iglesia, pujante, completa, poderosa en Palabra y en hechos y obras sobrenaturales.

A medida que se fortalecía la Iglesia en Jerusalén, en medio de la persecución religiosa, (desatada por los religiosos Judíos inicialmente y posteriormente por el Imperio Romano), fundaba el apóstol Pablo nuevas Iglesias, aun en los reductos más difíciles del paganismo, la idolatría y la inmoralidad: Efesios, Corinto, Tiatira, Galacia, y aun llegaron los convertidos hasta el mismo corazón del paganismo: La Roma Imperial, donde se fundaron las primera Iglesias Cristianas, mas tarde dirigidas por el propio Pablo, desde su prisión en Roma, dónde inicialmente se le permitió predicar y recibir visitas. Todo esto fue posible gracias al poder y manifestación del Espíritu Santo, actuando en medio de las autoridades y del paganismo de la Roma Imperial.

La Iglesia Cristiana original, en Roma, estaba constituida mayormente por judíos, prosélitos y personas de humilde condición incluyendo probablemente esclavos. A esta iglesia incipiente es que Pablo dirigió su trascendental epístola a los Romanos. La epístola a los Romanos (considerada por algunos comentaristas bíblicos como la constitución misma del cristianismo), fue escrita alrededor del año 58 DC. Al llegar la Iglesia de Cristo a Roma, los cristianos hacían sus reuniones y cultos de adoración en los subterráneos de la Roma Imperial, las llamadas catacumbas, para así poder escapar de la persecución y acoso continuo del Imperio y del Paganismo Romano.

La Iglesia Católica Romana:

En contraste, la Institución de la Iglesia Católica Romana con su aureola real de poder e influencia política, abrazando dentro de su esfera imperios y naciones completas, comenzó a tomar lugar en Roma, bajo el poder del emperador Constantino en el siglo cuarto, a partir del año 325 DC, casi tres siglos después de aquel histórico día de Pentecostés en Jerusalén. (Historia de la Iglesia *Halley's Bible Handbook.* página 757 -- Zondervan Publishing House)

Este acontecer en Roma tuvo como consecuencia que lo que pareció un triunfo momentáneo para el cristianismo, produjo en realidad resultados sumamente negativos para la Iglesia en Roma. El triunfo consistió en que se dejó de perseguir a la Iglesia Cristiana, que permanecía oculta debido a la persecución desatada contra los cristianos por el Imperio Romano. Al declarar el emperador Constantino al Cristianismo como religión oficial del Imperio, la persecución se detuvo. Sin embargo, la nueva iglesia bajo el control Romano, con el pasar del tiempo, comenzó a introducir en la misma, cambios ajenos a la Iglesia Cristiana original:

Se empezaron a establecer, en este nuevo giro que tomó la Iglesia, doctrinas de origen humano sin bases bíblicas y, en muchos casos, en directa oposición a la Palabra de Dios. Uno de los cambios más dramáticos en esta nueva Iglesia, a partir del siglo cuarto, fue el siguiente: Se recibieron dentro de la iglesia, como cristianos, a personas paganas sin conocer el evangelio y sin haber nacido de nuevo. Las personas «se convirtieron al cristianismo por mandato del Cesar, es decir por decreto.» Fue una manipulación político-religiosa. El resultado exitoso de mentes religiosas dirigidas por el hombre en posiciones de poder político, y en desobediencia a la Palabra y a la voluntad y al orden de Dios.

Muchos católicos de buena fe creen que las doctrinas típicamente Católicas tienen bases bíblicas. Nada más lejos de la verdad y de los datos históricos, como esta revelado en el estudio de los evangelios, las epístolas de los apóstoles, el libro de Hechos y el Apocalipsis.

Estos son ejemplos de algunas doctrinas dogmáticas contrarias al evangelio, establecidas por la Iglesia Católica:

- Las fechas confirman el hecho de que son doctrinas ex-bíblicas, es decir posteriores a las Escrituras, y sus enseñanzas no tienen respaldo bíblico alguno; más bien, son opuestas a La Palabra, por lo tanto no son apostólicas, ni canónicas. Indicación de la abreviatura usada: DC (Después del nacimiento de Cristo).

- El Purgatorio. 593 DC. (Esta doctrina fue introducida por Gregorio I en 593 DC. Y definida como muy importante dogma de la Iglesia Católica, en el concilio de Florencia en 1439 DC. Posteriormente confirmada solemnemente por el Catolicismo).

- El llamado «sacrificio de la Misa». 1100 DC.

- Añadir a la Biblia libros Apócrifos (no Canónicos, lea detalles)* 1546 DC

- Inmaculada Concepción de María. (Pio IX) 1854 DC

- El Papa como cabeza de la iglesia 380 a 600 DC

- Infalibilidad del Papa. (Pio IX). 1870 DC

- Oraciones dirigidas a María y a los Santos. 600 DC

- Doctrina de la transubstanciación. (Inocencio III). 1215 DC

- Adoración de la Hostia. (Honorius III). 1220 DC

- Confesión de pecados a un sacerdote católico en lugar de a Dios (Inocencio III)   1215 DC

- Canonización de muertos en Cristo: Santos. (Papa Juan XV) 995 DC

- Celibato obligatorio para sacerdotes y obispos. 1079 DC

(***Libros Apócrifos**. Es interesante anotar que durante los primeros 1200 años de la Iglesia Católica, estos libros no eran reconocidos tampoco por la Iglesia Católica, como parte del Canon de la Iglesia, ni formaban parte de la Biblia Católica. La Biblia reconocida por la Iglesia Católica, a partir de su iniciación en el siglo cuarto, hasta que le agregaron los libros no canónicos, era fundamentalmente la misma que se usa actualmente en los círculos evangélicos. Estos libros los agregó el Catolicismo a raíz de la Reforma, como lo indica la fecha señalada.)

Para mejor ubicación cronológica, acotamos que todo el Nuevo Testamento, desde el Evangelio de Mateo hasta el libro del Apocalipsis, fue escrito en el primer siglo de la Iglesia, siendo el libro más reciente el Apocalipsis, el cual fue escrito por el Apóstol Juan bajo la unción del Espíritu Santo, en el año 95 DC. Es decir, más de dos siglos anteriores a los primeros vestigios de la Iglesia Católica. Vamos a ver como algunas de estos dogmas contradicen las enseñanzas de Jesús y las doctrinas establecidas por los apóstoles.

COMENTARIOS SOBRE DOCTRINAS QUE CARECEN DE RAICES BIBLICAS:

A) El PURGATORIO NO EXISTE; ABUNDANCIA DE ESCRITURAS SOBRE EL INFIERNO.

Tomemos el purgatorio como primer ejemplo: Este nos señala que una persona católica puede morir con determinados pecados e irá a un lugar de castigo temporal, donde purgará o pagará por sus pecados por un tiempo dado, después del cual puede ir a la presencia de Dios.

No existe en toda la Biblia la palabra purgatorio, tampoco el concepto del mismo y mucho menos una doctrina correspondiente a tal supuesto lugar. El hombre no tiene la capacidad o potestad de purgar o pagar por sus propios pecados (grandes o menores), mediante penitencias, ni mediante sufrimientos.

Peor aún, esa enseñanza es contraria al plan de salvación, tal como se señala en toda la escritura. Somos salvos por gracia o regalo inmerecido. Jesucristo nos compró por precio. Precio de su sangre preciosa y es, únicamente, a través de la fe en este sacrificio que somos salvos. Estas son las buenas noticias del Evangelio. Este es el Evangelio que Jesucristo nos ordenó predicar con denuedo, *«que prediques la palabra; que instes a tiempo y fuera de tiempo.»* (2 Timoteo 4:2).

Ejemplos:

*Efesios 2:8-9 «Porque por gracia sois salvos por medio de la fe; y esto no de vosotros, pues es don de Dios; **no por obras, para que nadie se gloríe.»***

Tito 3:5-7 «Nos salvó, no por obras de justicia que nosotros hubiéramos hecho, sino por su misericordia.»

También puede leer en su Biblia los siguientes versículos, sobre el mismo tema: Romanos 10:9-10; I de Juan 1:9, San Juan 3: 1-5. Todo el Nuevo Testamento apunta hacia la salvación por Gracia únicamente. Por sus obras nadie será salvo.

Al crear una nueva posición doctrinal y almas, supuestamente salvadas, por pagar ellas mismas por sus propios pecados, se niega el Santo y poderoso Evangelio de nuestro Señor y aun el sacrificio del Calvario. Si podemos pagar por nuestros propios pecados, ¿por qué el sacrificio del Hijo de Dios? o ¿acaso no fue suficiente para el pago total?

Es por la fe en la sangre del pacto, derramada en la cruz del calvario, y por gracia, por lo único que somos salvos. Nada más se le puede agregar. El hombre no tiene la capacidad de pagar por sus propios pecados, toda la Palabra establece claramente este hecho.

Solamente por fe en el sacrificio de la Cruz, y en el Pacto de Sangre, es que eres salvo. El purgatorio, en realidad, es una doctrina aliada de Satanás, pues facilita mediante el engaño, la perdición de las almas. ¿Cómo es que esta doctrina desvía de la verdad al que no conoce la Palabra? El pecador católico puede razonar de esta manera: La salvación, antes de morir, no es tan importante; siempre va a haber una segunda oportunidad. Después de todo, la mayor parte de la gente hace lo mismo que yo hago, todos iremos al mismo lugar. Mientras tanto, vivimos según nos parece.

Como corolario o consecuencia de esta doctrina, se derivan las misas, rezos e indulgencias, o dádivas por los muertos. En ninguna parte de la Escritura se enseña que podemos interceder por los muertos para que estos puedan ser salvos. De aquí el urgente mandamiento del Señor que dice «*Pero recibiréis poder, cuando haya venido sobre vosotros el Espíritu Santo, y me seréis testigos en Jerusalén, en toda Judea, en Samaria, y hasta lo último de la tierra.*» (Hechos 1:8) Es decir, a predicar el Evangelio a toda persona viva. ¿Para qué?, Para que nazca de nuevo y cambie de vida. Lamentablemente, nada se puede hacer una vez que la persona muera. El supuesto purgatorio invalida el nuevo nacimiento, tal como lo proclamó Jesús a Nicodemo: *«De cierto, de cierto te digo, que el que no naciere de nuevo, no puede ver el reino de Dios.» (Juan 3:3).* Poderosa advertencia directamente de Jesús.

Mientras tanto, hombres y mujeres mueren engañados. Falsamente confiando en el bautismo que le dieron siendo infantes, y en oraciones y misas posteriores a su muerte. ¡Que terrible!¡Nazca de Nuevo!, sea salvo: Acepte a Jesucristo como su Señor y único Salvador, de acuerdo al gran plan de salvación para todo aquel que cree: Romanos 10:9-10 ,entonces bautícese y el Espíritu Santo, le dará testimonio de que Ud. es Salvo e hijo de Dios, por su gracia y misericordia.

A) EL INFIERNO

En la misma forma que podemos decir que el purgatorio no existe, la Escritura si habla ampliamente del infierno, como un lugar de castigo eterno. Este es un tema que muchos prefieren no tocar.

Sin embargo, es necesario e imprescindible. ¿Por qué lo sabemos? Porque Jesús nos advierte ampliamente acerca del mismo y sus consecuencias. Si, Jesús habló con detalles del mismo, ¿podemos nosotros ignorarlo? De ninguna manera. Oigamos la voz del Señor. Ejemplos de referencias del infierno, directamente de Jesús:

Mateo 13:40:43 «De manera que como se arranca la cizaña, y se quema en el fuego, así será en el fin de este siglo. Enviará el Hijo del Hombre a sus ángeles, y recogerán de su reino a todos los que sirven de tropiezo, y a los que hacen iniquidad, y los echarán en el horno de fuego; allí será el lloro y el crujir de dientes. Entonces los justos resplandecerán como el sol en el reino de su Padre. El que tiene oídos para oír, oiga.»

Mateo 25:41 «Entonces dirá también a los de la izquierda: Apartaos de mí, malditos, al fuego eterno preparado para el diablo y sus ángeles.»

Mateo 25:30 «Y al siervo inútil echadle en las tinieblas de afuera; allí será el lloro y el crujir de dientes.»

Mateo 25:45-46 «Entonces les responderá diciendo: De cierto os digo que en cuanto no lo hicisteis a uno de estos más pequeños, tampoco a mí lo hicisteis. E irán éstos al castigo eterno, y los justos a la vida eterna.»

La Biblia cita muchas otras escrituras donde Jesús mismo habla del infierno, dándole al tema mucha importancia, por una razón muy simple: El no quiere que ninguno de sus hijos vayan a tan terrible lugar de sufrimiento.

Jesús describe con detalles este lugar: «Tormento eterno, eterna condenación, fuego que no se apaga y gusano que nunca muere, lloro y crujir de dientes, total tinieblas, castigo eterno, lugar sin esperanzas, etc., *(Ver Marcos 9:42-50)*. La Palabra nos ensena que el infierno fue preparado para Satanás y sus ángeles caídos. Jesús no envía al hombre al infierno. Es el hombre rechazando el plan de salvación quien determina su destino.

El infierno es un lugar físico en el centro de la tierra.

Efesios 4:8-10 – *«Por lo cual dice: Subiendo a lo alto, llevó cautiva la cautividad, y dio dones a los hombres. Y eso de que subió, ¿qué es, sino que también había descendido primero a las partes más bajas de la tierra? El que descendió es el mismo que también subió por encima de todos los cielos para llenarlo todo.»*

Del infierno no se puede salir eternamente, es el lugar donde van a parar aquellos que no se arrepintieron de sus pecados, ni aceptaron a Jesús como su único Señor y Salvador. Cuando Jesús murió en la Cruz fue al infierno: *En Hechos 2:31, leemos «Viéndolo antes, habló de la resurrección de Cristo, que su alma no fue dejada en el Hades (infierno), ni su carne vio corrupción.»*

Mateo 12:40 – Jesús hablando: *«Porque como estuvo Jonás en el vientre del gran pez tres días y tres noches así estará el Hijo del Hombre en el corazón de la tierra tres días y tres noches.»*

Hechos 2:29-32 – Pedro, en el Espíritu, hablando de las profecías de David y de Jesús, proféticamente: *«Varones hermanos, se os puede decir libremente del patriarca David, que murió y fue sepultado, y su sepulcro está con nosotros hasta el día de hoy. Pero siendo profeta, y sabiendo que, con juramento, Dios le había jurado que su descendencia, en cuanto a la carne, levantaría al Cristo para que se sentase en su trono, viéndolo antes, habló de la resurrección de Cristo, que su alma no fue dejada en el Hades,(infierno) ni su carne vio corrupción. A este Jesús resucitó Dios, de lo cual todos nosotros somos testigos.»*

¿Qué hizo Jesús en el corazón de la Tierra tres días y tres noches? Una cuidadosa lectura del libro del Apocalipsis, o Revelación de Jesucristo dirigido por el Espíritu Santo, tiene la respuesta a esta pegunta:

Apocalipsis 20:1 «Vi a un ángel que descendió del cielo, con la llave del abismo y una gran cadena en la mano. Y prendió al dragón, la serpiente antigua, que es el diablo y Satanás lo ató por mil años; y lo arrojó al abismo, y lo encerró y puso su sello sobre él para que no engañes más a las naciones.»

Apocalipsis 1:17-18 «No temas, Yo soy el primero y el último; y el que vive y estuvo muerto (Jesús); mas he aquí que vivo por los siglos de los siglos, Amen. **Y tengo las llaves de la muerte y del Hades.»**

Jesús, el León de la Tribu de Judá, bajó a las partes más bajas de la Tierra, para infringirle en su propio terreno una derrota total e irrecuperable a Satanás y sus principados y demonios y confrontando al enemigo le arrebató, para siempre, las llaves de la muerte y del Hades (infierno) ¡Aleluya!

¿Solamente en las escrituras tenemos referencias del infierno? No, hay muchas otras, posteriores a las escrituras. Estas referencias solamente confirman lo que la Palabra establece. El Señor le ha permitido a muchos de sus siervos, ver lo que allí hay para dar testimonios a los incrédulos. Requeriría un libro abundante para documentar muchos de estos casos que normalmente son diseminados entre el pueblo creyente, pues en los círculos seculares, no hay espacio, lugar, ni interés para publicar estas experiencias; obviamente prefieren ignorarlas.

Solamente les voy a citar un caso paradójico, pues proviene de una fuente totalmente opuesta a la Palabra y a la Iglesia de Jesucristo, lo cual prueba una vez más, como Dios utiliza aun a los incrédulos para confirmar su Palabra:

El siguiente artículo apareció en el conocido y respetable periódico de Finlandia, «*Ammenusastia*». Este artículo se refiera a un grupo de técnicos y científicos rusos, los cuales estuvieron perforando capas profundas de la tierra, en busca de datos e información relacionados con los movimientos de las capas tectónicas del subsuelo y su relación con los movimientos sísmicos o temblores de tierra. El vocero del grupo lo fue el Dr. Azzacove, el cual comienza su declaración de la siguiente manera:

«Como comunista, yo no creo en el cielo ni en la Biblia, pero como científico, ahora yo creo en el infierno», dijo el Dr. Azzacove. «No es necesario que les diga que fue para nosotros una inesperada y sorpresiva experiencia el hacer tal descubrimiento. Pero sabemos lo que vimos y sabemos lo que oímos. Y estamos absolutamente convencidos de que perforamos las puertas mismas del infierno.»

Continúa el Dr. Azzacove el relato de su experiencia y testimonio: «La perforadora, de repente empezó a girar a gran velocidad, indicando que habíamos entrado en un gran espacio vacío o caverna. De repente los termo-sensores mostraron un dramático incremento en la temperatura de *¡2,000 grados Fahrenheit!*» (Punto de ebullición del agua 212 grados Fahrenheit)

«Entonces bajamos nuestros micrófonos diseñados para detectar el sonido de las placas tectónicas a medida que perforamos a mayor profundidad. Pero en lugar de movimientos del subsuelo, oímos ¡los gritos en pena y dolor de una voz humana! Al principio pensamos que el sonido venia de algún desajuste de nuestro propio equipo. Pero cuando hicimos los ajustes correspondientes, nuestra terrible sospecha fue confirmada. Los gritos que oímos no fueron de una sola voz humana, ¡fueron los gritos de millones de voces humanas!»

Este artículo así como la grabación hecha por estos científicos del sonido que escucharon del infierno pueden ustedes localizarla en la siguiente dirección electrónica: http://www.av1611.org/hell.html. También pueden solicitar de «TBN, Trinity Broadcasting Network", (en Inglés) testimonios impresionantes en vídeos de personas no creyentes que estuvieron en el infierno y fueron devueltos a la

Tierra con la misión de prevenir al hombre para que no vaya a tan terrible lugar.

B) EL PAPADO Y LA CLASE SACERDOTAL,¿FUE SAN PEDRO EL PRIMER PAPA?,¿ES EL APÓSTOL SAN PEDRO LA ROCA FIRME EN LA CUAL ESTÁ FUNDADA LA IGLESIA DE DIOS EN LA TIERRA?

Referencias Bíblicas: Mateo 16:13-20; Marcos 8:27-30; Lucas 9:18-21.

Recomiendo leer las referencias arriba indicadas en su Biblia.

Estudiemos el único pasaje bíblico, en el cual se basa la Iglesia Católica, para declarar a Pedro como la roca en la cual es establecida la iglesia, y veamos también las implicaciones y problemas que trae consigo el tratar de insertar esta doctrina en el evangelio de nuestro Señor Jesucristo. Esta idea o dogma Católico se deriva del siguiente pasaje que está en Mateo 16:18 *«Y yo también te digo, que tú eres Pedro, y sobre esta roca edificaré mi iglesia; y las puertas del Hades (infierno), no prevalecerán contra ella.»*

Esta sección de la escritura pertenece a un conjunto de versículos, los cuales tratan de un tema principal, del cual Mateo 16:18 forma parte, pero no como punto central. Por lo tanto, Mateo 16:18, no se puede leer aisladamente, pues de hacerlo así, **queda oculto el mensaje profético de Jesús.**

En Marcos 8, del verso 27 al verso 30 y en Lucas 9 del verso 18 al verso 21, también se repite la misma importante revelación de este tema, es decir, es el mismo tema tratado en tres diferentes evangelios, con referencias anotadas al principio de este capítulo. Sin embargo, la referencia a Pedro, "como la Roca en la cual es establecida la iglesia" aparece únicamente en Mateo; esto es una confirmación más, que ese, no es el tema central de que habla el

Señor en estos pasajes, lo cual vamos a ver seguidamente, con toda claridad.

(Recomendamos se lean los pasajes paralelos arriba citados de Marcos y Lucas, para una mayor iluminación bíblica, dirigida por el Espíritu Santo).

Esta enseñanza o revelación, de extraordinaria importancia para el evangelio, comienza en el versículo 13 del libro de Mateo (capítulo 16), y se extiende hasta el versículo 20, incluyendo por supuesto el versículo 18. Se trata de la revelación de la identidad de Jesús y quien era Él en esa iglesia, *«mi Iglesia»*, **que Èl iba a fundar.**

Veamos la Escritura: **Mateo 16:13-20**

Pregunta Jesús a sus discípulos*: « ¿Quién dicen los hombres que es el Hijo del Hombre? »* Ellos dijeron: Unos, Juan el Bautista; otros, Elías; y otros, Jeremías, o alguno de los profetas. Entonces insiste Jesús: *«Y vosotros ¿quién decís que soy yo?»* Respondiendo Simón Pedro, dijo: **«Tu eres el Cristo, el Hijo del Dios viviente.»** Responde Jesús: *«Bienaventurado eres Simón hijo de Jonás, porque no te lo reveló carne ni sangre sino mi Padre que está en los cielos. Y yo te digo, que tú eres Pedro y sobre esta roca edificaré mi iglesia y las puertas del Hades (infierno) no prevalecerán contra ella. Y a ti te daré las llaves del reino de los cielos; y todo lo que atares en la tierra será atado en los cielos; y todo lo que desatares en la tierra será desatado en los cielos. Entonces mandó a sus discípulos que a nadie dijesen que "él era Jesús el Cristo."»*

Cuando vemos el contexto de todo el pasaje, nos damos cuenta de que el tema de este pasaje no es Pedro sino que se trata de la identidad, de *«quién es Él, quién es Jesús.»* Y quien es Jesús, con relación a su iglesia. Jesús, su identidad y posición, es el tema central de esta escritura. Ya con esta revelación, podemos leer sin equívoco, el versículo 18. Cuando Él dice y **«tu eres Pedro y *sobre esta roca edificaré mi iglesia.»*** Obviamente podemos ver que la roca de que Él habla es Jesús el Cristo, que era la revelación que les había acabado de hacer. Jesús le está hablando directamente a Pedro. Cuando él dice sobre «esta roca,» no se refiere obviamente a Pedro con el cual está hablando. Se refiera a la revelación profética: *Jesús el Cristo* (Jesús el Ungido, el Mesías, el enviado de Dios).

Y termina estos pasajes, con el versículo 20 en el cual les manda que a nadie dijesen que *«él era Jesús el Cristo»,* de esta forma finaliza con el tema crucial: La revelación de quien era Él. Él era el Cristo, el esperado Mesías y la roca sobre la cual se establece la iglesia.

Unos versículos más adelante, Mateo16:21-23, cuando Jesús comienza a revelarles de su muerte y padecimiento. Pedro le llamó aparte para reconvenirle y decirle que no dijeras esas cosas. Respuesta de Jesús a Pedro: *«¡quítate de delante de mí, Satanás!»* (Mateo 16:23). Obviamente no quiso decir Jesús que Pedro era Satanás, sino que Satanás lo estaba usando en ese momento, para desalentarlo en contra del propósito para el cual Él había venido a la tierra como hombre.

Parece una incongruencia, si tomamos la doctrina Católica; primero lo hace roca en la cual va a edificar su iglesia y tres versículos después le dice ¡quítate de delante de mí, Satanás! ¿Cómo se entiendo esto? En realidad no hay incongruencia alguna, pues es Jesucristo, y no Pedro, la roca sólida en la cual Dios ha edificado su Iglesia en la tierra y como todas las enseñanzas fundamentales del evangelio de nuestro Señor, vamos a ver que ésta también tiene amplia base de confirmación.

Por supuesto, Pedro es apóstol de la Iglesia, y como tal es parte principal del edificio de la iglesia. Pedro, en realidad, representa en estos pasajes a la Iglesia constituida por los creyentes, cuando Jesús le da a Pedro las llaves y la autoridad de «atar y desatar» en la tierra. Este poder y autoridad se lo da a la Iglesia o cuerpo de creyentes. Marcos 16:16-18 detalla las señales que seguirán *a los que creen*: « *El que creyere y fuere bautizado, será salvo; mas el que no creyere, será condenado. Y estas señales seguirán a los que creen: En mi nombre echarán fuera demonios; hablarán nuevas lenguas; tomarán en las manos serpientes, y si bebieren cosa mortífera, no les hará daño; sobre los enfermos pondrán sus manos, y sanarán.»*

Pedro recibe la gran revelación de la identidad de Jesús, directamente del Padre, esto lo convierte en el tipo de creyente del cual está formada la Iglesia de Jesucristo, por eso Jesús le cambia su nombre de Simón (caña endeble) a «Petro» (piedra sólida), debido a que Pedro entendió la revelación de quién era Jesús: *La Petra* (piedra monumental) sobre la cual la Iglesia sería fundada.

Pedro forma parte principal de la Iglesia de Jesucristo como líder y apóstol, conjuntamente con los demás apóstoles, discípulos y creyentes. Esto lo vemos en 1ra de Pedro 2:5 (Pedro hablándole a la Iglesia) *«...y vosotros también, como piedras vivas, sed edificados como casa espiritual y sacerdocio santo, para ofrecer sacrificios espirituales aceptables a Dios por medio de Jesucristo.»*

Es decir, Pedro como apóstol y todos los que constituyen, como miembros, el edificio o Iglesia del Señor somos piedras vivas. Sin embargo, el título o nombre de roca (Petra) o principal piedra del ángulo, sobre el cual se edifica la Iglesia, solo le corresponde a Jesús. Jesucristo es la cabeza de la Iglesia, también Él es la roca sobre la cual la Iglesia es establecida. Esta revelación se profetiza en el Antiguo Testamento y se declara en el Nuevo. Vayamos directa y precisamente al apóstol Pedro, el cual habla con claridad meridiana sobre este asunto. Abundancia de confirmaciones sobre quien es la Roca, sobre la cual se etablece la Iglesia:

I Pedro 2: 4, 6-9 (Pedro hablando de Jesús) *«Acercándoos a Él (Jesús), piedra viva, <u>desechada ciertamente por los hombres</u>, mas para Dios escogida y preciosa.»* Por lo cual también contiene la Escritura: *«He aquí, pongo en Sion la principal piedra del ángulo, escogida, preciosa; y el que creyere en él, no será avergonzado. Para vosotros, pues, los que creéis, él es precioso; pero para los que no creen, La Piedra que los edificadores desecharon, ha venido a ser la cabeza del ángulo y Piedra de tropiezo, y roca* *que hace caer, porque tropiezan en la Palabra, siendo desobedientes; a lo cual fueron también destinados. Mas vosotros sois linaje escogido, real sacerdocio, nación santa, pueblo adquirido por Dios, para que anunciéis las virtudes de aquel que os llamó de las tinieblas a su luz admirable.»*

Pedro cita aquí a **Isaías 28:16.** **«Por tanto, Jehová el Señor dice así: He aquí que yo he puesto en Sion por fundamento una piedra, piedra probada, angular, preciosa, de cimiento estable; el que creyere en Él, no será avergonzado.»** *(ver I Pedro 2:6).*

Si leemos cuidadosamente el versículo de Pedro 2:8, vemos de nuevo la revelación y confirmación del Santo Espíritu: *«y roca que hace caer, porque tropiezan en la Palabra.»* La roca es la Palabra que hace caer (a los no creyentes), la Roca, la Palabra. Dos títulos de la misma persona: Jesús de Nazaret. *Hechos 4:11 «Este Jesús es la piedra reprobada por vosotros los edificadores, la cual ha venido a ser cabeza del ángulo.»* Pablo, hablando del Señor, Romanos *9:33 «Como está escrito: he aquí pongo en Sion piedra de tropiezo y roca de caída; Y el que creyere en Él, no será avergonzado.»*

Él es la Roca y Cabeza de su Iglesia. ¡Gloria a Dios!¡No se puede confundir sin negar la Palabra!

Otra confirmación: **Efesios 2:20 (Pablo hablando de la iglesia) «Edificados sobre el fundamento de los apóstoles y profetas, siendo la principal piedra del ángulo, Jesucristo mismo.»**

*I Corintios 10:4 "Y todos bebieron de la misma comida espiritual; porque bebían de la roca espiritual que los seguía, **y la roca era Cristo**."*

Además, de la roca en la cual se asienta la iglesia, Jesucristo es la cabeza de la Iglesia:

Colosenses 1:18 «Y Él es la cabeza del cuerpo que es la iglesia…»

Efesios 1:22-23 «Y sometió todas las cosas bajo sus pies, y lo dio por cabeza sobre todas las cosas a la iglesia, la cual es su cuerpo, la plenitud de Aquel que todo lo llena en todo.»

Efesios 5:23 *«Porque el marido es cabeza de la mujer, así como Cristo es cabeza de la iglesia, la cual es su cuerpo, y Él es su Salvador.»*

De modo que la escritura, (que no puede contradecirse), establece el siguiente fundamento:

1 Corintios 3:11 *«Porque nadie puede poner otro fundamento que* **el que está puesto, el cual es** *Jesucristo.»* **Amén.**

¿ORDENA EL NUEVO PACTO UN SUMO SACERDOTE O PAPA?

Importante tema, colateral al anterior : ¿Es el Papa la cabeza de la iglesia y el representante de Cristo en la Tierra?.

En el Nuevo Pacto, no se establece una clase o entidad sacerdotal, mucho menos un sacerdote principal o sumo sacerdote, que es lo que el papado representa.

Por un lado, se está remplazando a Jesús (por Pedro), como la roca firme en la cual se establece la iglesia y, por otro lado, se establece una figura sacerdotal cimera (el Papa), el cual remplaza a Jesucristo como cabeza de la iglesia en la tierra, cuando en realidad es Jesús, directamente, quien dirige y gobierna su Iglesia, a través del Santo Espíritu. La escritura misma califica y juzga esta desviación y remplazo de la verdad por doctrinas de hombre (humanismo):

Apocalipsis 22:18-19 «Yo testifico a todo aquel que oye las palabras de la profecía de este libro: Si alguno añadiere a estas cosas, Dios traerá sobre él las plagas que están escritas en este libro. Y si alguno quitare de las palabras del libro de esta profecía, Dios quitará su parte del libro de la vida, y de la santa ciudad y de las cosas que están escritas en este libro.»

Confirmaciones: *Deuteronomio 4:2 «No añadiréis a la Palabra que yo os mando, ni disminuiréis de ella, para que guardéis los mandamientos de Jehová vuestro Dios que yo os ordeno.»*

Proverbios 30:6 «No añadas a sus palabras, para que no te reprenda, y seas hallado mentiroso.»

¿FUERON ESTABLECIDOS SACERDOTES EN EL NUEVO PACTO?

Definamos brevemente la función del sacerdote en el Antiguo Testamento. El Tabernáculo estaba dividido en tres partes: el Atrio, el lugar Santo y el lugar Santísimo. Este último era dónde estaba el Arca del Pacto, dentro de la cual estaban las Tablas de la Ley, La vara de Aarón que floreció y una copa con una porción del maná. Era en el Lugar Santísimo dónde estaba la presencia, o Chekina, de Dios. Este Lugar Santísimo estaba separado del resto del tabernáculo por una cortina muy especial, sumamente gruesa, diseñada por Dios mismo.

La función del Sumo Sacerdote era interceder por los pecados del Pueblo ante Dios en el lugar Santísimo. El Sumo Sacerdote entraba al Lugar Santísimo, solamente una vez al año y únicamente **lo hacía con la sangre de corderos, o machos cabríos, inmolados como sacrificio por los pecados del pueblo. Estos sacrificios cubrían (no borraban), los pecados del pueblo por un año.**

Las vestiduras del Sumo Sacerdote estaban dotadas, al final de los faldones, con una serie de campanitas, las cuales sonaban a medida que el sacerdote caminaba o se movía. Además de estas campanillas, durante la entrada anual al lugar Santísimo, al sacerdote se le ataba una cuerda a la cintura, cuyo extremo quedaba fuera del lugar santísimo, sostenida por los levitas que servían en el templo.

¿Cuál era el propósito de todos estos detalles? Recordemos que solo el Sumo sacerdote podía entrar al Lugar Santísimo, una vez por año. Si las campanillas, cuidadosamente ensartadas al borde de las vestiduras sacerdotales, dejaban de sonar, ello indicaba que el sacerdote habría sido muerto, fulminado por la Chekina de Dios, pues habría entrado en pecado al Lugar Santísimo. Entonces se utilizaba la cuerda para poder retirar el cuerpo, sin que hubiera que entrar al Lugar Santísimo. Hasta aquí esta breve descripción de la función sacerdotal, para poder entender la revelación que se nos da en el Nuevo Testamento.

En el Antiguo Testamento, podemos leer la descripción detallada, páginas tras página, sobre el establecimiento del sacerdocio (libro de Levíticos y partes de los libros Números y Deuteronomio). Con sumo cuidado se describe la instrucción que Dios le daba a su pueblo, a través de Moisés, de cómo debía constituirse el sacerdocio, así como la construcción del Tabernáculo, sus muebles y enseres con minuciosos detalles.

Otro tanto con referencia a los sacerdotes, comportamiento de los mismos, sus vestiduras, la razón misma del sacerdocio, etc. Por ejemplo, Dios da instrucciones precisas, indicando que solo Aarón y sus descendientes podían constituirse sumos sacerdotes y que solamente la tribu de Leví podría servir en el templo. Como diseñador meticuloso, describe las ropas y prendas sacerdotales, sus colores, detalles y adornos en las mismas, al extremo de incluir aún, la descripción de las ropas interiores del Sumo Sacerdote, las cuales indicaban la pureza sexual que debían tener los mismos.

Es muy interesante leer la descripción de las ropas sacerdotales, las que se detallan en Éxodo 28:1-43 y Éxodo 39:1-31. Son instrucciones amplias, detalladas y precisas, las cuales el pueblo de Dios, dirigido por Moisés cumplía al pie de la letra, sin desviarse ni a diestra ni a siniestra, pues habían consecuencias serias y finales si se descuidaban las ordenanzas sacerdotales y el requisito de entrar sin pecado y purificado, al Lugar Santísimo para interceder por el pueblo. ¿Hay alguna similitud entre el sacerdocio Aarónico del Antiguo Pacto y el sacerdocio católico? No hay semejanza alguna.

Puede usted mismo comprobarlo, mediante la lectura de los libros del Antiguo Testamento, anteriormente mencionados.

¿Cuáles son las instrucciones para el establecimiento del sacerdocio en el nuevo pacto? No existen. No puede haberlas, pues no se establecen sacerdotes en la nueva dispensación.

Jesús, al rasgar el velo del templo, de arriba a abajo, lo cual ocurrió en el momento de su muerte en la cruz, nos abrió el acceso al trono de la gracia (el Lugar Santísimo), invitándonos a entrar confiadamente en él, *«Acerquémonos pues, confiadamente, al trono de la gracia, para alcanzar misericordia y hallar gracia para el oportuno socorro.»* *(Hebreos 4:16)*

Pues Jesús entra al lugar santísimo, no con el sacrificio de la sangre de machos cabríos, sino con el sacrificio de su propia sangre pura, sin pecado alguno, la Sangre de Dios mismo. Jesús de Nazaret, hijo de mujer, siendo su Padre Dios mismo, el cual cubrió a María con la sombra del Espíritu Santo, haciéndola concebir el hijo de Dios. La sangre que derramó Jesús en la cruz fue la sangre de Dios mismo, además inmaculada, pues Jesús jamás pecó. Nunca violó una ley ni del cielo ni de los hombres. Esta Sangre preciosa y única, él la derramó en la Cruz como sacrificio universal, no para cubrir los pecados del pueblo, sino para borrarlos para siempre y olvidarse de ellos lanzándolos al fondo del mar. *«El volverá a tener misericordia de nosotros, sepultará nuestras iniquidades, y echará en lo profundo del mar todos nuestros pecados.» (Miqueas 7:19)*

Jesús es el Sacerdote para siempre del orden de Melquisedec. Jesús es el abogado que intercede, por el hombre redimido, a la derecha del Padre Celestial. Al nacer de nuevo, Él le da al creyente la potestad de entrar al lugar Santísimo. *Al darnos acceso al Trono de la Gracia, hace también al creyente-redimido, intercesor y real sacerdote.*

1 de Pedro 2:9 (hablándole a la Iglesia o pueblo de Dios nacido de nuevo): **«*Mas vosotros sois linaje escogido, real sacerdocio,* nación**

santa, pueblo adquirido por Dios, *para que anunciéis las virtudes de aquel que os llamó de las tinieblas a su luz admirable.*» Aunque somos (los creyentes) hechos real sacerdotes , para poder interceder frente al trono de la gracia, sin embargo **no existe en el nuevo pacto la** *clase sacerdotal.*

El Nuevo Pacto elimina el sacerdocio Levítico y Arónico. Jesús mismo estableció los cinco ministerios de la Iglesia: Apóstoles, profetas, evangelistas, pastores y maestros.

Efesios 4:11-12 «*El mismo (Jesús) constituyó a unos, apóstoles; a otros, profetas; a otros, evangelistas; a otros, pastores y maestros, a fin de perfeccionar a los santos (creyentes) para la obra del ministerio, para la edificación del cuerpo de Cristo.*» **(La Iglesia).**

¿QUÉ DICE LA PALABRA DEL CELIBATO?

El Apóstol Pablo habla del eunuco (celibato) espiritual, como un llamado individual para aquéllos que tengan el don de continencia y quieran dedicarse, sin la carga de una familia, a la obra del Señor. De ninguna manera, este concepto del celibato aparece dentro de los cinco ministerios de la Iglesia. Es solo una opción de consideración personal, para los creyentes o ministros. Pablo indica, claramente, que los obispos (pastores) deben ser maridos de una sola mujer. El ordenar sacerdotes en el nuevo pacto no es bíblico. El dictaminar que estos sacerdotes entren en un celibato, como condición para ejercer el sacerdocio, es fuera de todo orden natural y espiritual. Ciertamente, no es una doctrina de origen bíblico. Por el contrario, la Palabra de Dios tiene fuerte condena para los que ejercen tales prácticas en el nombre de Dios.

Pablo en un espíritu profético y de extraordinario discernimiento, 200 años antes del comienzo del Catolicismo, penetra el velo del futuro, dejándonos saber lo que habría de ocurrir en los postreros tiempos.

Pablo profetizando:

I de Timoteo 4:1 «Pero el Espíritu dice claramente que en los postreros tiempos algunos apostatarán de la fe, escuchando a espíritus engañadores y a doctrinas de demonios; por la hipocresía de mentirosos que, teniendo cauterizada la conciencia, prohibirán casarse, y mandarán abstenerse de alimentos que Dios creó para que, con acción de gracias, participasen de ellos los creyentes y los que han conocido la verdad.» ¡El Espíritu Santo rasgando el velo del tiempo y hablando con claridad meridiana!

C) EL CULTO A MARÍA LA MADRE DE JESÚS.

Con el propósito de traer el Mesías al mundo, Dios creó a un pueblo especial, «la niña de sus ojos.» En Deuteronomio 32:10, el Señor habla sobre el pueblo de Israel: *«Le halló en tierra de desierto, y en yermo de horrible soledad; lo trajo alrededor, lo instruyó, lo guardó como a la niña de sus ojos.»*

Este pueblo fue creado de los lomos de Abram, un hombre ya de 75 años cuando fue llamado por el Señor, y de su anciana esposa Sara, la cual era estéril desde su juventud. Ese mismo Dios escogió a una sierva jovencita, de la casa de David y de la tribu de Judá, como estaba profetizado, para que fuera la madre del Mesías, aquella que habría de recibir en su seno virginal el poder del Espíritu Santo para concebir al hijo de Dios.

María, una virgen, como estaba previsto en las escrituras, fue el conducto o canal humano para traer al Mesías al mundo. María, hija de un matrimonio judío creyente, fue una sierva fiel y obediente y entregó su vida para proveer la parte humana de Jesús, siendo ella, como estaba escrito, de la descendencia de la casa de David.

Es muy importante que entendamos quién fue María, la joven desposada con José y escogida por Dios, de acuerdo a los evangelios y a la Palabra de Dios. Igualmente importante es que su carácter como mujer y madre, tal como está explicado en las Escrituras, no se distorsione ni se le añadan funciones y atributos dentro del evangelio, que nunca tuvo, como tampoco se debe disminuir la importancia que tuvo ella, como sierva obediente, en el plan de Dios.

Como lo señala la escritura en el capítulo anterior, hay una fuerte y temible advertencia, para todo aquel que le añada o le sustraiga a la Palabra de Dios. El propósito de Dios con María fue traer a su hijo al mundo y dedicárselo a Dios en el Templo de acuerdo a la ley Judaica, lo cual hizo María con amor y fidelidad. Además de cuidarlo y protegerlo, hasta que llegara a la edad en la cual entraba él al ministerio glorioso, para el cual había nacido. Ministerio que inició a la edad de 30 años, pues así también estaba escrito en la ley (edad requerida para entrar al sacerdocio). Ese fue el propósito de Dios con María. Sin embargo, la Palabra no la señala, en manera alguna, como mediadora entre Dios y los hombres. Ese título le corresponde solamente a Jesús.

I Timoteo 2:5 «*Porque hay un solo Dios, y un solo mediador* **entre Dios y los hombres, Jesucristo hombre.**» Para mejor entender este concepto debemos de leer también Filipenses 2:5-11, cuyo pasaje contiene detalladamente la revelación de quien es realmente Jesús: «*Haya, pues, en vosotros este sentir que hubo en Cristo Jesús, el cual siendo en forma de Dios, no estimó el ser igual a Dios como cosa a que aferrarse, sino que se despojó a sí mismo, haciéndose obediente hasta la muerte, y muerte de cruz. Por lo cual Dios también le exaltó hasta lo sumo, y le dio un nombre que es sobre todo hombre, para que en el nombre de Jesús se doble toda rodilla de los que están en los cielos y en la tierra, y debajo de la tierra y toda lengua confieses que Jesucristo es el Señor, para gloria de Dios Padre.*»

También Jesús, es el sacerdote para siempre, del orden de Melquisedec. María, después de tener, de manera sobrenatural, a Jesús el Mesías, Dios la bendijo con otros hijos e hijas naturales. ¿A qué madre le va a gustar que le digan que tuvo un solo hijo, por muy famoso que este sea, cuando en realidad tuvo muchos? ¿Por qué la insistencia de distorsionar la historia de María? ¿Acaso no bastan la fe y la humildad de esta sierva escogida del Señor? ¿Acaso no basta el cumplimiento cabal de la obra que Dios le encomendó? o ¿Es que quieren corregir a Dios? ¿Que dice la Biblia al respecto?:

Mateo 1:24-25 *«Y despertando José del sueño, hizo como el ángel del Señor le había mandado y recibió a su mujer. Pero no la conoció hasta que dio a luz a su hijo primogénito y le puso por* nombre Jesús.*»* Vemos aquí, dos revelaciones muy importantes:

1-La frase «no la conoció» indica que no tuvo relación íntima con ella hasta que dio a luz. En el lenguaje bíblico esta frase, «conocerla», indica relación íntima. Además, no puede ser otra cosa. Ya José la conocía y fue su esposa por nueve meses, la escritura aquí va al detalle y enfatiza que durante esos nueve meses José no tuvo relación íntima con ella.

2-Más aun, no la conoció hasta que tuvo a su primogénito. La palabra «primogénito» indica el primero de otros hijos. De otra forma, la escritura explicara que se trataba de su unigénito o único hijo. Esta revelación se confirma en el evangelio de San Lucas. *Lucas 2:7 «Y dio a luz a su hijo primogénito...»*

LOS HERMANOS Y LAS HERMANAS DE JESÚS.

Mateo 13: 55-56 *« ¿No es éste el hijo del carpintero? ¿No se llama su madre María y sus hermanos, Jacobo, José, Simón y Judas? ¿No están todas sus hermanas con nosotros? ¿De donde, pues, tiene éste todas estas cosas?»*

Confirmación en Marcos 6:3 *« ¿No es éste el carpintero, hijo de María, hermano de Jacobo, de José, de Judas y de Simón? ¿No están también aquí con nosotros sus hermanas?»*

Libro de los Hechos 1:14 *«Todos estos (los creyentes y discípulos) perseveraban unánimes en oración y ruego, con las mujeres, y con María la madre de Jesús y con sus hermanos.»* Podemos conocer aquí el nombre de sus cuatro hermanos: Jacobo, José, Simón y Judas y podemos apreciar, además, que tuvo al menos dos hermanas, pues la frase: « ¿No están todas sus hermanas con nosotros?» no puede ser aplicado a una hermana, de manera que podemos concluir que tenía dos o más hermanas; aun que por supuesto el número de hermanas es inconsecuente para ilustrar el caso que nos ocupa. Podemos decir que la Biblia indica que María tuvo al menos siete hijos, incluyendo al hijo de Dios.

Toda esta abundancia de escritura señala el hecho bíblico inequívoco: María no permaneció virgen, («la siempre virgen María», como proclama la iglesia Católica), y que el Mesías no fue su único hijo. Además, de que no pudo permanecer virgen después de un parto. Ya que la concepción fue un acto sobrenatural del Espíritu Santo; sin embargo el parto fue natural, la Palabra no indica otra cosa. Sostener lo contrario es establecer un mito sobre María, para crear un falso culto a su persona. ¿Por qué todo esto es importante? Porque lo contrario a la Palabra es obviamente una falsedad que conduce a tinieblas y a muerte. Por lo tanto no procede de Dios. ¿Cómo negarle hijos a una madre? Hijos bendecidos por el Señor. La escritura indica que Jacobo, el hermano del Señor, era posiblemente el líder principal en la Iglesia de Jerusalén, aunque inicialmente sus hermanos no creían en él, (Juan 7:2-5) *«Estaba cerca la fiesta de los judíos, la de los tabernáculos; y le dijeron sus hermanos: Sal de aquí, y vete a Judea, para que también tus discípulos vean las obras que haces. Porque ninguno que procura darse a conocer hace algo en secreto. Si estas cosas haces, manifiéstate al mundo. Porque ni aun sus hermanos creían en él.»*

Gálatas 1:18-19. «*Después, pasados tres años, subí a Jerusalén para ver a Pedro, y permanecí con él quince días; pero no vi a ningún otro de los apóstoles, sino a Jacobo el hermano del Señor.»*

Hechos 15:13-16, indica el liderazgo de Jacobo. *«Y cuando ellos callaron, Jacobo respondió diciendo: Varones hermanos, oídme. Simón ha contado cómo Dios visitó por primera vez a los gentiles, para tomar de ellos pueblo para su nombre y con esto concuerdan las palabras de los profetas, como está escrito: Después de esto volveré y re-edificaré el tabernáculo de David, que está caído; Y repararé sus ruinas, y lo volveré a levantar.»*

Lo mismo sucede con Judas, otro de los hermanos del Señor, el cual se convirtió después de la resurrección de Jesús y al cual le debemos la epístola universal de San Judas. Sabemos que la Iglesia Católica defiende su débil posición de este falso concepto con respecto a María, diciendo que era una *«costumbre»* decirle hermanos, cuando en realidad solo eran primos. Hay una diferencia bien clara entre la palabra «hermanos» y la palabra «primos», se usan en forma distintiva, de acuerdo a cada caso, y no hay confusión entre un término y el otro. Además, en la forma y sentido en que se usan las palabra «hermanos y hermanas», en los diferentes pasajes que citamos anteriormente, «acompañado de su madre», no hay lugar a dudas por la gramática, la semántica y la intención de la explicación de lo que se trata de comunicar. No es una mención casual o generalizada y como todas las verdades bíblicas importantes está confirmada en varios versículos bíblicos. Se trata de su madre y medios hermanos carnales.

¿Por qué la Iglesia Católica insiste en estos conceptos sin bases bíblicas? Cuando la iglesia, de pronto, se llenó de paganos no convertidos (cuando el emperador Constantino declaró el cristianismo como la religión oficial de la Roma Imperial), hubo el concepto errado que había que remplazar la reina del cielo y otras deidades (ídolos), que traían los romanos en forma de esculturas, por otras deidades supuestamente cristianas. De esta forma, estos paganos no se "sentirían ofendidos" y les era más fácil aceptar una estatua por otra. Es decir, un ídolo por otro. Recurrieron a ardides y razonamientos de la mente (armas del enemigo), en lugar de obedecer a Dios y predicarles, por el Espíritu, el poderoso Evangelio de nuestro Señor Jesucristo. De esta forma remplazaron al Evangelio por la idolatría religiosa. Obra sutil del enemigo.

El hacerle una estatua o imagen, de yeso o madera, a María, coronar esa estatua, encenderle velas, recitarle oraciones repetidas, venerarla como intercesora y peor aún, enseñarle al pueblo, lo que Dios indica que es pecado; es hacerle caso omiso al segundo mandamiento (*«No te harás imagen, ni ninguna semejanza de lo que esté arriba en el cielo, ni abajo en la tierra, ni en las aguas debajo de la tierra»* Éxodo 20-4), y apartarse de las Escrituras y de la voluntad de Dios. La escritura nos revela, en diferentes pasajes, la historia de como Pablo, Pedro y un ángel (en Apocalipsis), reaccionaron rápida y enérgicamente, rechazando a los que se le acercaron con alabanzas y veneraciones hacia sus personas.

¡Si la dulce y fiel María, criada desde su infancia en la palabra de Dios y en la estricta ley Judaica, pudiera ver que le han dedicado una estatua, que coronan la estatua, como la reina del cielo, le encienden velas y le hacen alabanzas y rezos llevando cuenta de los mismos! ¿Qué diría? ¿Cómo reaccionaría María ante tal despliegue de religiosidad, contraria a la ley, a toda la enseñanza profética y a la enseñanza del Espíritu Santo? Sabiendo que es su hijo y su Salvador el único que merece toda la alabanza y toda la gloria y que Dios no comparte su gloria con nadie! María misma profetizando sobre su propia vida:

«Y mi espíritu se regocija en Dios mi Salvador. Porque ha mirado la bajeza de su sierva; Pues he aquí, desde ahora me dirán bienaventurada todas las generaciones» (Lucas 1:47-48).

Sacerdotes Católicos que posteriormente se convirtieron al Señor y estudiosos de las Escrituras y de religiones paganas proponen que en realidad la María, a la cual le rinden culto los Católicos, y María la madre de Jesús, descendiente de David y preparada para concebir en su vientre al hijo de Dios son, en realidad, dos personajes diferentes, veamos por qué: A María le llaman, algunos católicos la Reina del Cielo. De aquí la corona que le colocan en ocasiones y vestiduras glorificadas con que adornan a las diferentes estatuas y pinturas que representan a María. Por supuesto, este es un título y un concepto totalmente ajeno a las escrituras del Nuevo Testamento, pero no así en el Antiguo Testamento.

Indaguemos en las Escrituras:

En Jeremías capítulo 7:17-19, en palabra de Jehová que viene sobre Jeremías, leemos lo siguiente: *«¿No ves lo que estos hacen en las ciudades de Judá y en las calles de Jerusalén? Los hijos recogen la leña, los padres encienden el fuego, y las mujeres amasan la masa, para hacer tortas a la Reina del Cielo y para hacer ofrendas a dioses ajenos, para provocarme a ira. ¿Me provocarán ellos a ira? Dice Jehová. ¿No obran más bien ellos mismos su propia confusión?»* Este pasaje que acabamos de citar, del libro de Jeremías donde se habla de la Reina del Cielo, una diosa pagana, data de 600 a 700 años, antes del nacimiento de la Virgen María, la humilde sierva descendiente del trono de David, de la tribu de Judá y escogida por Dios para ser la madre virginal del Mesías. ¿Tiene algo que ver esta diosa pagana con la virgen María? No tiene relación alguna.

Luego entonces, ¿Cómo es posible que le demos a la Virgen María el titulo de una diosa pagana que irritaba enormemente al Señor, como está debidamente registrado en las escrituras? Este concepto es ajeno y ofensivo al carácter, santidad y propósito para el cual fue elegida la Virgen María.

Desde los tiempos Babilónicos, existe la diosa pagana Semiramis, la cual se supone haya tenido un hijo en forma sobrenatural (Tammuz). Existen grabados muy antiguos de esta diosa, la cual se ve con un niño cargado en su brazo izquierdo, similar a algunas de las imágenes de la virgen María en el culto Católico (Babilonia Misterio Religiosos página 19, versión en Español de Ralph Woodrow).

Las vestiduras, estrellas y otros ornamentos, con las cuales aparece vestida la Virgen María Católico-Romana, tienen influencias de algunas figuras paganas y nada tienen que ver con la fiel y humilde sierva María la madre de Jesús, escogida por Dios. No hay descripción alguna en las escrituras de su figura y rostro, por supuesto nada con respecto a sus vestidos, los cuales tendrían que haber sido los típicos de una joven del pueblo judío de su época.

Por lo tanto, todas esas estatuas, pinturas y cuadros de María, incluyendo sus vestiduras, son pura especulación de la mente carnal del hombre, pintores y escultores.

El redondel, círculo o halo sobre la cabeza, que le colocan a la virgen y a los santos canonizados es copia de figuras de ídolos paganos, anteriores al cristianismo. Existen dibujos antiguos de Buda con el redondel en la cabeza. Los artistas de la antigua Babilonia ponían un disco o halo sobre la cabeza de cualquier personaje que ellos representaban como un dios o diosa. Esta costumbre artístico/religiosa continuó hasta los días del Imperio Romano. Existen grabados de los días del paganismo romano (anterior al Cristianismo), en la cual se representa a Circe, la diosa pagana hija del sol, con un círculo sobre su cabeza. (Babilonia Misterio Religioso, página 56).

¿Cómo es posible que la Iglesia Católica haya imitado y utilizado costumbres y modelos de religiones paganas? Creando imágenes y figuras supuestamente cristianas, cuando el Dios de la gloria indica que los que hacen tales cosas, es como si le aborrecieran a él. «*No te harás imagen de nada que este en el cielo, ni en la tierra, ni debajo de la tierra…, no te inclinarás a ellas, ni las honrarás; porque yo soy Jehová tu Dios, fuerte, celoso, que visito la maldad de los padres sobre los hijos hasta la tercera y cuarta generación de los que me aborrecen»* – Éxodo 20:5, ordenando a su pueblo que no se juntaran con los pueblos paganos, para que no se contaminaran con sus ídolos y que destruyeran y quemaran, no solo los ídolos, sino también todo lo que hubiera estado involucrado en el culto a los mismos.

La figura escultural de María, en el culto Católico, a la cual se le hacen estatuas, se le corona y se le rinden honores, ciertamente no tiene nada que ver con María, la santa madre de Jesús, ni con los cultos cristianos registrados en el nuevo testamento (Epístolas y Libro de Los Hechos).

LA LECCIÓN DE LAS BODAS
DE CANÁ: San Juan, 2:1-11

Al pasaje de las bodas de Caná, la Iglesia Católica lo usa como doctrina que explica que María es especial mediadora entre Jesucristo (Dios) y los hombres. Tomemos este pasaje para verlo guiado por el debido discernimiento del Espíritu Santo: María solo le pidió a su hijo que hiciera algo en ese momento, lo cual él hizo un tanto renuentemente. Registra la escritura: *«¿Que tienes conmigo mujer?»...* , después hizo lo que le pidió su madre.

Cuántos milagros y maravillas hizo Jesús a petición de todo tipo de personas, algunos del pueblo de Dios, como el caso de Jairo con su hija muerta (Ver San Mateo 5:22-24), y otros como el caso de un soldado romano, obviamente gentil, que le pidió un milagro para su sirviente enfermo y Jesús inmediatamente se lo concedió. (Ver San Mateo 8:5-7). ¿Son todos ellos nombrados mediadores entre Dios y los hombres porque hicieron lo mismo que hizo María? Por supuesto que no, ni el caso de María en las bodas de Caná, ni la multitud de casos de otras peticiones, indican que son ellos mediadores especiales delante de Dios. Por otro lado, cada creyente en la Tierra, incluyendo María en vida, es un intercesor, frente al Trono de la Gracia. Mediador entre Dios y los hombres, solo uno: Jesucristo-hombre. (I Timoteo 2:5).

Sin embargo, hay una revelación importante de parte de María en el pasaje de las bodas de Caná: Un registro de las escrituras donde María emitió un mandamiento confirmando la Palabra.: Dirigiéndose a los que servían las mesas les pidió: *«Haced todo lo que os dijera» (Juan 2:5),* es decir lo que dijera Jesús (la voluntad de Dios).

Si realmente quieres honrar a María, la madre de Jesús, tenemos que hacer lo que ella, en este pasaje, nos pide que hagamos. Como madre del Mesías y sierva de Dios, tenemos que atender su petición.

J. Ernesto Aguilar

¿Donde está todo lo que él os dijera? En la Biblia, la palabra de Dios; Jesús es la Palabra y ahí está registrado, todo lo que él ha dicho.

¿Quieres seguir el consejo de María, la preciosa madre de Jesús?, estudia la Palabra y haz todo lo que él (Jesús) os dice en la misma. Hablando Jesús: **«Y todo lo que pidiereis al Padre en mi nombre, lo haré, para que el Padre sea glorificado en el Hijo.» (San Juan 14:13)** Esa es la voluntad de Dios.

¿QUE DICE MARÍA DE SI MISMA? - ¿QUIÉN DICE LA ESCRITURA QUE ES MARÍA?

María habla en Lucas *1:47-48: «Y mi espíritu se regocija en Dios mi Salvador. Porque ha mirado la bajeza de su sierva; pues he aquí, desde ahora me dirán bienaventurada todas las generaciones.»*

En este pasaje vemos cómo María llena del Espíritu Santo profetiza que Dios (su hijo Jesús), es su Salvador (necesitó un Salvador como todos los humanos), y se declara a si misma sierva del Señor y que todas las generaciones la llamarían «bienaventurada», que quiere decir «bendecida». Debido a la revelación bíblica, ¿deja de ser María lo que siempre ha sido? ¿Deja de ser María sierva extraordinaria del Señor, bendita entre todas las mujeres?

De ninguna manera, María es todo lo que el Señor mismo ha proclamado de ella. Una Sierva fiel, heroína de la fe y llamada bienaventurada por todas las generaciones. Debemos amar a María como una sierva muy especial, madre de Jesús, vasija bendecida y dirigida por el Señor, con la misma fe que también amamos a todos los siervos fieles del Señor: Pablo, Pedro, Juan, Elías, Moisés, Abraham, etc., así como todos los hermanos en la fe.

Sin embargo, no podemos buscar a María frente a una estatua o imagen, rendirle tributo, orarle y que interceda por nosotros ante su hijo Jesús. Esto es contrario a la enseñanza bíblica. Es más, esto conduce a desobediencia y maldición de parte de Dios: Revise

124

cuidadosamente en Éxodos Capitulo 20:3-5: *«No tendrás dioses ajenos delante de mí. No te harás imagen, ni ninguna semejanza de lo que esté arriba en el cielo, ni abajo en la tierra, ni en las aguas debajo de la tierra. No te inclinarás a ellas, ni las honrarás; porque yo soy Jehová tu Dios, fuerte, celoso, que visito la maldad de los padres sobre los hijos hasta la tercera y cuarta generación de los que me aborrecen.»* La desobediencia a este mandamiento va acompañada de maldición por cuatro generaciones. Esta maldición se rompe únicamente, renunciando a toda idolatría y aceptando a Jesucristo como tu único Señor y Salvador mediante el pacto de Sangre del Cordero Inmolado antes de la fundación del mundo.

Es el hijo el que intercede a la derecha del Padre por los creyentes y nos libra de todo pecado y de las consecuencias de la rebelión cuando vamos a él genuinamente arrepentidos.

I de Juan 2:1 *«y si alguno hubiere pecado, abogado tenemos para con el Padre, a Jesucristo el justo.»* Sacerdote (intercesor) para siempre del orden de Melquisedec, tened los ojos fijos en Jesús el autor y consumador de vuestra fe y otras muchas escrituras del mismo tema como: *«Un solo mediador entre Dios y los hombres, Jesucristo, hombres.»* *(1 Timoteo 2:5).*

María, en todos los pasajes en que se menciona su nombre, siempre aparece como una sierva más del Señor. No se menciona como intermediaria entre Dios y los hombres, ni se le rinde tributo alguno, excepto la descripción de quien es ella, según el anuncio del ángel que la visitó y en la profecía que María misma anunció movida por el Espíritu Santo.

Jesús, en su infinita sabiduría, Cristo mismo, el Ungido, entendiendo que su madre iba a ser objeto de culto, nos advierte claramente contra tal cosa. Vayamos al texto bíblico:

Marcos 3:31-35 «Vienen después sus hermanos y su madre, y quedándose afuera, enviaron a llamarle. Y la gente que estaba sentada alrededor de él (de Jesús) le dijo: Tu madre y tus hermanos están afuera, y te buscan. Él le responió diciendo: ¿Quién es mi madre y mis hermanos? Y mirando a los que estaban sentados alrededor de él, dijo: He aquí mi madre y mis hermanos. Porque todo aquel que hace la voluntad de Dios, ése es mi hermano y mi hermana y mi madre.»

Podemos ver en este pasaje dos situaciones muy interesantes: María y sus hermanos vienen a buscarle (no vamos a especular por qué en este trabajo, la Biblia no lo precisa). La Escritura nos deja ver que él no corrió a ver a su madre. Tampoco le presentó su madre a la multitud que lo estaba oyendo. Más bien siguió predicándoles el Evangelio y cuando le avisaron, dándole sus oyentes importancia al hecho que su madre y sus hermanos esperaban por él, sencillamente ignoró el llamado y siguió hablándoles; diciendo al extender su mano hacia la audiencia: «Porque todo aquel que hace la voluntad de Dios ese es mi hermano, y mi hermana y mi madre.» El texto es muy significativo en su profundidad profética, ustedes son siervos como mi madre y mis hermanos y bendecidos como ellos. Si es que cumplen la voluntad de mi Padre. No hay distinción ni lugar preferencial para su madre en este pasaje. La lección no puede ser más clara.

Otro pasaje de la escritura que confirma esta enseñanza de Jesús:

Lucas 11:27 «Mientras él decía estas cosas, una mujer de entre la multitud, levantó la voz y le dijo: Bienaventurado el vientre que te trajo, y los senos que mamaste.» Aquí se trata, precisamente, de una distinción y una alabanza de admiración hacia su madre, que viene de una oyente, posiblemente una recién convertida, obviamente emocionada con la palabra de Dios en labios de nuestro Señor.

¿Aprovechó Jesús para agradecer la alabanza a su madre y hablarles de ella o del papel de intercesora que, supuestamente, iba a tener de acuerdo a la Iglesia Católica? Nada de eso. Veamos lo que dijo:

Lucas 11:28 «Antes bien bienaventurados los que oyen la palabra de Dios, y la guardan.». Estos pasajes de las Escrituras nos revelan que Jesús no solo no le dio cabida a alabanzas o bendiciones hacia su madre, en su ministerio, sino que de plano intervino para evitar que se le prestara atención a su madre. Concentrándose en el evangelio dijo: más bien alabados y bendecidos son (ustedes.) o aquellos que buscan la voluntad de Dios y la hacen.

Todo esto parece como poco amable y delicado de parte de Jesús hacia su madre. Sin embargo, si meditamos en el carácter del Hijo de Dios y el propósito por el cual él vino al mundo veremos que no es así: Jesús era (es) todo amor, y perfecto en todos sus caminos, por lo tanto él amaba a su madre, como ningún otro ser humano, pues por la salvación de ella también fue a la cruz del Calvario; pero Jesús, obviamente, sabía que su madre iba ser objeto de idolatría. Debido a todo ello es que no da lugar a duda alguna con respecto a este asunto y corta en forma radical, evangelista y profética toda inclinación de culto hacia su madre.

Después del sacrificio y la muerte de Jesús, vemos a María, en el libro de los Hechos, reunida junto con sus hijos y con un total de ciento veinte discípulos, aproximadamente. En este pasaje, aparece ella como una sierva más, esperando la llenura del Espíritu Santo y el nacimiento de la Iglesia. Esta es la última vez que se menciona a María en la Biblia.

María se menciona en los cuatro evangelios y una sola vez en el libro de los Hechos (Hechos *1:14 «Todos éstos perseveraban unánimes en oración y ruego, con las mujeres, y con María la madre de Jesús, y con sus hermanos.»* María no aparece más en la abundante escritura canónica posterior a la muerte de Jesús. Esto es extraordinariamente importante para el tema que estamos tratando, pues las epístolas constituyen el fundamento del Nuevo Pacto. En ellas está toda la doctrina de la Iglesia y la explicación detallada de la salvación y las doctrinas evangélicas, en la carta a los Romanos, la carta a los Hebreos, Corintios, las cartas de Pedro, las de Juan, el Apocalipsis, etc. Revelaciones extraordinarias para la Iglesia, sus ministros y creyentes. Ni una sola mención de María. Ni siquiera en las escrituras de Juan, el discípulo amado, a quien Jesús le encargó su madre y del cual tenemos tres cartas en el nuevo testamento, además del evangelio según San Juan y el libro del Apocalipsis.

Si María tuviera el papel preponderante en esta dispensación, en la cual la Iglesia Católica insiste en colocarla, ¿cómo es que no hay una sola mención de ella en las epístolas de los apóstoles? Todo esto indica, con claridad, que la Palabra de Dios no respalda, en absoluto, el culto a María. Condenando, por el contrario, cultos, alabanzas y poderes intermediarios de cualquier cosa o persona viva o muerta, incluyendo la madre de Jesús. El único que merece toda la alabanza, la adoración y la gloria es nuestro Señor Jesucristo. Padre, Hijo y Espíritu Santo. Un solo Dios. Principio evidente a través de toda la escritura es que ¡Dios no comparte su gloria con nadie! La Palabra de Dios no puede contradecirse.

LAS ESTATUAS O IMÁGENES DE MARÍA.

Las estatuas o imágenes de María son configuradas de puras especulaciones en las mentes de los artistas que las hacen. Así es, pues no existe ninguna descripción física de María en la Biblia. Sin embargo, honran la figura o estatua de yeso o madera, etc. De modo que se le está dando toda la gloria al hombre: A ella en primer lugar y al artista que trabajó o creó la imagen o escultura en segundo lugar. En el primer capítulo de la carta a los Romanos, versículo 25, leemos: *«Ya que cambiaron la verdad de Dios por la mentira, honrando y dando culto a las criaturas antes que al Creador, el cual es bendito por los siglos. Amén.»*

¿QUÉ ORIGEN TIENEN LAS APARICIONES DE LA VIRGEN MARÍA?

Un creyente genuino y servidor del Señor puede tener revelaciones y visiones en respuesta a sus oraciones, obras o misiones que el Señor le ha encomendado. Sin embargo, estas revelaciones estarán siempre *en línea o de acuerdo con la Palabra de Dios.* Esto ocurrió muchas veces en el Antiguo Testamento y también en el Nuevo Testamento, lo mismo sucede hoy en la Iglesia contemporánea. Todo creyente sabe que Dios no actúa ni produce hechos o milagros contradiciendo su Palabra. Nunca sucedió en miles de años de historia bíblica. Tampoco sucede en la Iglesia de Cristo de los últimos tiempos.

La Palabra se declara con claridad meridiana, no solo en la ley sino en toda la Biblia, en contra de la idolatría. «No te harás imagen de nada que esté en el cielo, no te inclinarás a ella, no la honrarás.» Nos continúa enseñando, hay un solo intermediario entre Dios y los hombres: Jesucristo hombre. Nos instruye a orar al Padre Celestial en nombre de su hijo Jesucristo. Que todo lo que pidiéramos *«en su nombre»* él nos lo concederá. *«Y todo lo que pidiereis al Padre en mi nombre, lo haré, para que el Padre sea glorificado en el Hijo. Si algo pidiereis en mi nombre, yo lo haré» (Juan 14:13-14).*

¿Cómo es posible que Dios, que honra y hace pacto con su Palabra, el cual señaló claramente a través de su hijo que la madre de Jesús no debía ser objeto de honra o atención, de repente comience a enviar a la tierra apariciones de la misma? ¿Acaso quiere él que entremos en pecado con ellas? La respuesta a esta pregunta: Dios ni ha hecho ni hace tal cosa. Sabemos que Satanás es Padre de mentiras. Esta advertencia del Señor tiene en realidad dos significados: Satanás es el creador de la mentira y sus mentiras son sumamente hábiles para engañar aun a los más sagaces.

En II Corintios 11:14 leemos «Y no es maravilla, porque el mismo Satanás se disfraza como ángel de luz.» Es decir, Satanás puede aparecerse, en forma sobrenatural, bajo la pretensión de ser el Señor o alguno de sus ángeles o enviados especiales, para mantener al pueblo apartado de la Palabra de Dios. Estas apariciones tienen su origen en el «segundo cielo», donde tienen sus asientos Satanás, sus principados, potestades, gobernadores de las tinieblas de este mundo y huestes espirituales de maldad en lugares celestes. Desde allí mueven sus influencias y poderes para mantener engañado, mediante ardides, influencias y visiones, a un pueblo confundido por el desconocimiento de la verdad: *«Mi pueblo fue destruido por falta de conocimiento»* (Oseas 4:6). Todos estos ardides y engaños del enemigo se confrontan con el nombre que esta sobre todo nombre: **En el nombre de Jesús el poderoso de Israel.**

El Señor dice: *«mi Palabra es verdad»*, ¿le cree usted a Dios o prefiere creer fábulas?

2 Timoteo 4:3-4 «Porque vendrá tiempo cuando no sufrirán la sana doctrina, sino que teniendo comezón de oír, se amontonarán maestros conforme a sus propias concupiscencias, y apartarán de la verdad el oído y se volverán a las fábulas.»

D) LA CANONIZACIÓN O BEATIFICACIÓN DE LOS SANTOS

La canonización o beatificación es una doctrina de la Iglesia Católica, nacida de ideas y conceptos religiosos diametralmente opuestos a la Palabra de Dios. No hay más que ir a las escrituras para confirmar lo que acabamos de afirmar.

Lo más cercano a una petición de canonización en el nuevo testamento lo encontramos en el libro de Mateo capítulo 20 del versículo 20 al 23. La madre de los hijos de Zebedeo se postró ante Jesús. Él le dijo: *«¿Qué quieres?» Ella le contestó: Ordena que en tu reino se sienten estos dos hijos míos, el uno a tu derecha y el otro a tu izquierda. Entonces Jesús respondiendo dijo: No sabéis lo que pedís. ¿Podéis beber del vaso que yo he de beber y ser bautizados con el bautismo con que yo soy bautizado? Y ellos dijeron: Podemos. Él les dijo: «A la verdad de mi vaso beberéis, y con el bautismo con que yo soy bautizado, seréis bautizados; pero el sentaros a mi derecha y a mi izquierda, no es mío darlo, sino a aquellos para quienes está preparado por mi Padre.»*

Analicemos este pasaje: La madre de los hijos de Zebedeo y sus hijos forman parte, no solo de la Iglesia de Cristo, sino además del círculo íntimo de sus discípulos. Siendo Cristo la Cabeza de su Iglesia. Aquí está hablando lo escogido de la Iglesia con su Creador, la autoridad máxima de la Iglesia, Jesucristo mismo. Cuando los discípulos contestan que ellos están dispuestos a beber la misma copa y ser bautizados con el mismo bautismo de su Señor, es decir la entrega de sus vidas a sacrificio y muerte por causa del Evangelio. El Señor les confirma que, en verdad, ellos están dispuestos y que así va a acontecer. Pero el señalarles un lugar especial o por encima de los demás creyentes, eso no estaba en su potestad, solamente estaba en la potestad de su Padre Celestial.

El Señor les está dando una enseñanza como respuesta a la petición de la madre de ellos. En realidad, les está diciendo, implícitamente: Nada de eso es importante; ni le competen a ustedes las cosas que mi Padre tiene establecidas para su pueblo. Ocúpense ustedes de las obras del Reino y déjenme lo demás en mis manos. Esto no es importante para ustedes en esta vida, ni forma parte del propósito de Dios en la Iglesia.

Si Cristo mismo les habló así a sus discípulos, estableciendo de manera categórica que no existen privilegios ni lugares especiales para los creyentes, aun para estos discípulos que Jesús mismo confirmó fieles y sacrificados hasta la muerte. ¿Cómo es posible que el Catolicismo Romano se atreva a canonizar creyentes muertos y hacerles estatuas e imágenes para que se practique con ellos la idolatría, exhortando al pueblo a que le "recen", usando estas estatuas de personas muertas, como intermediarios ante Dios en sus peticiones?

Estos son cultos religiosos ajenos al Cristianismo y a la Palabra de Dios, por lo cual es necesario sembrar la semilla de Jesús resucitado en el corazón del creyente y señalar, por medio de la autoridad del Verbo, (Cristo mismo), que estos dogmas y prácticas religiosas no son ni cristianas ni apostólicas. La Iglesia Católica tuvo su primera canonización en el año 995 DC, durante el Papa Juan XV, cuando se canonizó Ulrich de Augsburgo.

Tomando en cuenta que la Iglesia Católica se inició en el siglo cuarto (325 DC), vemos que la misma no tuvo canonizaciones o «santos de la Iglesia» por sus primeros 670 años de existencia, casi siete siglos. **Debido obviamente a las enseñanzas y doctrinas que recibió del Cristianismo, hasta que estas fueron contaminadas por el Catolicismo; una evidencia más que la separa, por voluntad propia, de la Iglesia original de Cristo Jesús.**

¿Qué es en realidad ser santo desde el punto de vista bíblico? Santo, quiere decir: *Apartado del mundo, para Dios.* Santos son los creyentes *vivos* y nacidos de nuevo en el Señor. Para ver esta simple verdad solamente tenemos que ir al recuento bíblico en Romanos 15:25. Hablando el Apóstol Pablo, «*Mas ahora voy a Jerusalén a ministrarle a los santos.*»

Hechos 9:13 «Señor he oído mucho de este hombre (Pablo), cuantos males ha hecho a tus santos en Jerusalén.»

Romanos 12:13 «compartiendo para las necesidades de los santos» (creyentes).

La Palabra indica que: «*sin santidad nadie verá al Señor.*» (Hebreos 12:14).

Cuando naces de nuevo, el Señor te salva, te justifica y te santifica. Jesús orando a su Padre antes de ir a la cruz, dice en *San Juan 17:14-17: «Yo les he dado tu palabra; y el mundo los aborreció, porque no son del mundo, como tampoco yo soy del mundo. No ruego que los quites del mundo, sino que los guardes del mal. No son del mundo, como tampoco yo soy del mundo. Santifícalos en la verdad, tu palabra es verdad...*» **¿Qué es lo que los que santifica?: ¡La Palabra!** Es decir el adjetivo de «santo» se le aplicaba al creyente vivo en la Iglesia original.

E) LA IDOLATRÍA

La enseñanza bíblica indica que la idolatría es el punto de partida de la perdición. Por esta razón, el segundo mandamiento está dedicado a este pecado, siendo el mismo, como un desprendimiento natural del primero. Segundo mandamiento: «**No tendrás dioses ajenos delante de mí. No te harás imagen, ni ninguna semejanza de lo que esté arriba en el cielo, ni abajo en la tierra, ni en las aguas debajo de la tierra. No te inclinarás a ellas, ni las honrarás; porque yo soy Jehová tu Dios, fuerte, celoso, que visito la maldad de los padres sobre los hijos hasta la tercera y cuarta generación de los que me aborrecen, y hago misericordia a millares, a los que me aman y guardan mis mandamientos.**»

Este pasaje enseña dos cosas: La primera, las terribles consecuencias, aun en esta vida, de la idolatría. La segunda, que la idolatría cambia la verdad por la mentira, abriendo la puerta a un espíritu de incredulidad a la Palabra de Dios, de forma que creen a su propia mente carnal y contaminada, la cual decide lo que se debe y lo que no se debe creer. Este es uno de los temas más condenados por Dios en la Biblia, Dios le llama «fornicación espiritual o idolatría», pecado este que se trasmite de padres a hijos y es objeto de maldición por parte de Dios.

Idolatría es también, todo lo que se anteponga entre Jesucristo y los hombres, así vemos como todo aquello que se ame o se desee *más que a Dios*, es idolatría: El dinero, los hijos, una carrera profesional, los negocios, las riquezas, el orgullo, etc. Muchas veces las personas, debido a su ignorancia de la Palabra, practican todas estas cosas, pues no conocen el segundo mandamiento o peor aún, se les ha enseñado una versión incompleta del mismo.

Josué 1:8 *«Nunca se apartará de tu boca este libro de la ley, sino que de día y de noche meditaras en él, para que guardes y hagas conforme a todo lo que en él está escrito.»*

Juan 14:21 *«El que tiene mis mandamientos, y los guarda, ese es el que me ama.»*

Por simple inversión de valores al anterior mandamiento, se deduce que lo contrario es igualmente cierto: El que no guarda mis mandamientos no me ama.

Debido a que la Iglesia Católica ha practicado y enseñado este pecado por siglos, decidió hacer su propia versión del segundo mandamiento, omitiendo la mayor parte del texto, en sus enseñanzas catequísticas. **La frase** *«los que me aborrecen»* **se refiere a no guardar sus mandamientos (desobediencia).**

¿Cómo define la Biblia las estatuas o imágenes reverenciadas por los hombres? :

Salmo 115:5-8 *«Tienen boca, mas no hablan; tienen ojos, mas no ven; orejas tienen, mas no oyen; tienen narices, mas no huelen; manos tienen, mas no palpan; tienen pies, mas no andan; no hablan con su garganta. Semejante a ellos son los que los hacen, y cualquiera que confía en ellos.»* Aunque la prohibición de Dios sobre esta abominación la encontramos en toda la Biblia, incluyendo en el último capítulo del Apocalipsis, lo cual indica la importancia que este tema tiene para Dios, la enseñanza bíblica es aun más profunda y nos enseña que cuando tenemos un ídolo (imagen o estatua), y le rendimos honra o veneración, en realidad estamos honrando a un demonio.

La persona religiosa no lo sabe. Por eso es *imprescindible* ser instruido en la Palabra de Dios. Aunque en el Antiguo Testamento se habla ampliamente de sacrificios de animales, bíblicamente también se habla de sacrificios de alabanza, veneración, honra, etc.

1 Corintios 10:19-20 « ¿Qué digo, pues? ¿Que el ídolo es algo, o que sea algo lo que se sacrifica a los ídolos? Antes digo que lo que los gentiles sacrifican, a los demonios lo sacrifican, y no a Dios; y no quiero que vosotros os hagáis partícipes con los demonios. No podéis beber la copa del Señor, y la copa de los demonios; no podéis participar de la mesa del Señor y de la mesa de los demonios.»

La advertencia sobre la idolatría o fornicación espiritual está registrada a través de toda la Biblia: Salmo 115, Salmo 135, Isaías, Ezequiel, Romanos capítulo 1, las cartas de los Apóstoles. Por último, hay una fuerte advertencia terminando el libro del Apocalipsis. Es decir el mandamiento ha estado vigente desde los primeros tiempos bíblicos, hasta el día de hoy, **penetrando aun el velo del futuro como veremos más adelante.**

No se confunda con respecto a la identidad o definición de lo que es, o constituye, un ídolo. No se trata solo de ídolos paganos. El mandamiento es bien claro, «*No te harás imagen, ni ninguna semejanza de lo que esté arriba en el cielo, ni abajo en la tierra, ni en las aguas debajo de la tierra*» (Éxodo 20:4). Obviamente, un ídolo de origen pagano, como el becerro de oro, el dios Moloc, Baal, la diosa Semiramis etc., no está en el cielo. Dios Padre, Jesús su hijo, Maria su madre y los muertos en Cristo, si están en el cielo. A estos se refiere el segundo mandamiento, además de aquellos.

Aun en el último capítulo del libro del Apocalipsis, es decir al final de la Biblia, el Señor nos recuerda y nos amonesta: *Capitulo 22:15-16 «Más los perros estarán fuera, y los hechiceros, los fornicarios, los homicidas, **los idólatras,** y todo aquel que ama y hace mentira. Yo Jesús he enviado mi ángel para dar testimonios de estas cosas en las iglesias. Yo soy la raíz y el linaje de David, la estrella resplandeciente de la mañana.»*

No hay posibilidad de confusión ni interpretación alguna (esto es «verbatum» como todo el evangelio). Simplemente, la autoridad de la Palabra nos indica que los que practican esos pecados (y por supuesto todo lo que sea pecado), y que no se arrepientan de los mismos antes de su muerte, no podrán entrar al Reino de Dios. Nótese como los homicidas y los idólatras, entre otros pecadores, son desechados por igual, no hay diferencia para Dios al juzgar estos dos pecados: El homicidio, para el hombre, puede parecer un pecado terrible. El tener imágenes y rendirle culto a las mismas, puede que se entienda como un pecado menor, aun si entendemos que es pecado. No se engañe a sí mismo. Es Dios y no el hombre, quien determina qué es y qué no es pecado y la gravedad de los mismos.

El segundo mandamiento no es una sugerencia para discutir o analizar en una asamblea religiosa. Es un mandamiento y el mismo conlleva una maldición para aquellos que lo ignoran y una bendición para los que lo respetan en obediencia. Al analizar a través de todo el contexto bíblico, la prohibición de imágenes, estatuas y figuras, como símbolos religiosos y objetos de respeto y el énfasis que Dios hace prohibiendo todas estas cosas; el Espíritu Santo me llevó hacia Apocalipsis capítulo 13:13-15, donde se descorre el velo de lo que vamos a ver y vivir en los últimos tiempos: En este capítulo del Apocalipsis se revela y se profetiza acerca de la bestia (el anticristo) y del dragón o la serpiente antigua (Satanás), veamos lo que nos dice el Espíritu Santo: *«También hace grandes señales, de tal manera que aun hace descender fuego del cielo a la tierra delante de los hombres. Y engaña a los moradores de la tierra con las señales que se le ha permitido hacer en presencia de la bestia, mandando a los moradores de la tierra que le hagan imagen a la bestia que tiene la herida de espada, y vivió. Y se le permitió infundir aliento a la imagen de la bestia, para que la imagen hablase e hiciese matar a todo el que no la adorase.»* (Apocalipsis 13:13-15).

El anticristo es revelado como un personaje carismático con gran poder político y religioso, el cual ha de aparecer en los tiempos finales de este mundo (tiempos finales del gobierno del mundo por el hombre), cuya figura encabezará un gobierno mundial y será aclamado por las naciones como el gran líder que, finalmente, trae la paz y la felicidad al mundo (todo un engaño temporal del enemigo).

El enemigo (Satanás) se opone al cumplimiento del segundo mandamiento por tres razones:

a) Para mantener al pueblo en desobediencia a la Palabra y por lo tanto en maldición.

b) Para mantener al pueblo sometido y engañado para su final escamoteo religioso.

c) Para que el pueblo le rinda culto y obediencia.

Satanás le dijo al Señor en una de sus tentaciones: *«Todo esto te daré, si postrado me adorares» (Mateo 4:9).* Es un deseo enfermizo de Satanás que se le adore y, consecuentemente, que se ignore o soslaye el segundo mandamiento. Cuando Satanás logra ese propósito, ya el hombre le está rindiendo culto a él.

Veamos: *Apocalipsis 13:3-4 «Vi una de sus cabezas como herida de muerte, pero su herida mortal fue sanada; y se maravilló toda la tierra en pos de la bestia y adoraron al dragón que había dado autoridad a la bestia, y adoraron la bestia, diciendo: ¿Quién como la bestia y quién podrá luchar contra ella?»*

Sigue hablando de la bestia o anticristo y del dragón (Satanás): *Apocalipsis 13:14-15 «Y engaña a los moradores de la tierra con las señales que se le ha permitido hacer en presencia de la bestia, mandando a los moradores de la tierra **que le hagan imagen a la bestia** que tiene la herida de espada y vivió. Y se le permitió infundir aliento a la imagen de la bestia, para que la **imagen hablase** e hiciese matar a todo el que no la adorase.»* Aquí vemos como la prohibición, de la Palabra, de hacerse imagen de entidad o persona alguna se extiende hasta los últimos tiempos.

«También se le dio boca que hablaba grandes cosas y blasfemias; y se le dio autoridad para actuar cuarenta y dos meses.» (Apocalipsis 13:5). Es decir,

se trata de una fecha todavía en el futuro, aunque ya próxima de acuerdo con las señales y cumplimientos proféticos; sin embargo, la fecha y hora de la venida del Señor, nadie la sabe, pues así está revelado en la Palabra.

Podemos también entender, que todos los que desobedecen el segundo mandamiento de la ley de Dios, aduciendo razonamientos, tradiciones y argumentos religiosos, que se levantan contra la Palabra (**espíritu de rebeldía o adivinación, véase I de Samuel 14:23**) son en realidad, tal vez inconscientemente, instrumentos del enemigo, el cual quiere mantener al pueblo maniatado y ciego, en preparación para la aceptación de la bestia y su imagen.

Apocalipsis 13:8-9 «Y la adoraron (a la bestia) todos los moradores de la tierra cuyos nombres no estaban escritos en el libro de la vida del Cordero, que fue inmolado desde el principio del mundo. Si alguno tiene oído, oiga.» El primer paso de adoración a Satanás, es la desobediencia al segundo mandamiento, en esto Satanás se deleita. Por supuesto no se trata solamente de imágenes, la práctica del pecado y el poner cualquier persona, institución, religión, riquezas, etc. por encima de Dios y sus mandamientos, es también una forma de idolatría. Invalidan la Palabra de Dios con sus costumbres y tradiciones: *Marcos 7:13 «… invalidando la Palabra de Dios con vuestra tradición…»*

Jesús hablando con los judíos religiosos: *Mateo 15:6-7 «Así habéis invalidado el mandamiento de Dios por vuestra tradición.»*

Isaías 29:13 «este pueblo de labios me honra; mas su corazón está lejos de mí, pues en vano me honran, enseñando como doctrinas, mandamientos de hombres.»

"Dios es Espíritu; y los que le adoran, en espíritu y en verdad es necesario que adoren." Juan 4:24

VIII

EL NUEVO NACIMIENTO

EL NUEVO NACIMIENTO, ES EL comienzo de la nueva vida en Cristo, el cual produce un cambio radical en la persona que lo experimenta. En el evangelio de San Juan, capitulo 1 versículos del 11 al 13, leemos *«A lo suyo vino, y los suyos no le recibieron. Mas a todos los que le recibieron, a los que creen en su nombre, les dio potestad de ser hechos hijos de Dios; los cuales no son engendrados de sangre, ni carne, ni de voluntad de varón sino de Dios.»*

Vayamos al gran diálogo entre Nicodemo un hombre bueno, estudioso de las Escrituras y Maestro de Israel y Jesús de Nazaret: Evangelio de San Juan Capitulo 3: 1-5 y 7.

«Había un hombre de los fariseos que se llamaba Nicodemo, un principal entre los judíos. Este vino a Jesús de noche y le dijo: Rabí sabemos que has venido de Dios como maestro; porque nadie puede hacer estas señales que tu hace, si no está Dios con él. Respondió Jesús y le dijo: De cierto, de cierto te digo, que el que no naciere de nuevo, no puede ver el reino de Dios. Nicodemo le dijo: ¿Cómo puede un hombre nacer siendo viejo?

¿Puede acaso entrar por segunda vez en el vientre de su madre y nacer? Respondió Jesús: De cierto, de cierto te digo que el que no naciere del agua y del Espíritu, no puede entrar en el reino de Dios.» Repite, por tercera vez, el Versículo 7: «No te maravilles que te dije: "Os es necesario nacer de nuevo."»

Recomiendo que estudie en su Biblia el pasaje completo en el evangelio de Juan 3:1-21. Jesús establece el nuevo nacimiento como condición fundamental para entrar al Reino de Dios:

1. A menos de que nazcas de nuevo no puedes ver el Reino de Dios (la persona no puede ser salva). Jesús tanto insistió en este tema que se lo repitió tres veces a Nicodemo con el enfático «.....*de cierto, de cierto te digo*....»

2. El nacer de nuevo implica un cambio radical en la persona, no un cambio que la persona decida hacer (el hombre no puede cambiar en sus propias fuerzas), sino un cambio que Dios produce en la persona. Este cambio no es una mejoría en el hombre sino en realidad, es el nacimiento de una nueva criatura, tal como lo indica el evangelio. Hay abundante escritura sobre este tema. Todos los hombres y mujeres de Dios han experimentado este cambio. Todos somos criaturas de Dios (el hombre natural). Pero no todos somos hijos. Los hijos son hechos o engendrados de Dios, por medio de la Palabra y del Espíritu Santo. Esta verdad se ve bien clara en el pasaje del evangelio de Juan que acabo de citar.

En Romanos 8:14, la Escritura insiste *«porque todos los que son guiados por el Espíritu de Dios, estos son hijos de Dios.»* La conclusión no puede ser más clara: Aquellos que no han nacido de nuevo, que no son guiados por el Espíritu de Dios, son solamente criaturas, no hijos. Además, toda la Escritura señala este hecho trascendental, también es muy importante tomar en cuenta ¿quién era Nicodemo?:

Un religioso, príncipe de los judíos, maestro de las Escrituras, y reconocido como un hombre bueno y sincero.

Luego, entonces, exhortamos al lector a preguntarse: ¿Ha habido en un momento dado de mi vida un cambio radical en mí? ¿He nacido de nuevo? ¿Tengo la seguridad de mi salvación el día que muera, tal como lo indica la Palabra? Si usted no puede contestar afirmativamente estas tres preguntas, usted no ha nacido de nuevo y, por lo tanto, su vida eterna corre inminente peligro. Pero, no tema, Jesús le ama, para eso vino Jesús al mundo, para salvar lo que se había perdido. ¡Apóyese en las Palabras de Jesús! y ¡Acepte a Jesús como su Señor y Salvador y será Salvo! Haga la oración de Salvación con fe y pasión, que está en el capítulo *XXI* de este libro y será Salvo. Dice la Palabra del Señor: *«Que si confesares con tu boca que Jesús es el Señor, y creyeres en tu corazón que Dios le levantó de los muertos, serás salvo. Porque con el corazón se cree para justicia, pero con la boca se confiesa para salvación» (Romanos10:9-10).*

Nicodemo arriesgó su vida, la probable expulsión de la sinagoga y el rechazo de su propia familia, pero le creyó a Jesús. Después de la muerte de Jesús, Nicodemo junto con José de Arimatea, fue a recoger el cuerpo de su Señor, trayendo un compuesto de mirra y de áloe como de cien libras, para sepultar su cuerpo, según costumbre de los judíos. (Juan 19:39) *«También Nicodemo, el que antes había visitado a Jesús de noche, vino trayendo un compuesto de mirra y de áloes, como de cien libras.»* Nicodemo no fue rebelde, él entendió y obedeció a su maestro, despojándose de toda religiosidad. Jesús enseñó a Nicodemo que tenía que nacer del Agua y del Espíritu.

¿QUÉ EN REALIDAD LE QUERIA DECIR JESÚS A NICODEMO?

El Espíritu sabemos que es el Espíritu Santo, pero en cuanto al agua, ¿a qué se refiere aquí el Señor... será al bautismo? El agua de que le habla Jesús a Nicodemo no se trata de las aguas del bautismo.

Se refiere a la Palabra de Dios, al agua viva de que le habló Jesús a la Samaritana.¡Si supiera quién es el que habla contigo me pedirías a mi *agua viva...*!

Hay varios pasajes que indican claramente, cual es el agua del nuevo nacimiento. Vamos a mencionar algunos de ellos bien esclarecedores:

Santiago 1:18 «Él, de su voluntad, nos hizo nacer por la palabra de verdad, para que seamos primicias de sus criaturas.»

1 de Pedro 1:23 «siendo renacidos, no de simiente corruptible, sino de incorruptible, por la palabra de Dios que vive y permanece para siempre.»

Efesios 5:26 (Hablando de la Iglesia) **«para santificarla, habiéndola purificado en el lavamiento del agua por la palabra.»**

Juan 4:10 (el diálogo con la Samaritana) *«Respondió Jesús y le dijo: Si conocieras el don de Dios, y quién es el que te dice: Dame de beber; tú le pedirías, y **él te daría agua viva.»***

Cuando nace una nueva criatura ya sea en el reino vegetal, en el animal o en el humano, es necesario que haya una semilla que engendre. En el nacimiento espiritual de Dios es lo mismo y el Señor en su Palabra nos indica cual es esa semilla.

En Lucas 8: 4-15 «Juntándose una gran multitud, y los que de cada ciudad venían a él, les dijo por parábola: El sembrador salió a sembrar su semilla; y mientras sembraba, una parte cayó junto al camino, y fue hollada, y las aves del cielo la comieron. Otra parte cayó sobre la piedra; y nacida, se secó, porque no tenía humedad. Otra parte cayó entre espinos, y los espinos que nacieron juntamente con ella, la ahogaron. Y otra parte cayó en buena tierra, y nació y llevó fruto a ciento por uno. Hablando estas cosas, decía a gran voz: El que tiene oídos para oír, oiga. Y sus discípulos le preguntaron, diciendo: ¿Qué significa esta parábola? Y él dijo: A vosotros os es dado conocer los misterios del reino de Dios; pero a los otros por parábolas, para que viendo no vean, y oyendo no entiendan. Esta es, pues, la parábola: La semilla es la palabra de Dios. Y los de junto al camino son los que oyen, y luego viene el diablo y quita de su corazón la palabra, para que no crean y se salven. Los de sobre la piedra son los que, habiendo oído, reciben la palabra con gozo; pero éstos no tienen raíces; creen por algún tiempo, y en el tiempo de la prueba se apartan. La que cayó entre espinos, éstos son los que oyen, pero yéndose, son ahogados por los afanes y las riquezas y los placeres de la vida, y no llevan fruto. Mas la que cayó en buena tierra, éstos son los que con corazón bueno y recto retienen la palabra oída, y dan fruto con perseverancia.» El Señor en la parábola del sembrador nos indica cual es esa semilla, que hace nacer «nuevas criaturas que dan fruto», ya en el versículo 11 lo dice con toda claridad: **«La semilla es la Palabra de Dios.»**

«Agua viva o la semilla que da mucho fruto», ambos términos se refieren a La Palabra de Dios y como es que, cuando recibimos esa semilla en nuestros corazones («en buena tierra»), nacemos de nuevo. *¡Es necesario nacer de nuevo, Nicodemo! ¡Aleluya!*

En II de Corintios 5:17 leemos **«De modo que si alguno está en Cristo, nueva criatura es; las cosas viejas pasaron; he aquí todas son hechas nuevas.»**

CONGREGACIONES JUDIO-MESIANICAS:

Las congregaciones «Judío Mesiánicas» son parte de la Iglesia establecida en Jerusalén el día de Pentecostés. Israel es el pueblo de Dios, con el cual el Señor tiene pacto sempiterno, Israel no recibió ni reconoció al Mesías, hasta el día de hoy, pero el Señor ama a Israel, el cual fue creado por él y para él. Se acerca ya el día en que Israel reconocerá y bendecirá al Señor:

Zacarías 13: 6-7 *«Y le preguntarán: ¿Qué heridas son estas en tus manos? Y él responderá: Con ellas fui herido en casa de mis amigos. Levántate, oh espada, contra el pastor, y contra el hombre compañero mío, dice Jehová de los ejércitos. Hiere al pastor, y serán dispersadas las ovejas; y haré volver mi mano contra los pequeñitos.»* El Señor está levantando en todo el mundo, congregaciones mesiánicas, es decir Judíos convertidos a Jesucristo (El Mesías de Israel). Estas congregaciones mesiánicas no solo son una bendición para la Iglesia, sino son ellas señal y preámbulo del cumplimiento profético de los últimos tiempos.

«Jews for Jesus» (Judíos por Jesús) es otra organización judía, la cual señala y establece por la Palabra que únicamente Jesús de Nazareth llena a plenitud las profecías acerca del Mesías en el Antiguo Testamento. Esta organización se dedica a evangelizar en ciudades con un alto porcentaje de judíos. Su impacto ha sido grande lo cual indica, sin lugar a dudas, que es una obra del Señor.

Es importante también destacar que la Iglesia original, así como todos los discípulos y sus líderes, estaba compuesta casi en su totalidad por judíos convertidos.

Advertencia en amor a algunas congregaciones Mesiánicas

Debemos aclarar que algunas congregaciones mesiánicas, erróneamente, tratan de volver a la ley, ritos y tradiciones judías, como algo imprescindible que le falta al cristianismo ortodoxo. Esto no es nada nuevo. Vamos a ver cómo todo esto es parte de la historia de la Iglesia establecida en Jerusalén, hace más de 2,000 años.

La salvación no se produce por el cumplimiento de la ley, ni por tradiciones de hombres, sino por la gracia en Cristo Jesús solamente. Veamos: Jesús tuvo tropiezos con los religiosos debido al día de reposo, el Sabbath (parte de la ley), ya que estos le criticaban, acechándolo a ver si cumplía o no con el requisito de la ley.

San Marcos 3:4-6 *«Y les dijo: ¿Es lícito en los días de reposo hacer bien, o hacer mal; salvar la vida, o quitarla? Pero ellos callaban. Entonces, mirándolos alrededor con enojo, entristecido por la dureza de sus corazones, dijo al hombre: Extiende tu mano. Y él la extendió, y la mano le fue restaurada sana. Y salidos los fariseos, tomaron consejo con los herodianos contra él para destruirle.» Después que sanó a un paralítico, Juan 5:10-11: «Entonces los judíos dijeron a aquel que había sido sanado: Es día de reposo; no te es lícito llevar tu lecho. El le respondió: el que me sanó él mismo me dijo: Toma tu lecho y anda.»*

Juan 5:16 «Y por esta causa los judíos perseguían a Jesús, y procuraban matarle, porque hacía estas cosas en el día de reposo.»

Los fariseos no podían tolerar que Jesús no cumpliera con la ley del día de reposo (Sabbath). Hay gran número de citas bíblicas donde Jesús desecha, en el Nuevo Pacto, **el cumplimiento del día de reposo,** *como rito obligatorio.* (Ver Mateo 12:1-14, Colosenses 2:16-17, Juan 5:6-10, Marcos 2:27, 3:4, Juan 5:16-18, 7:22-24).

San Marcos 2:28 «Por tanto, el Hijo del Hombre es Señor aun del día de reposo.» ¿Hubiera hablado Jesús así en este y otros pasajes si el cumplimiento de esta ley (obras) fuera de cumplimiento obligatorio? De ninguna manera.

Colosenses 2:16-17 «Por tanto, nadie os juzgue en comida o en bebida, o en cuanto a días de fiesta, luna nueva o días de reposo (Sabbath), todo lo cual es sombra de lo que ha de venir; pero el cuerpo es de Cristo.»

Gálatas 5:4 ***«De Cristo os desligasteis, los que por la ley os justificáis; de la gracia habéis caído.»***

Podemos ver cómo, inmediatamente, después de la muerte y resurrección de Jesús, los discípulos empezaron a congregarse en el primer día de la Semana, el domingo, lo que llamaron «el día del Señor» (día de la resurrección). *I Corintios 16: 1-2 «En cuanto a la ofrenda para los santos, haced vosotros también de la manera que ordené en las iglesias de Galacia. Cada primer día de la semana, cada uno de vosotros ponga aparte algo, según haya prosperado, guardándolo para que cuando yo llegue no se recojan entonces ofrendas.»*

Hechos 20:7 «El primer día de la semana, reunidos los discípulos para partir el pan, Pablo les enseñaba, habiendo de salir al día siguiente; y alargó el discurso hasta la medianoche.» La costumbre de reunirse para los servicios de enseñanza y adoración el primer día de la semana (domingo), como se indica en los anteriores versículos, comenzó después de la resurrección de Jesucristo, en la iglesia original y no como una decisión de la Iglesia católica, siglos después, como se predica en algunos medios erróneamente. (También es cierto que el domingo era día de festividad pagana en la Roma Imperial. Esto, por supuesto, no tuvo ninguna influencia en los apóstoles y primeros discípulos del Señor en la Iglesia original en Jerusalén, los cuales eran ajenos a esas tradiciones paganas de la roma Imperial).

Es por fe en el pacto de Sangre de Jesucristo en la cruz del Calvario que somos salvos y nada más. La mayor parte de los judíos que han creído en Jesucristo como su Mesías, así lo entienden. Todo esto fue bien aclarado por el Apóstol Pablo, de manera dramática cuándo tuvo que confrontar a Pedro al respecto, de otra parte de la ley (la circuncisión y el no comer o contaminarse con los gentiles).

La confrontación entre Pablo y Pedro

*Vayamos a Gálatas 2:11-16 «Pero cuando Pedro vino a Antioquía, le resistí cara a cara, porque era de condenar. Pues antes que viniesen algunos de parte de Jacobo, comía con los gentiles; pero después que vinieron, se retraía y se apartaba, porque tenía miedo de los de la circuncisión. Y en su simulación participaban también los otros judíos, de tal manera que aun Bernabé fue también arrastrado por la hipocresía de ellos. Pero cuando vi que no andaban rectamente conforme a la verdad del evangelio, dije a Pedro delante de todos: Si tú, siendo judío, vives como los gentiles y no como judío, ¿por qué obligas a los gentiles a judaizar? Nosotros, judíos de nacimiento, y no pecadores de entre los gentiles, sabiendo que el hombre no es justificado por las obras de la ley, sino por la fe de Jesucristo, nosotros también hemos creído en Jesucristo, para ser justificados por la fe de Cristo y no por las obras de la ley, **por cuanto por las obras de la ley nadie será justificado**.»*

Es importante dejar bien aclarado que anterior a esta confrontación entre Pablo y Pedro en Gálatas 2:1-10, podemos ver cómo todos los apóstoles quedaron en acuerdo en la predicación del evangelio y quien debía predicarles a los judíos y a los gentiles:

Gálatas 2: 7-9 «*Antes, por el contrario, como vieron que me había sido encomendado el evangelio de la circuncisión, como a Pedro el de la circuncisión (pues el que actuó en Pedro para el apostolado de la circuncisión, actuó también en mí para con los gentiles) y reconociendo la gracia que me había sido dada, Jacobo, Cefas y Juan, que eran considerados como columnas, nos dieron a mí y a Bernabé la diestra en señal de compañerismo, para que nosotros fuésemos a los gentiles, y ellos a la circuncisión. Solamente nos pidieron que nos acordásemos de los pobres; lo cual también procuré con diligencia hacer.*»

Posteriormente, sabemos cómo Pedro participaba en el amor de Cristo con Pablo, cuando en su «II de Pedro 3:15-16», Pedro habla con todo respeto y admiración de Pablo, ambos como hermanos y apóstoles del Señor por la fe de Cristo, en total acuerdo y armonía en su predicación y cartas apostólicas.

Nosotros los cristianos del Nuevo Testamento hemos creído en el Mesías de Israel, cuando el mismo Pueblo de Israel lo rechazó. En él estamos completos, sin que tengamos que agregarle o quitarle nada, los que hemos recibido salvación por la fe en el pacto de su Sangre y en su Palabra. Bendecimos a las congregaciones Mesiánicas ¿Tenemos que agregarle lo que ellos aportan por el cumplimiento de la ley o por sus tradiciones? Para nada. ¡Uno mayor que el sábado está aquí!

Es importante aclarar que, por supuesto, podemos adorar y danzar con ellos celebrando las tradiciones judías, incluyendo la celebración del Sabbath, no hay nada de malo o pecaminoso en ello, todo lo contrario. Yo lo he hecho con gran júbilo en las calles de Jerusalén. Siempre que quede bien establecido, en nuestra mente y conocimiento, que ni la ley ni las tradiciones tienen nada que ver con la salvación y con la relación del Señor como hijos y discípulos. Ni tampoco quedar esclavizados o atados a tradiciones que han sido ya dejadas sin efecto en el nuevo pacto, como elementos imprescindibles para la salvación.

IX

EL NUEVO PACTO

POR LA SANGRE DEL CORDERO INMOLADO DESDE ANTES DE LA FUNDACION DEL MUNDO:

SOMOS HEREDEROS DE UN MEJOR pacto, establecido y descrito proféticamente desde el Antiguo Testamento:

Jeremías 31:31-34 (El libro del profeta Jeremías fue escrito en el año 570 AC). *«He aquí que vienen días, dice Jehová, en los cuales haré nuevo pacto con la casa de Israel y con la casa de Judá. No como el pacto que hice con sus padres el día que tomé su mano para sacarlos de la tierra de Egipto; porque ellos invalidaron mi pacto, aunque fui yo un marido para ellos, dice Jehová. Pero este es el pacto que haré con la casa de Israel después de aquellos días, dice Jehová: Daré mi ley en su mente, y la escribiré en su corazón; y yo seré a ellos por Dios, y ellos me serán por pueblo. Y no enseñará más ninguno a su prójimo, ni ninguno a su hermano, diciendo: Conoce a Jehová; porque todos me conocerán, desde el más pequeño de ellos hasta el más grande, dice*

Jehová; porque perdonaré la maldad de ellos, y no me acordaré más de su pecado.»

El capitulo 7 y 8 del libro de los Hebreos deja el tema de la ley y del Sabbath bien establecido, a través de la revelación del Espíritu Santo, cuando se habla del Nuevo Pacto, ya cumplido:

Hebreos 8:6-7 **«Pero ahora tanto mejor ministerio es el suyo, cuanto es mediador de un mejor pacto, establecido sobre mejores promesas. Porque si aquel primero hubiera sido sin defecto, ciertamente no se hubiera procurado lugar para el segundo.»**

Cambio de sacerdocio:

Hebreos 7:1 «Porque este Melquisedec, rey de Salem, sacerdote del Dios altísimo, que salió a recibir a Abraham, que volvía de la derrota de los reyes, y le bendijo, a quien asimismo dio Abraham los diezmos de todo; cuyo nombre significa primeramente Rey de justicia, y también Rey de Salem, esto es Rey de Paz: Sin padre, sin madre, sin genealogía; que ni tiene principio de días, ni fin de vida, sino hecho semejante al Hijo de Dios, permanece sacerdote para siempre.» **7:16-17 «No constituido conforme a la ley del mandamiento acerca de la descendencia, sino según el poder de una vida indestructible. Tu (Jesús el Hijo) eres sacerdote para siempre según el orden de Melquisedec.»**

Queda pues abrogado el mandamiento anterior, a causa de su debilidad e ineficacia.

Hebreos 7:11 «Si, pues, la perfección fuera por el sacerdocio levítico (porque bajo él recibió el pueblo la ley), ¿qué necesidad habría aún de que se levantase otro sacerdote, según el orden de Melquisedec, y que no fuese llamado según el orden de Aarón?»

Hebreos 7:12-13 «Porque cambiado el sacerdocio, necesario es que haya también cambio de ley; y aquel de quien se dice esto es de otra tribu, de la cual nadie sirvió al altar.»

Hebreos 7:14 «Porque manifiesto es que nuestro Señor vino de la tribu de Judá, de la cual nada habló Moisés tocante al sacerdocio.»

Hebreos 7: 25 *«mas éste, por cuanto permanece para siempre, tiene un sacerdocio inmutable; por lo cual puede también salvar perpetuamente a los que por él se acercan a* Dios, viviendo *siempre para interceder por ellos.»* El cambio de ley que se explica en Hebreos 7 y 8, para nada se refiere al pecado, sus mandamientos y consecuencias, sino ciertamente a lo inadecuado de tratar de cumplir la ley en cuanto a disposiciones religiosas y ceremoniales, después del Pacto de Sangre en la Cruz del Calvario según Cristo mismo lo explica*: «Porque por gracia sois salvos por medio de la fe; y esto no de vosotros, pues es don de Dios; no por obras, para que nadie se gloríe» (Efesios 2:8-9).*

Gálatas 5:4: «De Cristo os desligasteis, los que por la ley os justificáis; de la gracia habéis caído», es decir, ya que si confías en tus obras, la Gracia quedará sin efecto.

EL BAUTISMO EN AGUAS

Si nacemos de nuevo por el agua de la Palabra. ¿No tenemos que bautizarnos entonces? ¡Por supuesto que sí! Es importante, sin embargo, entender el bautismo, el cual fue establecido, por el Señor mismo, a través de Juan el Bautista: El bautismo en sí no salva. Es más bien la confirmación de que hemos recibido al señor Jesucristo; y al hacerlo sabemos que estamos salvos de acuerdo a Romanos 10:9-10, Jesús mismo nos dio el ejemplo al hacerse bautizar por Juan.

El bautismo es un acto de obediencia, confirmando que hemos recibido a Jesús como nuestro Señor y Salvador. El bautismo simboliza la muerte o sepultura del viejo hombre muerto al pecado, y el nacimiento de la nueva criatura, cuando la persona emerge del agua. Cuando esto sucede, muchas veces hay evidencias de las manifestaciones del Santo Espíritu. El nuevo creyente sale de las aguas hablando en lenguas y con la visión de la nueva vida.

El bautismo, la escritura enseña, es bautismo de arrepentimiento: *«En aquellos días vino Juan el Bautista predicando en el desierto de Judea, y diciendo: Arrepentíos, porque el reino de los cielos se ha acercado. Pues éste es aquel de quien habló el profeta Isaías, cuando dijo: Voz del que clama en el desierto: Preparad el camino del Señor, Enderezad sus sendas.» (Mateo 3:1-3).* El bautismo, siempre es posterior a la aceptación y confesión pública de Jesús como Señor y Salvador personal (Romanos 10:9-10), lo cual requiere conciencia de pecado y del genuino arrepentimiento del mismo. El bautismo requiere la inmersión del cuerpo en el agua, se bautizaba en los ríos o lugares de «muchas aguas», no vertiendo agua sobre la cabeza del nuevo convertido o rociándolo con agua. Todos los bautizos en el libro de Los Hechos (la iglesia original) son posteriores a la aceptación de Jesús como Señor y Salvador.

El bautismo de infantes no es bíblico. A los infantes se les presentan en el templo y se los dedican al Señor, comprometiéndose sus padres a instruirlos en la palabra de Dios. Esto es exactamente lo que hicieron José y María cuando llevaron al niño Jesús al templo. Este acto de fe y dedicación de los niños por sus padres, sigue vigente en la Iglesia contemporánea de Jesucristo. Cuando Jesús fue presentado como infante, por sus padres en el templo, ellos le consagraron dedicándole su vida a Dios.

Ya de hombre, a la edad de treinta años y antes de entrar al ministerio, se hace bautizar en aguas, solamente para ejemplo de su Iglesia. Su sangre pura que viene del trono de la Gracia es la única capaz de borrar nuestros pecados, ninguna acción de hombre puede hacerlo. Tampoco se le puede agregar nada o «ayudar con sacrificios humanos» al sacrificio universal de la cruz del calvario.

El único sacrificio es el de Jesús. No hay otro sacrificio. Tampoco hay ritos o ceremonias religiosas que puedan ser equivalentes al sacrificio de la cruz. Hay un solo sacrificio universal por el Hijo de Dios, una sola sangre que borra nuestros pecados, la cual es activada sobre la vida del creyente mediante la fe que viene *"por el oír y el oír de la Palabra de Dios."*

El pecador se acoge o activa esta salvación cuando, por fe, acepta a Cristo como su Señor y Salvador, se arrepiente de sus pecados y lo recibe vivo en su corazón para que transforme su vida.

LA COMUNION:

Por supuesto la comunión o Cena del Señor es bíblica, y se sigue realizando en las Iglesias Cristianas Evangélicas en la misma forma que el Señor les enseñó a sus discípulos. La Cena del Señor es la celebración o conmemoración del Nuevo Pacto y tiene importancia extraordinaria en la vida del creyente: Al recibir la comunión, después del genuino arrepentimiento de nuestros pecados, recibimos la unción que pudre el yugo, los creyentes son renovados y muchos sanados durante la comunión. Es el momento más solemne de adoración. De acuerdo al mandamiento que recibimos directamente de Señor, recordamos el sacrificio de la cruz, por el cual hemos sido salvos, al mismo tiempo que revisamos nuestras vidas ante el Señor arrepintiéndonos de fallas y pecados y fortaleciéndonos en la lucha contra el enemigo. Por medio de la fe, nosotros, tal como lo ordenó el Señor, recibimos el Cuerpo y la Sangre de nuestro Señor. ¡Bendito sea su nombre para siempre!

La Cena del Señor, es parte intrínseca del Nuevo Pacto. Fue practicada por la Iglesia desde los primeros días como lo registra el libro de los Hechos y se hacía, y se hace actualmente, en la misma forma que lo enseñó el Señor, sin agregarle ni quitarle para bendición y sanidad de la Iglesia: Con solemnidad, arrepentimiento, adoración, gozo y alegría. Debemos participar regularmente en esta celebración establecida por el Señor. Celebramos con ella no solo el sacrificio de la cruz, sino también la gloriosa resurrección y la pronta venida de nuestro Señor. ¡Aleluya!

X

EL ORIGEN DE LOS RECIENTES ESCÁNDALOS SEXUALES EN LA IGLESIA CATÓLICA.

ANTES DE ENTRAR EN ESTE tema, es bueno dejar bien establecido que, obviamente, los pecados de abuso sexual infantil no son exclusivos de la Iglesia Católica, sin embargo, ninguna otra institución ha tenido tal sobrecogedora incidencias de casos legales a nivel nacional, en Estados Unidos y en el resto del mundo. Debido a ello es importante que se trate en la luz de La Palabra, es decir en el Amor y la Verdad de Jesucristo.

Es importante que definamos con claridad meridiana el tema de que hablamos, ya que si no lo hacemos tanto la causa del problema como la solución del mismo quedaría oculta: Cuando el abuso sexual a menores se refiere a un hombre (adulto) con un niño (varón), es un crimen de abuso infantil cometido por un homosexual o por un hombre que practica el homosexualismo. Los recientes acontecimientos de abuso infantil, en los cuales se ha visto la Iglesia Católica involucrada, ha tenido en la misma dos niveles de pecados, que se han hecho públicos en los medios de comunicación de la nación. Es importante así dividirlos, para poder entender cabalmente, la dinámica de las acusaciones, así como el origen de esta lamentable situación:

1. Sacerdotes acusados de abuso (maltrato) sexual infantil.

2. Obispos y personas importantes dentro de la jerarquía eclesiástica, acusados de conspirar para ocultar las actividades sexuales de sus sacerdotes.

Esta acusación de conspiración, dentro de la organización eclesiástica, contribuyó a la proliferación de la desmoralización dentro de esa institución religiosa, pues se les acusaba, en los medios de comunicación, de mover a los sacerdotes, implicados en delitos de abuso infantil, de un distrito o parroquia a otra donde no se les conocía, lo cual les daba la oportunidad, a los culpables, de volver a engañar y violar a otros niños, sin que sus superiores tomaran acciones decisivas sobre estos sacerdotes, a pesar de lo repetitivo de sus acciones inmorales e ilegales.

Estos escándalos han costado a la Iglesia Católica cientos de millones de dólares, ya sea porque los tribunales fallaron a favor de las víctimas, las cuales tuvieron que ser ampliamente recompensadas, o debido a convenios de pagos a los demandantes para evitar que los casos fueran llevados ante las cortes.

Para poder evaluar el volumen y profundidad histórica de este escándalo católico/romano, vamos a citar una fuente periodística por **Lisa Miller de la revista «Newsweek», publicada en Abril 5, 2010. Cito parte del artículo: «En los Estados Unidos, este escándalo de la religión católica comenzó en la década de 1990, involucrando a medida que pasaba el tiempo, a diez mil niños y cuatro mil cuatrocientos sacerdotes.»**

Es importante señalar que la Iglesia Católica prohíbe, reconoce y rechaza estas prácticas públicamente y no las acepta oficialmente dentro de la Iglesia. Sin embargo, a pesar de su posición oficial, no ha podido ni evitar ni detener esta oleada de escándalos dentro de su iglesia. ¿Qué ha hecho la Iglesia Católica ante esta avalancha de demandas legales? Después de consultas, consideraciones, concilios y medidas de tipo organizativo, métodos de supervisión, etc., la Iglesia Católica no ha explicado cual es el origen o la solución de toda esta situación dentro de sus filas.

En realidad, la repuesta es bien simple, si se guiaran por la Palabra de Dios. La explicación del origen de esta oleada de escándalos sexuales, está en Romanos, Capítulo I del 18 al 32. Una simple lectura, a estos pasajes, dirigida por el Santo Espíritu de Dios, indica claramente lo siguiente: La idolatría (o fornicación espiritual) es el origen del homosexualismo, el cual produce a su vez la aberración detestable del abuso sexual infantil. Las estadísticas de estos hechos así lo indican. La gran mayoría de los casos reportados han sido de sacerdotes (hombres), con niños (varones).

Ha habido algunos pocos casos de sacerdotes involucrados con mujeres. Yo no he oído de casos de sacerdotes involucrados con niñas o jovencitas menores de 18 años. Lamentablemente, la prensa ha fallado en revelar al público la simple verdad de lo que está detrás de estas acusaciones y cargos legales: Si se trata de hombres sacerdotes, que tienen relaciones sexuales con niños varones, se trata de relaciones no solo abusivas e ilegales, sino además homosexuales. Uno de los pecados que llevó a la destrucción de Sodoma y Gomorra.

Importante información secular ajena al caso de la Iglesia Católica, que sin embargo confirma el origen de estas aberraciones sexuales:

También, fuera de la iglesia católica hay multitud de casos en los archivos policíacos donde hombres homosexuales han abusado sexualmente a niños. Como componente endémico, en la sociedad en general, podemos añadir que hay una institución o sociedad compuesta por homosexuales en los Estados Unidos (NAMBLA--North American Man Boy Love Association). Esta asociación (puede encontrarse en el internet), busca públicamente eliminar la barrera de la edad, para poder abusar sexualmente a los niños, sin que ello implique el quebrantar la ley, pudiendo de esa forma aducir, solapadamente, que se trata de una actividad sexual en la cual el niño estuvo de acuerdo y, de esa forma, no tener responsabilidad legal alguna. ¡Asombroso, como es que se revuelcan en su propio chocolate! Pero la palabra de Dios dice: « *¡Horrenda cosa es caer en manos de un Dios vivo!» (Hebreos 10:31).*

Desde el año 1972, los activistas homosexuales a través de su plataforma «Derechos de los Homosexuales» buscan «rechazar todas las leyes que reglamenten la edad del consentimiento sexual.»

Hay una íntima y directa relación entre el abuso infantil a niños varones y el homosexualismo. En un estudio realizado en 229 casos procesados y convictos de abuso sexual de niños (varones), se reveló que el 86 % de los culpables convictos eran confesos homosexuales o bisexuales (American Family Association -- web page: AFA.com). Este estudio es totalmente ajeno al caso Católico que nos ocupa, sin embargo confirma una vez más el origen del conflicto.

Léase también, en dicha página de Internet, un artículo sumamente explicito e interesante: «Homosexuality and Child Abuse», donde explica concretamente que el pecado de homosexualismo es la raíz principal del abuso sexual de niños. Esto, por supuesto, trata de ser ocultado y por supuesto negado por la prensa liberal en los Estados Unidos, y también en otros países del mundo.

Volvamos al tema del escándalo dentro de la iglesia Católica. Debido al pecado de idolatría podemos leer, seguidamente, cómo es que Dios los entrega a esas aberraciones. En la porción de la Palabra de Dios que seguidamente vamos a exponer, el Señor nos deja ver claramente cual es la causa del pecado de homosexualismo. Veamos:

Romanos 1:20-32 «Porque las cosas invisibles de Él, su eterno poder y deidad se hacen claramente visibles, desde la creación del mundo, siendo entendidas por medio de las cosas hechas, de modo que no tienen excusa. Pues habiendo conocido a Dios, no le glorificaron como a Dios, ni le dieron gracias, sino que se envanecieron en sus razonamientos, y su necio corazón fue entenebrecido. Profesando ser sabios, se hicieron necios, y cambiaron la gloria del Dios incorruptible en semejanza de imagen de hombre corruptible, de aves, de cuadrúpedos y de reptiles. Por lo cual también Dios los entregó a la inmundicia, en las concupiscencias de sus corazones, de modo que deshonraron entre sí sus propios cuerpos, ya que cambiaron la verdad de Dios por la mentira, honrando y dando culto a las criaturas antes que al Creador, el cual es bendito por los siglos. Amén. Por esto Dios los entregó a pasiones vergonzosas; pues aun sus mujeres cambiaron el uso natural por el que es contra naturaleza, y, de igual modo, también los hombres, dejando el uso natural de la mujer, se encendieron en su lascivia unos con otros, cometiendo hechos vergonzosos, hombres con hombres, y recibiendo en sí mismos la retribución debida a su extravío.»

Versículo 28 «Y como ellos no aprobaron tener en cuenta a Dios, Dios los entregó a una mente reproba, para hacer cosas que no convienen.»

Termina diciendo el versículo *32: «quienes habiendo entendido el juicio de Dios, que los que practican tales cosas son dignos de muerte, no sólo las hacen, sino que también se* **complacen** *con los que las practican.»* Consentimiento y protección especial de gobiernos, instituciones y periodistas liberales a los que practican la homosexualidad.

Además de las consecuencias espirituales de la violación del segundo mandamiento, el cual no puede ser más claro y preciso, el homosexualismo e inmoralidad sexual se desarrollaron dentro del sacerdocio católico, en parte, debido a la imposición del celibato dentro de esta organización. Es importante mencionar lo que está ocurriendo en la Iglesia Católica y los resultados de la exposición pública que esto ha tenido lugar debido a que esta situación está relacionada directamente con la desobediencia a las doctrinas establecidas en la Palabra. Esta lamentable situación es un ejemplo clarísimo de las consecuencias que esto acarrea y, por lo tanto, una aplicación práctica y punto de referencia incuestionable de la vigencia que tienen las enseñanzas de la Biblia, las cuales señalan hacia una sola dirección: Vuélvanse a las escrituras y conviértanse al Señor.

La Iglesia Católica parece estar buscando soluciones a nivel de conceptos humanos (concilios, nuevas directrices, reglamentaciones, etc.) en lugar de reconocer sus pecados e indagar en las escrituras. ¿Cual es la solución entonces? La única salida de esa situación es la misma salida que tiene todo pecador: ¡Arrepentirse genuinamente, apartarse del pecado y buscar a Dios en Espíritu y en Verdad!

No se dejen influenciar por el enemigo: ¡Dios ni acepta el pecado ni puede ser burlado! Rendirse a Jesucristo y cambiar de vida, Jesús les ama y les restaura, cuando la persona reconoce su pecado, se arrepiente del mismo y se entrega sincera y públicamente a Jesús.

¿Tiene esto un alto costo para ellos, aquí en el planeta Tierra? Definitivamente que lo tiene, también tuvo un alto costo la conversión de Pablo y de Nicodemo, pero ese costo nada fue comparado con ganar la vida eterna y la bendición de nuestro Dios y Señor Jesucristo, ¡sea su nombre bendito para siempre! ¡Así lo explica claramente Pablo en una de sus Epístolas!

EXHORTACIÓN A LA JERARQUÍA CATÓLICA Y CATOLICOS EN GENERAL

Como creyente convertido a Cristo y a su Evangelio, y movido por el amor del Señor, yo animo y exhorto a todos los católicos: Obispos, sacerdotes, monjas y laicos que se acerquen a la Palabra.

Aun para los sacerdotes católicos involucrados en homosexualismo y abuso infantil; hay esperanza, Dios les ama y les puede romper sus ataduras de ese pecado, para que sean perdonados y restaurados. ¡La unción pudre el yugo!, «*...el yugo se pudrirá a causa de la unción*» *(Isaías 10:27)*. El Verbo es uno de los nombres de Jesús. La Palabra y Jesús son inseparables e indivisibles. No se puede creer en Jesús sino se cree y se vive La Palabra.

Todos estábamos engañados por el enemigo que es Satanás, desde Adán, el hombre le dio derecho legal al enemigo para la perdición de los humanos. ¡Cuidado, el enemigo es «padre de mentiras»!: El Señor ama al pecador pero detesta al pecado. **Él nos perdona y nos restaura, cuando nos arrepentimos y nos apartamos del mal. ¡Solamente tienes que creer!**

En el poder del amor de Cristo le pido, humildemente, a toda la jerarquía católica que haya tenido que ver con este pecado, desde el más alto al más humilde, que se entreguen al Señor. Dios les ama y les espera, den un paso al frente por ustedes y por todos aquéllos que han sido contaminados por ese pecado.

Beban del agua de la Palabra, tal como le pidió Jesús a la mujer Samaritana en el pozo de Jacob, desechen toda tradición y dogmas de origen humano, que no los edifican en el Señor, sino que los separa de la fuente de vida; tenemos que agradar a Dios, no a los hombres. Dejen la idolatría, la cual, entre otras cosas, ciega el entendimiento y conduce a incredulidad. Hay muchas gentes que **creen *en* Jesús, *pero no le creen a Jesús*.** Ser creyente es creer y vivir de acuerdo a la Palabra revelada por el Espíritu Santo .*«La paz os dejo, mi paz os doy; yo no os la doy como el mundo la da. No se turbe vuestro corazón, ni tengan miedo.» (San Juan 14:27)*.

Jesús no es una religión. Él es el poder de Dios manifestado en la carne. Únicamente en Él tenemos vida y gozo eterno. También en él tenemos poder y vida abundante, aun en este planeta, hasta tanto él nos llame a su presencia. ¡Si puedes creer, *al que cree todo le es posible! (San Marcos 9:23).*

Sacerdotes, religiosos y laicos: Jesús les ama y les espera con los brazos abiertos. Den el paso que dio Nicodemo y Pablo, los cuales tuvieron que enfrentarse a la ira y persecución de sus sinagogas y, probablemente, el rechazo de su propia familia. Obediencia a la Palabra es lo que mueve la mano de Dios. Sed audaces por Jesús, ¡Él y solo Él murió por ti en la cruz del Calvario!

La diferencia entre religión y Cristianismo es que en éste Jesús es el Señor de tu vida, después que sales del templo, tu le crees a Él (su Palabra) y ajustas tu vida de acuerdo a ella, bajo el poder y la guía del Espíritu Santo. La Palabra que es Cristo Jesús no es para juzgarla o evaluarla intelectualmente. La Palabra se recibe en el espíritu, por medio de la fe en él. Mediante la fe confirmamos su poder y su veracidad y se obedece por amor y temor de Dios, es así que nacemos a la nueva vida en Cristo Jesús. **¡Recibe a Cristo vivo en tu corazón! ¡Nace de nuevo! ¡Ríndete a Jesús!**

Jesús orando a su Padre antes de ir a la cruz dice: *«Yo les he dado tu Palabra; y el mundo los aborreció, porque no son del mundo, como tampoco yo soy del mundo. No ruego que los quites del mundo, sino que los guardes del mal No son del mundo, como tampoco yo soy del mundo. Santifícalos en la verdad, Tu palabra es verdad.» (San Juan 17:14-17)*

¿Que es los que Santifica? **La Palabra.**

XI

LA IGLESIA CATÓLICA COMO INTÉRPRETE DE LA PALABRA

LA IGLESIA CATÓLICA PROHIBIÓ, DURANTE siglos, que se leyera la escritura, bajo el concepto de que solamente ella podía interpretarla correctamente. Tal vez, aun con toda buena intención, la verdadera razón era que no quería que el pueblo conocieran la verdad de la misma y fueran libres de ataduras religiosas.

Esa prohibición, per sé, es de hecho desobediencia (espíritu de rebelión), implícita a la Palabra en general. Es también desobediencia a Jesucristo, en particular, el cual insistía en que se escudriñaran las escrituras. Jesús hablándole a los religiosos:

Juan 5:39 *«Escudriñad las escrituras porque a vosotros os parece que en ellas tenéis la vida eterna; y ellas son las que dan testimonio de mi.»*

San Juan 8:36 *«Así que si el hijo os libertare, seréis verdaderamente libres.»*

¿Cómo es posible que la Iglesia Católica, en tiempos pasados, se atreviera a prohibir la lectura de la Biblia? (Así fue hasta hace poco, incluyendo la primera mitad del siglo XX). La razón obvia es la disparidad de sus doctrinas y prácticas con el mandato bíblico. Estas doctrinas y prácticas son sostenidas por el Catolicismo, hasta el día de hoy. Un esfuerzo religioso para ocultar la verdad de la Palabra.

El Evangelio, explica Pablo, no es cuestión de contiendas ni disensiones. Pero la verdad del mismo no se puede comprometer ni ocultar, debido a lo cual todos los apóstoles sufrieron persecución. El creyente busca agradar a Dios, no a los hombres ni a sus doctrinas, creencias y filosofías.

Gálatas 1:8 «Mas si aun nosotros, o un ángel del cielo, os anunciare otro evangelio diferente del que os hemos anunciado, sea anatema (maldito)».

¿Cual es este evangelio?:

1. *Un solo mediador entre Dios y los hombre Jesucristo hombre (1 Timoteo 2:5).*

2. *Total arrepentimiento de pecados ante Dios. Nuevo nacimiento por la semilla incorruptible de la Palabra de Dios (1 Pedro 1:23). Juan Capitulo 3*

3. *Salvación, únicamente mediante la fe por el pacto de la Sangre derramada en la cruz del Calvario. (Efesios 2:8-9). Por Gracia, no por obras.*

4. *Por sus obras ningún hombre será salvo (Isaías 64:6). También leer Tito 3:5-7*

5. *«Puestos los ojos en Jesús, el autor y perfeccionador de nuestra fe...» (Hebreos 12:2).*

6. Las obras son posteriores a la salvación. *(Efesios 2:10)* *"Porque somos hechura suya, creados en Cristo Jesús para buenas obras, las cuales Dios preparo de antemano para que anduviésemos en ellas."*

El evangelio hay que presentarlo, tal como está escrito. Debemos contender (luchar), ardientemente por la fe (San Judas, capítulo 1).

Dios tiene pacto con su Palabra. Jesucristo explica claramente esta verdad: *«El cielo y la tierra pasarán, mas mis palabras no pasarán» (Mateo 24:35).*

Osea 4:6 «Mi pueblo fue destruido por falta de conocimiento» (Conocimiento de la Palabra de Dios).

A Dios se le adora en Espíritu y en Verdad: *(Juan 4:23) «Mas la hora viene, y ahora es, cuando los verdaderos adoradores adorarán al Padre en espíritu y en verdad; **porque también el Padre tales adoradores busca que le adoren.***» Esto le dijo Jesús a la mujer samaritana, junto al pozo de Jacob.

La religiosidad, desde los tiempos de Jesús y aun en el Antiguo Testamento, así como hoy en día, está contaminada con conceptos y doctrinas de origen pagano. **El resultado de mezclar la Palabra, de Dios con doctrinas del mundo, produce confusión e ideas engañosas, cuyo resultado final es incredulidad a la Palabra de Dios**, lo cual conduce a la perdición de las almas. Jesús mismo fue muy crítico de los religiosos de su tiempo, aun aquellos esforzados que estaban buscando a Dios con sinceridad, como el caso de Nicodemo, ya comentado en el capítulo anterior.

Hay solamente una tumba vacía. Un solo mediador entre Dios y los hombres: Jesucristo Hombre. (1 Timoteo 2:5). La tumba vacía y la resurrección con cuerpo glorificado separan a Jesús, radicalmente, de la religión y las religiones que abundan en el mundo. La palabra de Dios se confirma a sí misma, en la autoridad de Jesucristo.

Hay muy fuertes advertencias en el último capítulo del Apocalipsis, para aquellos que toman a la ligera la Palabra; como que podemos creer algunas cosas que nos parecen y desechar otras que no nos gustan. En realidad, le están creyendo a su propia mente carnal para confusión de su alma. El Señor, en Apocalipsis 22:18-19, advierte lo siguiente: *«Yo testifico a todo aquel que oye las palabras de la profecía de este libro: Si alguno añadiere a estas cosas, Dios traerá sobre él las plagas que están escritas en este libro. Y si alguno quitare de las palabras del libro de esta profecía, Dios quitará su parte del libro de la vida, y de la santa ciudad y de las cosas que están escritas en este libro.»*

Confirmación en *Deuteronomio 4:2 «No añadiréis a la palabra que yo os mando, ni disminuiréis de ella, para que guardéis los mandamientos de Jehová vuestro Dios que yo os ordeno.»*

Otra fuerte advertencia: *Proverbios 30:6 «No añadas a sus palabras, para que no te reprenda, y seas hallado mentiroso.»*

Veamos también Gálatas 3:15 *«Hermanos, hablo en términos humanos: Un pacto, aunque sea de hombre, una vez ratificado, nadie lo invalida, **ni le añade.»***

¡Que decir cuando se trata del Pacto de Sangre del Cordero inmolado desde antes de la fundación del mundo!

LA ORACIÓN

La importancia y el poder de la oración, tal como se enseña en las escrituras.

Dios tiene pacto con su Palabra. Veamos Génesis 1:26, después de que Dios crea al hombre dice:

«…y señoree en los peces del mar, en las aves de los cielos, en las bestias, en toda la tierra…»Es decir, Dios hizo al hombre «Señor» (dueño-rey,) de toda la tierra (del planeta).

Después de que el hombre peca y se corrompe, él y toda su descendencia, Dios no le retira el Señorío ¿Por qué? Porque Dios no niega ni cambia lo que Él ha establecido en su Palabra. **Debido a ellos es que es el hombre (la humanidad) y no Dios, el responsable de los acontecimientos y calamidades en el planeta, desde la caída del hombre hasta este momento.**

Únicamente a través de la oración y la búsqueda de su Rostro es que el hombre puede cambiar su vida y aun los acontecimientos y cualquier situación en un momento dado, cuando en ruego y oración le damos permiso y le entregamos a Dios la autoridad que él nos dio, y le pedimos que tome control sobre nuestras vidas. Así de importante es la oración, así de importante es orar de acuerdo a sus enseñanzas.

Fue necesario otro hombre (Jesús), el postrero Adán, para que la comunión con Dios fuera restablecida, es Jesús quién, a través del nuevo pacto, rescata (arrebata) de las manos de Satanás el derecho legal que el enemigo obtuvo mediante engaño, a través del pecado (desobediencia) de Adán y Eva. Es decir, Jesús deja establecido el puente o pacto de rescate para el hombre.

Pero, este pacto no es activado si el hombre, que es el señor de la tierra, lo impide por su desobediencia y falta de conocimiento de la Palabra. Y creyendo que él mismo tiene la solución de los asuntos de la Tierra, los empeora con su conducta. El hombre es el problema.

Debido a todo lo anterior, es necesario que el hombre, si quiere ser salvo de la condenación eterna y de los resultados de sus pecados y desobediencia, ore y le pida al Padre celestial que intervenga en su vida o en cualquier asunto de la tierra, para que Dios lo haga. Si no es así, Dios no se interpone, dejando el asunto en manos del hombre. El hombre natural, (no redimido) no reconoce a Dios, sin embargo cuando ocurre un desastre en la Tierra, no tiene ninguna dificultad para condenar a Dios por el desastre ocurrido: « ¿Por qué Dios no lo impidió? »

Por todo esto, es de extrema importancia que cuando oremos lo reconozcamos a El humildemente y que la oración se haga de acuerdo a las instrucciones que Dios nos da en su palabra. Esto nos hace entrar en su presencia en obediencia y reconocimiento. No se le puede orar a nadie que no sea Dios. Solamente Dios, que es omnipresente, tiene la capacidad de oír y contestar un infinito número de oraciones, simultáneamente. Dios es el único que posee el atributo de la omnipresencia. Ni ángeles, ni demonios, ni Satanás, ningún ser creado, aun ya redimido y santificado, tienen esa capacidad.

Los muertos en Cristo, (creyentes o santos, como es el caso de María, la madre de Jesús) tampoco tienen esa capacidad para recibir oraciones, ni se les señala tal función en ningún lugar de la escritura, consecuentemente tampoco tienen conocimiento o interrelación sobre los asuntos en la tierra y/o sus habitantes. De otra forma los muertos en Cristo serían omnipresentes, con la misma capacidad de Dios. Sabemos que esto es imposible, pues no nos convertimos en Dios al morir. Solo Dios es Dios.

Es necesario tener omnipresencia para recibir y contestar oraciones. Solo Dios la tiene. «*Yo* **soy el camino, y la verdad, y la vida;** *nadie* **viene al Padre, sino por mí**» (Juan 14:6); ¿cómo es posible que teniendo un Evangelio tan diáfano y hermoso, tratemos de buscarnos otros medios, ya señalados enfáticamente en el Evangelio como falsos y espurios, para supuestamente buscar a Dios a través de ellos?

El hecho de tratar de comunicarse con una persona muerta o utilizarla como intermediario(a), es condenado como pecado de adivinación por la Palabra de Dios. Al rey Saúl, el primer rey de los judíos, le fue profetizada su muerte y destrucción final, por acercarse a una adivina para que le trajera el espíritu de Samuel, un siervo de Dios ya muerto en aquel momento. La intención de Saúl parecía muy buena, quería que Samuel, habiendo sido un gran siervo de Dios, (siervo, fiel profeta de Dios y dedicado a Dios desde el vientre de su madre), le dijera la voluntad de Dios y los deseos de Dios, en determinada empresa que él iba a realizar (confrontar a los Filisteos).

Obviamente, él creía que se podía comunicar con las personas muertas que habían sido siervos del Señor. Su propósito era conversar (orar) con este siervo de Dios (santo), ya muerto. El quería conocer la voluntad de Dios en sus asuntos, a través de un profeta de Dios. Todo esto parece muy bueno y definitivamente muy religioso. Había un solo problema: Esas prácticas estaban, y están, prohibidas en la Palabra, como una abominación a Dios. (Esta enseñanza está en el Antiguo Testamento, I de Samuel 28:3-25, también leer I de Samuel 15:1-23).

¿Qué pasó entonces...? Al rey Saúl le costó su reino y el caer de la gracia de Dios. Poco después fue muerto en batalla junto con sus hijos, lo cual le fue profetizado por su desobediencia. ¿Por qué? Porque practicó el pecado de necromancia (espiritismo), que él sabía estaba prohibido en la ley de Dios.

¿Podemos orarle a un muerto en Cristo (un santo en el cielo), porque ahora las cosas se hacen diferentemente?, ya no tenemos que ir una adivina. Sencillamente la Iglesia Católica nos autoriza y nos exhorta a que lo hagamos. ¿Puede la Iglesia Católica autorizar tal cosa?, ¿Si lo autoriza, podemos hacerlo?, ¿Ha cambiado acaso la Palabra de Dios?

Jesús dijo, en Mateo 5:18, «Porque de cierto os digo que hasta que pasen el cielo y la tierra, ni una jota ni una tilde pasará de la ley, hasta que todo se haya cumplido.»

¡Es una locura! Lo digo con dolor, pues durante muchos años yo también fui engañado. Es doloroso enfrentarse a algo así, pero mucho más doloroso es vivir en tinieblas, creyendo que estamos cerca de Dios, cuando en realidad estamos cegados por el dios de este mundo. El cual, mediante sus ardides, logra mantener a multitudes apartadas (atadas), de recibir las bendiciones que el Señor tiene para aquellos que le conocen y obedecen su Palabra.

¿CÓMO DEBEMOS ORAR?

La Palabra de Dios no enseña a rezar o recitar oraciones, mucho menos repetir una y otra vez la misma frase u oración. Mateo 6:7 «*Y orando, no uséis vanas repeticiones, como los gentiles, que piensan que por su palabrería serán oídos.*» Cuando esto se hace, convertimos la oración ciertamente en un rezar ritualista, en desobediencia a la escritura y a los ejemplos bíblicos. **Dios desea recibir oraciones espontáneas de sus hijos, de acuerdo a la guía y conocimiento de su Palabra.**

EL ROSARIO

El hacer oraciones por medio de cuentas o bolitas ensartadas en una cuerda, para asegurarse el conteo de las recitaciones o rezos, ha sido utilizado y practicado por distintas religiones paganas, desde épocas muy anteriores al cristianismo. Los bramas han usado las cuentas en una cuerda para sus oraciones. Un rosario similar al católico es usado por los budistas en la India y en el Tibet. Los adoradores del demonio en el Tíbet y en China usan rosarios para sus rituales. Los musulmanes también tienen un rosario, el Tasbih, con noventa y nueve canicas.

La iglesia católica, influenciada por el paganismo e ignorando las escrituras, trató de cristianizar este instrumento de ritos paganos. El rosario fue introducido en la iglesia católica en el año 1090, por Pedro el Ermitaño. Sencillamente se le colgó una cruz y se le cambió el conteo de oraciones a los dioses paganos o demonios, por el conteo de oraciones exaltando a la virgen María y por la repetición a intervalos del Padre Nuestro.

La iglesia católica, en su sabiduría humanista y filosófica, utilizó la habilidad humana para convertir a los paganos, utilizando sus propios instrumentos religiosos, en lugar de predicarles el Evangelio y convertirlos al Señor. El rosario no es de origen cristiano. No hay mención de tal cosa en las Escrituras, ni en el Antiguo ni en el Nuevo Testamento; tampoco hay nada que pueda confundirse con tal costumbre. El uso que se le da a este instrumento, repitiendo oraciones, mayormente a María, es opuesto a la forma y manera de orar que se enseña en el evangelio, como ya se ha documentado ampliamente.

La Palabra nos enseña, inequívocamente, a orar al Padre celestial en nombre de su hijo Jesucristo. Se ora y se clama al Padre en expresiones espontáneas que salgan de nuestros corazones, de acuerdo al conocimiento que tenemos de Dios por su Palabra y de nuestras necesidades, experiencias o pruebas por las cuales estemos pasando. También en expresiones de gozo, alabanzas, agradecimiento y alegría, por todas las maravillas que Él ha hecho por nosotros; primero alabanzas y adoración a Él, en acción de gracias, y después nuestras peticiones, en ese orden.

Al mismo tiempo, después de la oración hacemos silencio, para poder oír o sentir su voz, en respuesta a nuestras oraciones o para corrección o dirección en nuestras vidas. Esta es la segunda *y más importante parte de la oración, oír de él,* aun si no nos habla o si no podemos discernir su voz, en ese momento, estamos en obediencia a su Palabra. Él es soberano, nos ama y quiere lo mejor para nosotros.

Es así en obediencia y humildad que se mueve la mano del Señor en nuestras vidas y podemos sentir su poderosa presencia. Cuando oramos, debemos conversar con Dios, utilizando al hablarle las enseñanzas bíblicas, pues es eso lo que a él le place. *Isaías 43: 26 «Hazme recordar, (mi Palabra), entremos en juicio juntamente; habla tú para justificarte.»* (El Señor es quien nos justifica y nos santifica por Su Palabra)

En el capítulo 17 del Evangelio de San Juan, Jesús nos enseña como orar. Este capítulo es un ejemplo hermoso de cómo le oraba Jesús a su Padre. En este mencionado capítulo según San Juan, no solo el Señor nos enseña como orar sino además esta colmado de grandes revelaciones. Jesús es nuestro ejemplo y nuestro maestro en todas las cosas. Estudiar como Él le oraba (conversaba) a su Padre Celestial.

El Padre Nuestro es la oración patrón, es una enseñanza de cómo orar. Es decir, todo lo que oramos tiene que estar dentro de los parámetros e indicaciones del Padre Nuestro. Siempre le oramos al Padre que está en los cielos, su nombre es Santo; es imperativo que perdonemos a todos los que nos hayan ofendido antes de orar, buscamos su voluntad, etc. Cualquier oración que viole la forma y el espíritu de orar según el Padre Nuestro, no tiene validez ni respaldo bíblico.

Desde otro ángulo, el repetir el Padre Nuestro una y otra vez, sin entendimiento y obediencia, no está de acuerdo a las instrucciones proféticas; además si lo repetimos con falta de perdón en nuestro corazón y viviendo en nuestra propia voluntad, solo estamos contradiciendo a Dios cada vez que lo repetimos.

Cuando decimos **«Hágase tu voluntad, como en el cielo, así también en la tierra»**, ¿cree usted que le estamos hablando al mundo? No... Se refiere a su propia vida. Usted es el único que puede hacer que se cumpla la voluntad de Dios, en su propia vida. Lea la Biblia y entérese de la voluntad de Dios en la vida del creyente. ¿O acaso cree usted que se trata de su vecino o del dictador de turno?

El Padre Nuestro es una enseñanza (un instructivo) que el Señor nos ha dejado, para que nosotros aprendamos y entendamos cómo orar. Es el creyente quien tiene que entender, vivir y obedecer al Padre Nuestro, en su vida de oración.

¿Qué tal si lo «rezamos» mientras tenemos falta de perdón, tal vez aun desde nuestra niñez? ¿Qué bien puede hacer el repetirlo en desobediencia? ¿Es que acaso podemos engañar a Dios? El Padre, Jesucristo su Hijo y el Espíritu Santo: Un solo Dios.

Sin embargo, si oras el Padre Nuestro, en un momento dado, con verdadero discernimiento espiritual y obediencia entonces sería de gran bendición.

Dios nos pide que le oremos al Padre en nombre de su hijo Jesús. Teniendo *«puestos los ojos en Jesús, el autor y consumador de la fe» (Hebreos 12:2)*. Jesús hablando: *«Y todo lo que pidiereis al Padre, en mi nombre, lo haré, para que el Padre sea glorificado en el Hijo. Si algo pidiereis en mi nombre, yo lo haré» (Juan 14:13-14)*.

Breve resumen de cómo orar en el espíritu y de acuerdo a su Palabra

Primero, antes que nada: Acción de gracias a Dios por lo mucho que nos da. Especialmente poderosa es la alabanza y la adoración a Jesús, por la Sangre del Pacto. Cántale una canción a tu Dios buscándolo en Espíritu y en Verdad. Después nuestras peticiones, en un espíritu de hijo a Padre por medio de la fe en su Palabra. Cuando baja la Presencia y la Gloria de Dios en medio de nuestra adoración al Señor, bendiciones sobrenaturales alcanzan nuestras vidas y el tiempo pasa sin darnos cuenta en medio de la gloria y el gozo de su presencia.

Una vez que hayamos recibido a Jesús como nuestro Señor y Salvador y entremos en una verdadera relación con él y le adoremos en Espíritu y Verdad. Entonces la oración es poderosa y capaz de cambiar nuestras circunstancias, nuestras vidas y aun realizar señales y milagros portentosos.

¿Hay algo imposible para Dios? Nada es imposible para él. El es Todopoderoso.¡Nuestros Dios grande es y todo es posible si puedes Creer!, ¡Además él nos ama y quiere bendecirnos!

XII

REVELACIÓN APOCALÍPTICA PARA EL PUEBLO DE DIOS./ Las Bodas del Cordero. /La Gran Ramera.

PUEBLO RELIGIOSO QUE AMA AL Señor, preste mucha atención a la siguiente revelación bíblica. La Iglesia es representada en el Apocalipsis como una mujer. *«Gocémonos y alegrémonos y démosle gloria; porque han llegado las bodas del Cordero (Jesús), y su esposa (la Iglesia), se ha preparado. Y a ella se le ha concedido que se vista de lino fino, limpio y resplandeciente; (para recibir a su novio, el Señor, en las Bodas del Cordero); porque el lino fino es las acciones justas de los santos» (Apocalipsis 19:7-8).*

Esta preciosa noticia y gran revelación se refiere al gran triunfo final de la Iglesia de Cristo y su Novio, el Cordero Inmolado desde antes de la fundación del mundo, el gran Yo Soy, el Capitán de los Ejércitos de Israel, el Alfa y la Omega, el Principio y el Fin, el Señor de señores, el Rey de reyes y Sacerdote para siempre del orden de Melquisedec. Estas bodas se efectuarán en el Cielo después del

Rescate de la Iglesia. Los que hemos recibido a Cristo, sus hijos, seremos los invitados. !Aleluya!

Una vez establecido que la Iglesia es representada como una mujer (la esposa del Cordero, la Iglesia de Cristo), el Apocalipsis nos lleva a otra noticia del futuro, esta noticia es en realidad una grave advertencia para el pueblo.

Apocalipsis 17:1-2 *«Ven acá y te mostrare la sentencia contra la gran ramera, la que está sentada sobre muchas agua; con la cual han fornicado los reyes de la tierra, y los moradores de la tierra se han embriagado con el vino de su fornicación. »*

Veamos que dice Apocalipsis 18:4: *«Y oí otra voz del cielo, que decía: Salid de ella, pueblo mío, para que no seáis partícipes de sus pecados, ni recibáis parte de sus plagas; porque sus pecados han llegado hasta el cielo, y Dios se ha acordado de sus maldades.»* Aquí Dios se está refiriendo a una parte de su pueblo, él le llama «pueblo mío» y le manda a «salirse de ella». Pero ¿quién es «ella»?, es necesario preguntar.

La respuesta la tenemos en el capítulo anterior, en Apocalipsis 17:1-18. Le aconsejamos leerlo cuidadosamente en su Biblia. Algunos de los conceptos en clave están descifrados dentro del mismo texto, por ejemplo: «Está sentada sobre muchas aguas» -se encuentra en el versículo 1, y en el 15 del Capítulo 17, y la explicación es: *«Las aguas que has visto donde la ramera se sienta son pueblos, muchedumbres, naciones y lenguas.»* Podemos transcribir en un lenguaje simple que aquí la palabra se refiere a una ramera o prostituta, que se sienta (se establece) sobre muchas naciones, es decir es una organización a nivel mundial.

La palabra fornicar tiene dos acepciones bíblicas. Una es el acto de acostarse con una mujer que no es la suya. La otra, cuando la persona supuestamente creyente tiene otros dioses a los cuales honra (fornicación espiritual). Estos dioses pueden ser estatuas, imágenes, intereses políticos, económicos o de cualquier índole, en desobediencia a la Palabra.

Cualquier objeto, persona viva o muerta, intereses materiales, religiosos o instituciones creadas por el hombre que se interpongan entre el creyente y la persona de Jesucristo y su Palabra, es fornicación espiritual. Es de este tipo de fornicación de que habla aquí el Apocalipsis. Se describe a "ella", esta mujer (tipo de iglesia apóstata o falsa religión), como la gran ramera con la cual han fornicado los reyes de la tierra (naciones/gobiernos).

Apocalipsis 17:4 «La mujer estaba vestida de púrpura y escarlata y adornada de oro, de piedras preciosas y de perlas y tenía en la mano un cáliz de oro, lleno de la abominaciones y de la inmundicia de su fornicación.»

Apocalipsis 17:6 *«Vi a la mujer ebria de la sangre de los santos, y de la sangre de los mártires de Jesús; y cuando la vi quede asombrado con gran asombro.»*

La mujer se sienta sobre siete montes (o colinas), versículo 9 y el versículo 18 explica que la mujer está sobre una ciudad que reina sobre los reyes (naciones) de la tierra. Aquí vemos que es una ciudad fundada sobre siete montes o colinas, donde esta mujer (iglesia) se establece. La referencia a la iglesia apóstata como religión universal, establecida en todos los países de la tierra, es bien clara. Teniendo su asiento o fundamento en una ciudad fundada sobre siete colinas Roma está fundada sobre siete colinas. La explicación católica, sobre este capítulo del Apocalipsis, es que el mismo se refiere a la Roma Imperial, la cual perseguía y martirizaba a los cristianos.

Esta explicación no parece seguir la revelación bíblica. Veamos por qué: Un estudio de la escritura, bajo la unción del Espíritu Santo, nos revela que se trata de un sistema religioso y no de un imperio político. La mayor parte de los académicos bíblicos coinciden con este punto de vista. Igualmente revelador e importante es lo siguiente: El Libro del Apocalipsis o "Revelación de Jesucristo" fue escrito por el apóstol Juan. **Al apóstol Juan se le está revelando, en el libro del Apocalipsis, hechos y situaciones** *que están en el futuro, pues se trata de una revelación,* no de algo que está pasando en ese momento; obviamente si así fuera no sería una revelación, por este simple hecho no puede tratarse del Imperio Romano.

Juan escribe el Apocalipsis en el año 95 DC, aproximadamente. Precisamente el Imperio Romano era una realidad presente en ese momento; perseguía a los cristianos y los sacrificaba. El mismo Juan fue perseguido, condenado y martirizado en Roma, posteriormente desterrado a la isla de Patmos, desde donde él escribe el libro del Apocalipsis o Revelación de Jesucristo. Un simple análisis del capítulo 17, 18 y 19 revelará que aquí Juan no habla, en absoluto, de sus experiencias bajo el yugo del imperio romano, que fueron muchas y terribles; ni habla de las distintas persecuciones desatadas por este sistema contra los cristianos. En este período de tiempo de persecución por el Imperio Romano, es que él escribe (o más bien recibe del Señor) el Apocalipsis o Revelación de Jesucristo. Luego entonces esta revelación de Jesucristo a Juan se refiere a hechos que **habrían de ocurrir en el futuro.**

El cambio y transformación de la iglesia comenzaría más de dos siglos después del momento donde el recibió la revelación del Apocalipsis. Además, la Roma imperial era pagana en su totalidad; la palabra habla de fornicación espiritual. Ese sistema era un sistema político/militar, no conocía al Señor, no eran hijos de Dios, por lo tanto no cometían fornicación espiritual. Los que cometen fornicación espiritual son aquellos que después de conocer al Señor se van tras dioses falsos. La Roma Imperial representaba al mundo dirigido por Satanás, el cual rendía culto a una multitud de dioses. Un pueblo perdido. Por lo tanto el lenguaje bíblico aplicado a la Iglesia no le corresponde.

La otra indicación de que se trata de un sistema religioso es que Dios tiene pueblo, es decir hijos dentro de este falso sistema, y les exhorta: **«Salid de ella pueblo mío» (Apocalipsis 18:4-5).** Dios no tenía hijos (pueblo) en la Roma Imperial, todos eran paganos (criaturas, no hijos). Por supuesto que la Iglesia original Cristiana, perseguida y oculta, no era parte, en manera alguna, de la Roma Imperial. De modo que lo que el apóstol Juan describe, según le revela el Espíritu Santo, es un sistema religioso del futuro. Este sistema religioso es representado por un cáliz de oro. Es un sistema religioso donde abunda la pompa ceremonial y se caracteriza por el lujo y vestiduras reales de púrpura, escarlata y adornos de oro. Todo indica un sistema ceremonial, real y acaudalado.

Esta visión es extraña a los ojos de Juan, pues la Iglesia que él conoce, es el cristianismo misericordioso, obediente, estoico, determinado, valiente y heroico de la Iglesia original y auténtica, de la cual él es parte viviente. Aquí el Espíritu de Dios habla claramente al pueblo de Dios, se trata de una religión de carácter universal que se sienta o señorea sobre muchas naciones, pueblos y lenguas (la palabra católico quiere decir universal).

Apocalipsis, 17-5-6: «*Babilonia La Grande, La madre de las Rameras y de las Abominaciones de la Tierra. Versículo 6: Vi a la mujer (iglesia) ebria de la sangre de los santos, y de la sangre de los mártires de Jesús.*»

Véase la historia de la iglesia en la edad media (Inquisición), período de oscurantismo religioso, donde la iglesia católica condenaba a morir en la hoguera, y otras formas de martirio, a aquellos que habían recibido la revelación de la vida eterna, mediante el estudio de la Palabra, y el nuevo nacimiento por el Espíritu Santo. Es decir, los condenados y martirizados por la «santa inquisición», fueron aquellos que recibieron la revelación de la Palabra, redescubrieron sus raíces cristianas y se entregaron al Señor. Al hacerlo, se percataron de las doctrinas católicas, no bíblicas, representadas por el poder político/religioso del Papado, al manifestar públicamente o en privado esta revelación, la iglesia católica, los calificó de «herejes» y si herejes, reos de muerte.

Posteriormente, la vorágine destructora de la inquisición se volcó contra los judíos, ocasionando cientos de miles de víctimas y la destrucción de las familias judías, forzadas a dejar su fe religiosa para convertirse al Catolicismo Romano. Era ciertamente el espíritu del anticristo, en control de los inquisidores.

Tanto los años dedicados a este ensañamiento satánico como los procedimientos de martirio y el número de personas muertas por órdenes de la iglesia católica, bajo la Inquisición, son tan dolorosos como difíciles de calificar. Sin embargo, es imposible mencionar la historia de la Iglesia, sin mencionar la Inquisición y las razones espirituales que dieron lugar a la misma.

Existe amplia documentación sobre este período histórico. (Casi 400 años). En función de este periodo de tiempo, tan extenso de la Inquisición, podemos entender claramente que no se trató de un papa, o grupo de cardenales obcecados, sino más bien un propósito o política institucionalizada y establecida desde la alta jerarquía de la iglesia católica, seguida de la ciega colaboración ejecutoria de cientos de sus obispos y sacerdotes, los cuales, por varias generaciones, se saciaron de esta vorágine de violencia, odio y atrocidades, extendidas por todos los países, donde la iglesia católica tenía establecida su influencia.

Cerremos el cruento tema con este pensamiento: Aunque la inquisición ya no es operante, y los actuales líderes católicos, rechazan y desaprueban aquéllos métodos, sin embargo los errores doctrinales que provocaron aquel holocausto siguen igualmente vigentes en la institución Católica hasta el día de hoy.

Cuando aquellos fieles Católicos que siguiendo el llamado del Señor empezaron a estudiar La Palabra y se percataron que lo que le habían enseñado en aquella institución, que ellos amaban, era exactamente lo contrario, a lo que claramente indicaban Las Escrituras, ellos entendieron el mensaje, recibieron a Jesús como su

Señor y Salvador y fueron Salvos antes de ser entregados al martirio y a la muerte.

Hoy en día esos mismos dogmas y doctrinas de hombres, siguen siendo estorbo y tropiezo para un pueblo sediento del conocimiento de la Verdad que conduce a la vida, que únicamente se encuentra en la Santa Palabra de Dios. **¡Si supieras quien te habla, me pedirías a mí y yo te daría Agua Viva, para que no tengas sed jamás! Juan 4: 10 y 14**

¡Yo Soy La Verdad el Camino y la Vida, nadie va al Padre sino por mí!

En el capítulo 17:5 del libro del Apocalipsis, la Palabra tiene un título bien fuerte para este sistema religioso: *«y en su frente un nombre escrito, un misterio: Babilonia la Grande, la Madre de las Rameras y de las Abominaciones de la Tierra.» Apocalipsis 18:4-5 «Salid de ella, pueblo mío, para que no seáis partícipes de sus pecados, ni recibáis parte de sus plagas; porque sus pecados han llegado hasta el cielo, y Dios se ha acordado de sus maldades.»* Palabra de Dios, Amen.

… El que lee, entienda. Este sistema religioso, también abarca toda religión o secta que proclama a Dios, sin obedecer ni seguir su Palabra, negando el poder sobrenatural que de la misma emana en función del humanismo filosófico. También es parte de este sistema religioso aquellos que establecen sus propios dioses de acuerdo a doctrinas o conceptos de origen humano.

Para una mejor comprensión de esta importante revelación, recomendamos que se lean cuidadosamente, los capítulos 17 y 18 del Apocalipsis, dirigidos por el verdadero maestro que nos dejo Jesús: El Espíritu Santo, Dios mismo.

XIII

LA UNIDAD DE LA IGLESIA EN CRISTO JESUS

ALGUIEN PUDIERA PENSAR QUE, AL criticar ciertas ramas del cristianismo, estamos obstruyendo la unidad de la Iglesia de Cristo. Veamos como esto no es así: Dios ha sido siempre muy celoso de su pueblo, así lo hace saber en sus propias palabras, a partir del segundo mandamiento del libro de Éxodo. Siempre instruyó a su pueblo para que rechazara a todos los pueblos y sus religiones paganas que rodeaban al pueblo de Israel.

También vemos como ya, en el Nuevo Testamento, Jesús rechazaba con duras palabras (fariseos hipócritas, tumbas blanqueadas, etc.) a los religiosos que, supuestamente, creían y rendían culto al Dios de Israel, el mismo Dios que él llamaba mi Padre Celestial. Vemos cómo irrumpió violentamente en los atrios del templo mismo, volteando las mesas de los cambistas y soltando las aves y animales, que habrían de ser sacrificados en el templo, para cumplir con los sacrificios establecidos por Dios. Soslayó al religioso (fariseo) que oraba en el templo resaltando sus propias obras, las cuales habían sido establecidas por Adonai, al mismo tiempo que justificaba al publicano, confeso pecador, el cual buscaba a Dios arrepentido.

¿Cómo se entiendo todo esto? Las cosas de Dios, aunque extraordinarias, tienen bases sencillas en la verdad y el amor de Cristo Jesús: La unidad no consiste en agrupar religiones, tampoco en unir razas o creencias, o naciones; tampoco en agrupar filosofías, culturas o formas de pensar de los hombres. La unidad está en Jesucristo y su cuerpo la Iglesia. Nada más. Esa es la Roca sobre la cual se asienta y afirma la unidad de la Iglesia de Jesucristo en la Tierra. Y sobre ella podemos llamar a salvación y vida eterna a toda lengua, tribu, raza y nación en la faz de la Tierra.

Vayamos al evangelio de San Juan, Capitulo 17, la gran oración profética de Jesús a su Padre Celestial, la cual nos dejó como un legado luminoso, consolador, maravilloso y revelador, antes de su entrega al sacrificio de la cruz:

Versículos 17:19-24 *«Y por ellos yo me santifico a mí mismo, para que también ellos sean santificados en la verdad. Mas no ruego solamente por éstos, sino también por los que han de creer en mí por la palabra de ellos, para que todos sean uno; como tú, oh Padre, en mí, y yo en ti, que también ellos sean uno en nosotros; para que el mundo crea que tú me enviaste. La gloria que me diste, yo les he dado, para que sean uno, así como nosotros somos uno. Yo en ellos, y tú en mí, para que sean perfectos en unidad, para que el mundo conozca que tú me enviaste, y que los has amado a ellos, como también a mí me has amado. Padre, aquellos que me has dado, quiero que donde yo estoy, también ellos estén conmigo, para que vean mi gloria que me has dado; porque me has amado desde antes de la fundación del mundo.»*

Versículos 17: 9-11: *«Yo ruego por ellos; **no ruego por el mundo**, sino por los que me diste; porque tuyos son, y todo lo mío es tuyo, y lo tuyo mío; y he sido glorificado en ellos. Y ya no estoy en el mundo; mas éstos están en el mundo, y yo voy a ti. **Padre santo, a los que me has dado, guárdalos en tu nombre, para que sean uno, así como nosotros.»***

Aunque podemos verlo a través de toda la escritura, esta herencia espiritual de nuestro Salvador y Padre eterno, deja bien establecido lo siguiente:

1) No ruega por el mundo, ni por las cosas del mundo, tampoco por aquellos que siguen el camino de la indiferencia e iniquidad, a pesar de los llamados del Señor. Todos son llamados, pero poco los escogidos, porque no todos responden al llamado.

2) **La Unidad es en Cristo Jesús, en la Iglesia de Cristo que es su cuerpo.** Tanto el impío como el religioso habrán de abandonar sus caminos para ir al camino de Jesús, quien les dijo*: «Yo soy el camino, y la verdad, y la vida; nadie viene al Padre, sino por mí»* (Juan 14:6). No hay ninguna otra unidad en la iglesia, excepto en el cuerpo de Cristo. Cualquier otra unidad es mediante el engaño del enemigo. Es en Él que somos y nos movemos: *«Yo soy la vid, vosotros los pámpanos; el que permanece en mí, y yo en él, éste lleva mucho fruto; porque separados de mí nada podéis hacer.»* (Juan 15:5) **¡Jesús, Jesús, Jesús y su sangre derramada en la cruz, el único nombre dado a los hombres en el cual puedes ser salvo!** A través de cuya sangre Satanás fue vencido para siempre.

LA LUZ DEL EVANGELIO

Sucede que al predicarse el Evangelio que es luz, y al aplicar este Evangelio, como lámpara incandescente a doctrinas de origen humano, quedan al descubierto las obras de las tinieblas, las cuales se deshacen cuando son expuestas al poder de la Palabra. La verdad ha de exponerse, no se puede ocultar sin contaminarse con el enemigo (Satanás).

El Evangelio de nuestro Señor nos confronta con nuestros pecados y la miseria de este mundo, frente a la gloria y misericordia de Dios, a través de Jesús y su plan de salvación. Son dos caminos opuestos y bien definidos. El aceptar a Cristo, como el Señor de tu vida, es una decisión personal y voluntaria que cada cual tiene que tomar.

Usted puede escoger el camino de la Salvación o el de la condenación eterna. Este último lo toma también por voluntad propia, o por negligencia y apatía. Ya que en la dimensión espiritual, no hay neutralidad o posición intermedia. Usted está con Dios o con el enemigo. ¿A quién le creemos, a Dios o le creemos a los hombres?

Cualquier credo o doctrina que no tenga su raíz en la palabra de Dios, es contraria al Evangelio. Con ella nos oponemos a Dios, no importa cuán religioso o piadoso podamos ser. La decisión es suya ante su Creador, pues es a Él y no al hombre a quien tiene usted que darle cuentas.

A dónde quiere ir, ¿al Tribunal de Cristo (Juicio no de condenación personal), o estar frente al tribunal del Trono Blanco? (donde todos serán condenados). Si el rescate de la Iglesia (Rapto o Arrebatamiento), se produce antes de su muerte, ¿se va usted con el Señor, o se queda para la Gran Tribulación?

XIV

OTRA FORMA PELIGROSA DE BUSCAR A DIOS. / EL ECUMENISMO

PERSONAS QUE PONEN SU CONFIANZA en pirámides, religiones milenarias, re-encarnación, meditación trascendental, gurús, talismanes, signos zodiacales, amuletos, piedras y cristales con supuestos poderes. Imágenes, pinturas, fotografías y estatuas, no importando lo que supuestamente representen o a quien representan, astrología, sociedades secretas tales como los masones, rosacruces, brujería, magia negra, magia blanca, supersticiones, santería, poderes mentales, etc., *están en pecado y en caminos de tinieblas y perdición,* dentro del redil del dios de este mundo y separados del único y verdadero Dios, nuestro Salvador el Señor Jesucristo.

Tienen que arrepentirse y buscar salvación por medio de la Sangre del Pacto únicamente. Todas estas cosas representan ataduras, engaños y poderes espirituales del enemigo, las cuales pretenden darle gloria al hombre, mediante doctrinas humanísticas. Es posible, y sucede muchas veces, que estas personas, bajo estas prácticas de hechicería religiosa, obtienen del príncipe de las tinieblas (Satanás) ciertas ventajas y respuestas a sus peticiones, solamente para aumentar la dependencia a estos espíritus y ser llevados, finalmente, a su total destrucción en esta vida y eterna condenación al final de la misma.

ECUMENISMO

Es cada día más frecuente, dentro de las esferas religiosas, **el contradecir la Palabra de Dios.** Veamos algunos ejemplos:

- Todas las religiones son buenas.

- El que busca a Dios sinceramente no importa lo que crea, Dios lo salva.

- La teoría de la evolución no contradice la Palabra.

- No existe el infierno (Leer a Jesucristo hablando del infierno en este mismo libro).

- El cielo es solamente un estado mental o emocional.

Al desmentir la Palabra juegan con fuego. El cielo es un lugar, en una dimensión inaccesible al hombre natural. Jesús en su cuerpo glorificado ascendió al cielo a la vista de sus discípulos. El Apóstol Pablo fue llevado al tercer cielo y allí vio cosas que *«no hay palabras para describirlas,»* aunque si sabemos que es un maravilloso lugar, no de descanso, sino de eterno gozo.

La doctrina de la re-encarnación es otro concepto falso de religiones paganas y totalmente contrario a la enseñanza bíblica. Tenemos solamente una vida que vivir en nuestros cuerpos mortales. Esta revelación bíblica está bien definida en Hebreos 9:27 *«Y de la manera que está establecido para los hombres que mueran una sola vez, y después de esto el juicio.»*

Una vez más tenemos que insistir en la importancia capital que tiene el creer en la Palabra y no a sus propios razonamientos o doctrinas engañosas concebidas en mentes humanas. *Proverbio 3:5 «Fíate de Jehová de todo tu corazón, y no te apoyes en tu propia prudencia.»*

Jeremías 17:5 «Así ha dicho Jehová: Maldito el varón que confía en el hombre, y pone carne por su brazo, y su corazón se aparta de Jehová.» Es decir, confiar en fuerzas, influencias o habilidades humanas es una maldición, cuando esta confianza no está dirigida y ordenada por Dios.

II de Timoteo 4:3-4 «Porque vendrá tiempo cuando no sufrirán la sana doctrina, sino que teniendo comezón de oír, se amontonarán maestros conforme a sus propias concupiscencias, y apartarán de la verdad el oído y se volverán a las fábulas» (La religiosidad humana).

LA MALDAD DEL HOMBRE

El hombre, creado a imagen y semejanza de Dios y con voluntad propia, elige el camino de la desobediencia y le otorga derecho legal a Satanás a señorear sobre su vida, (Génesis Cap. 3). Pierde la comunión con Dios y acarrea sobre sí mismo la muerte y las terribles consecuencias del pecado, sobre él y toda su descendencia, hasta el día de hoy.

Romanos 3:23 «Por cuanto todos pecaron y están destituidos de la gloria de Dios.»

Jeremías 17:9 «Engañoso es el corazón más que todas las cosas, y perverso; ¿quién lo conocerá?»

Romanos 3:10-12 «Como está escrito: No hay justo, ni aun uno; no hay quien entienda. No hay quien busque a Dios. Todos se desviaron, a una se hicieron inútiles; No hay quien haga lo bueno, no hay ni siquiera uno.»

Al decir la Escritura que el hombre es un pecador y ha sido destituido de la gloria de Dios, no solo se refiere a aquellos que el hombre llama «malhechores», o «criminales», ¡ No!, se refiere al hombre común, destacado o no, en medio de la sociedad en que vive. Se refiere a todos los hombres, sin excepción, incluyendo los grandes líderes y hombres usados por Dios, que aparecen en las crónicas de la Biblia: Por la Palabra, vemos como es que el hombre natural nada es ante Dios. Isaías, inspirado por el Espíritu Santo, dice que todos nosotros somos como suciedad y nuestras buenas obras, como trapos de inmundicia ante Dios: « *Si bien todos nosotros somos como suciedad, y todas nuestras justicias como trapo de inmundicia; y caímos todos nosotros como la hoja, y nuestras maldades nos llevaron como viento.*» *(Isaías 64:6)*.

Únicamente por la misericordia de Dios y el nuevo nacimiento es que somos transformados en una nueva criatura y, a su vez, por la misericordia y el poder de Dios, es que somos convertidos en hijos amados y coherederos de su Reino.

VEAMOS ALGUNOS EJEMPLOS DE MALDAD DENTRO DEL MISMO PUEBLO DE DIOS

ABRAHAM: El Padre de la fe, del cual somos los creyentes, hijos espirituales. Abram (Abraham), a los 75 años era un religioso, sin hijos y adorador de ídolos en Ur de los Caldeos. En otras palabras, un prototipo de hombre mundano, pues no conocía a Dios, ni era parte de su pueblo, ya viejo y acabado. Cuando Dios lo llama, él obedece por fe, y la Palabra explica que Abraham creyó y le fue contado por justicia (Génesis 15:6), es decir fue salvo por medio de la fe.

Sin embargo, aún este hombre (el Padre de la Fe), después de creer y obedecer a Dios y recibir por fe la promesa que de sus lomos habría de nacer un nuevo pueblo, el pueblo de Dios, del cual habría de nacer el Mesías, todavía entre él y Sara comenzaron a dudar, hasta que Sara le entregó a su sierva, para que se acostara con ella y ayudar a Dios a tener el hijo prometido. Debido a esta desviación de Abraham, esta pareja tuvo que esperar 24 años más, después de la promesa. Ya tenía Abraham 99 años y estaba como muerto, dice la Escritura, y estaba más que seca la matriz de Sara, cuando Dios movió su mano de poder para que viniera Isaac, la semilla del pueblo de Israel del cual habría de nacer el Mesías. Dios ni necesita ayuda, ni comparte su gloria con hombres o circunstancias.

MOISÉS

A los 40 años, Moisés era un Príncipe Egipcio, educado e instruido en las artes, filosofías y armas del pueblo más avanzado de su época. Poderoso en palabras y obras dice la Biblia.

Este hombre formidable, siendo él un hebreo, dice que quiso conocer su pueblo, ayudarlo y liberarlo. Salió a los lugares de trabajo esclavo dónde estaba su pueblo, bajo el terrible yugo del faraón, y vio a un egipcio maltratando a uno de sus hermanos hebreos; se llenó de ira y mató al egipcio. Moisés, el libertador de su pueblo, lo primero que hizo fue cometer un asesinato, un pecado ante Dios.

Dios tuvo que mandarlo al desierto y despojarlo de toda su investidura principesca y hacerlo un simple pastor de ovejas (ocupación vergonzosa para los egipcios), nada menos que por cuarenta años. Cuando Moisés tenía ochenta años, ya pasado lo mejor de su vida natural, y olvidado de sus habilidades mundanas, entonces es que el Señor le utilizó para liberar a su pueblo, no sin decirle antes, que era él, Dios el que hacía toda la obra. Todo lo que tenía que hacer Moisés era obedecer y Moisés se humilló y reconoció, finalmente, el poder de Dios. Entonces Dios le levantó haciendo de él el libertador de su pueblo.

Egipto es el prototipo del mundo de hoy. Dios no solo utilizó a Moisés para liberar de la esclavitud al pueblo de Israel, sino que además, hizo que los egipcios le dieran toda la plata, oro y joyas que tenían, de manera que salieron ricos y prosperados de Egipto, habiendo, por la justicia de Dios, recibido el pago justo del trabajo esclavo de su pueblo por 40 años. Además, ni uno solo de su pueblo se encontraba enfermo o débil entre ellos, cuando dejaron a Egipto. Es decir, Dios, por medio de su siervo Moisés, les dio libertad, riquezas y salud total. Esta es la misma liberación que Dios le ofrece a su pueblo y a nosotros los creyentes de hoy: ¿puedes pedir algo mejor?

Moisés obedeció y fue cambiado, así fue que Dios le pudo utilizar para su obra.

XV

EL NUEVO TESTAMENTO. EL APOSTOL PABLO- LOS JUICIOS DE DIOS.

LA MAYOR PARTE DEL NUEVO Testamento, excepto los cuatro evangelios, ha sido escrito por San Pablo el Evangelista, Apóstol por excelencia, siervo fiel, valiente y audaz, el cual sufrió prisiones, fue azotado a látigo y con varas, fue apedreado en Listra y dejado por muerto en las afueras de la ciudad. Sufrió naufragio, hambre, frío y encarcelamiento muchas veces y, siempre, por la pasión del Evangelio que bullía dentro de su ser.

Fue Pablo el Apóstol de los gentiles (no judíos). Disputó aún con Pedro, en relación con las leyes Judaicas y lo reprendió en medio de la congregación, para hacer valer la base fundamental del Evangelio: Que en Cristo estamos completos, que no necesitamos circuncisión y que el Reino de Dios no es cuestión de días, de comidas o de bebidas. Pablo, refiriéndose a él mismo (Filipenses 3:5-8): **«circuncidado al octavo día, del linaje de Israel, de la tribu de Benjamín, hebreo de hebreos; en cuanto a la ley, fariseo; en**

cuanto a celo, perseguidor de la iglesia; en cuanto a la justicia que es en la ley, irreprensible. Pero cuantas cosas eran para mí ganancia, las he estimado como pérdida por amor de Cristo. Y, ciertamente, aun estimo todas las cosas como pérdida por la excelencia del conocimiento de Cristo Jesús, mi Señor, por amor del cual lo he perdido todo, y lo tengo por basura *(*la religión y las tradiciones de hombre**), para ganar a Cristo.»**

No se puede encontrar un siervo de Jesucristo más fiel, con más amor, más dedicado al Evangelio y al sacrificio de su propia vida que Pablo. Sin embargo, ¿quién era Pablo, antes de conocer al Señor? Un hombre violento y obstinado, perseguidor de la Iglesia de Cristo. En el Libro de los Hechos se indica claramente que él tuvo que ver directamente con la muerte del primer mártir de la Iglesia, Esteban, un siervo de Dios lleno del Espíritu Santo. Las Escrituras parecen indicar que fue Pablo quien ordenó que lo matasen.

La Biblia (Hechos) explica que Pablo asolaba a la Iglesia y estaba lleno de ira contra los cristianos, solicitando de las Sinagogas cartas de autoridad que lo comisionasen para ir a apresar, encarcelar y matar a los cristianos, como hizo con Esteban. ¿Que pasó entonces? Pablo tuvo un encuentro personal con Jesucristo, Pablo nació de nuevo: «y cayendo en tierra, oyó una voz que le decía: Saulo, Saulo, ¿por qué me persigues? El dijo: ¿Quién eres, Señor? Y le dijo: *Yo soy Jesús, a quien tú persigues; dura cosa te es dar coces contra el aguijón»* *(Hechos 9:4-5).*

Una revelación extraordinaria: El que persigue a la Iglesia de Cristo… a Jesucristo persigue! *«Señor ¿Qué debo hacer?» (Hechos 9:6).* Pablo se rinde al Señor y, al obedecerle, se convierte en hijo y coheredero del Reino, además de siervo del Señor, listo para hacer la obra que el Señor le encomendara.

Es muy importante entender que, a pesar que Pablo era quién era, cuando él se enfrentó a la realidad de Jesús, dos cosas hizo de inmediato: Se arrepintió de su vida y preguntó con todo su corazón *«¿Qué debo hacer Señor?»* Pablo se rindió a los pies de su Señor, inmediatamente. ¿Qué somos sin Cristo? Nada. Piedras de tropiezo. ¿Con Cristo? ¡Hijos amados, coherederos, bendecidos, más que vencedores! Somos su Iglesia comprada con precio. Precio de la Sangre del Cordero inmolado desde antes de la fundación del mundo. ¡Aleluya!

Similar es la historia de todo hijo de Dios, quien no tiene acepción de personas. Antes de conocer al Señor, nada éramos.

EL APOSTOL PEDRO

Pedro, el gran apóstol, era errático e inestable; negó al Señor tres veces, pero cuando vino el Espíritu Santo sobre él, el día de Pentecostés, y se convirtió al Señor, no le temía a nada ni a nadie, su corazón estaba lleno de gozo y del Espíritu de Dios. Pedro nació de nuevo y fue un líder audaz y valeroso de la Iglesia. La primera y segunda Epístolas de Pedro indican claramente que Pedro fue usado por Dios poderosamente, en la revelación del Santo Evangelio del Señor.

EL APOSTOL MATEO

Mateo era un cobrador de impuestos, famosos estos por su deshonestidad. Profesión odiada por el pueblo... hasta que fue tocado por el Señor. Así podemos ver como cada uno de las grandes columnas de la Iglesia de Cristo, nada eran, hasta tanto se convirtieron al Señor, entonces, su naturaleza fue cambiada. De criaturas de Dios llegaron a ser hijos amados y servidores del Dios altísimo y parte viva y funcional de su cuerpo, la Iglesia.

LOS JUICIOS DE DIOS

La Palabra nos indica claramente que todos los hombres serán sometidos a juicio. También explica que habrá dos juicios o tribunales diferentes, uno para los hijos de Dios, aquellos cuyos nombres están inscritos en el Libro de la Vida, otro muy diferente para los que nunca conocieron o aceptaron el Señorío de Cristo en sus vidas.

EL JUICIO DEL TRONO BLANCO

Apocalipsis 20: 11-15 «Y vi un gran trono blanco y al que estaba sentado en él, de delante del cual huyeron la tierra y el cielo, y ningún lugar se encontró para ellos. Y vi a los muertos, grandes y pequeños, de pie ante Dios; y los libros fueron abiertos, y otro libro fue abierto, el cual es el libro de la vida; y fueron juzgados los muertos por las cosas que estaban escritas en los libros, según sus obras. Y el mar entregó los muertos que había en él; y la muerte y el Hades entregaron los muertos que había en ellos; y fueron juzgados cada uno según sus obras. Y la muerte y el Hades fueron lanzados al lago de fuego. Esta es la muerte segunda. Y el que no se halló inscrito en el libro de la vida fue lanzado al lago de fuego.»

¿Pueden ser salvos los que van al Juicio del Trono Blanco? Estudiemos la Palabra:

1. Estos no conocieron al Señor, pues no van frente al Tribunal de Cristo. por lo, tanto sus nombres no están escritos en el Libro de la Vida.

2. La salvación es por gracia, no por obras, «para que nadie se glorie.» (Efesios 2:8-9).

3. *«...y todas nuestras justicias (obras buenas) son como trapos de inmundicia.» (Isaías 64:6).*

4. *«Nos salvó, no por obras de justicia que nosotros hubiéramos hecho, sino por su misericordia, por el lavamiento de la regeneración y por la renovación del Espíritu Santo.» Tito 3:5-7*

En el Tribunal del Trono Blanco aparecen todos los muertos grandes y pequeños y serán juzgados «*según sus obras.*» Tal como aparece en el libro de Isaías en el Antiguo Testamento y después en Tito en el Nuevo Testamento, además en Efesios 2:8-9, el libro a los Romanos, etc. Las obras de justicia de los hombres no cuentan para salvación, son «trapos de inmundicia» ante Dios, mucho menos pueden cancelar ni siquiera atenuar los pecados de estas personas. ¿Confía usted en sus propias obras o comportamiento para su salvación, pensando que después de todo no lo ha hecho tan mal? ¡No lo haga!, es un engaño del enemigo.

La Biblia enseña que los que comparecen ante el juicio del Gran Trono Blanco van a ser todos condenados y lanzados al lago de fuego, como explica el mismo pasaje. Ese es un lugar dónde usted, amado lector, de ninguna manera querrá estar. ¿De quién depende?, de usted mismo. La decisión es suya, pues Jesucristo ha provisto el precio de rescate y la invitación gratuita. ¿Cuál es el precio de rescate? La Sangre de Jesucristo.

Es la Sangre del Pacto a través de la cual usted es salvo mediante la fe, en esa Sangre y la confianza que únicamente por la fe en su sangre es que nuestros pecados son perdonados para siempre. ¡Gloria a Dios!

Jesús no envía al infierno a nadie. El hombre, por su propia voluntad, elige ese camino al rechazar el plan de salvación y el precio de rescate: La sangre de Jesús.

EL JUICIO DEL TRIBUNAL DE CRISTO

I de Corin.3:10-15, II de Corin. 5:10, Romanos 14:10

En cambio, los que van frente al Tribunal de Cristo, son aquellos los cuales sus nombres han sido escritos en el Libro de la Vida (han conocido al Señor y se han rendido a Él). Por lo tanto, su salvación está sellada por el Espíritu de la promesa. Sin embargo, sus obras como hijos de Dios, serán juzgadas y recibirán galardones (premios), de acuerdo a las mismas, *«porque por fe andamos, no por vista», 2 Corintios 5:7.*

En 1 Corintios 3:13-15, se explica en detalle que las obras de los hijos de Dios serán sometidas a fuego (pruebas) para ver si permanecen. Explica también que si la obra de alguno se quemare, (obras hechas por su propia vanagloria), él sufrirá pérdida (perderá los galardones que otorga el Señor), si bien él mismo será salvo, aunque así como por fuego. En Romanos 14:10, y I de Corintios 3:10-15, se describe claramente que este juicio no es para condenación o salvación, pues todos los que van ante él ya son salvos, es un juicio para otorgar galardones a los hijos de Dios, según el mérito de sus obras mientras estuvieron en la Tierra:

I de Corintios 3:12-15 «Y si sobre este fundamento (el cual es Jesucristo) alguno edificare oro, plata, piedras preciosas, madera, heno, hojarasca, la obra de cada uno se hará manifiesta; porque el día la declarará, pues por el fuego será revelada; y la obra de cada uno cual sea, el fuego la probará. Si permaneciere la obra de alguno que sobreedificó recibirá recompensa. Si la obra de alguno se quemare, él sufrirá pérdida, si bien él mismo será salvo, aunque así como por fuego.»

Depende de usted: El Señor le llama y espera por usted con amor y perdón. Solo Cristo salva. Es necesario que lo conozca a él (Relación íntima). *«A cualquiera, pues, que me confiese delante de los hombres, yo también le confesaré delante de mi Padre que está en los cielos.» (Mateo 10:32).*

«Y a cualquiera que me niegue delante de los hombres, yo también le negaré delante de mi Padre que está en los cielos.» (Mateo 10:33).

No se confunda. El Señor habla aquí de la confesión y cumplimiento de su Palabra, mediante una vida en victoria, entregada a él. La I de Corintios 3:12-15, nos habla una vez mas de la gran misericordia de Dios que, después de haber sido salvos por su gracia, si las obras del hombre después de la Salvación son quemadas por el fuego y no son aceptadas por Jesucristo (obras buenas tal vez realizadas con propósitos egoístas), sin embargo aun esos serán salvos por haber confesados y aceptados a Jesús, como su señor y salvador mientras estuvieron en la Tierra.

¡Gloria a Dios y a su misericordia que permanece para siempre!

XVI

¿QUIÉN ES ESTE HOMBRE LLAMADO JESÚS?

AUNQUE LA CORRELACIÓN ENTRE LA ciencia, la historia y los eventos bíblicos es verdaderamente asombrosa, ese no es el tema central de la Biblia. El Padre, el Hijo y el Espíritu Santo. Un solo Dios. Un Dios personal: El Dios de Abraham, de Isaac y de Jacob y de todo aquel que cree. Ese es el tema de la Santa Biblia.

En este capítulo nos enfocaremos, en la segunda persona de la Trinidad, el escogido por este Dios misericordioso, para ser enviado de embajador y Salvador a la Tierra: Jesús el Mesías, el poderoso de Israel, el Señor de Señores y Rey de Reyes. El único y verdadero Dios y su extraordinario plan de salvación para toda la raza humana.

Hay más de 100 profecías en el Antiguo Testamento concernientes al nacimiento, vida, propósito, muerte y resurrección de Jesús, las cuales fueron escritas cientos y miles de años antes de su nacimiento. (Algunos académicos bíblicos señalan hasta 333 profecías mesiánicas). Estas profecías han sido cumplidas al detalle en el Nuevo Testamento.

Es como traje hecho a rigurosa medida, el cual a ningún personaje de la historia de la humanidad le queda, ni siquiera remotamente. Solo le cuadra al Poderoso de Israel a Jesucristo de Nazaret. Dios el Padre envió a su unigénito y precioso hijo al mundo precedido de un enorme número de indisputables credenciales, tan únicas como el Mesías mismo y para coronar su gloriosa obra; todas esas profecías o credenciales se cumplieron, de manera categórica y minuciosa, ante los ojos históricos de un mundo religioso lleno de idolatría e incredulidad.

Ejemplos de algunas de las profecías cumplidas con la debida referencia bíblica:

La más reciente de todas las profecías es Malaquías 3:1 (precedido por un mensajero), data de 425 años antes de Cristo, otras se remontan a 1,400 A.C. *«He aquí, yo envío mi mensajero, el cual preparará el camino delante de mí; y vendrá súbitamente a su templo el Señor a quien vosotros buscáis, y el ángel del pacto, a quien deseáis vosotros. He aquí viene, ha dicho Jehová de los ejércitos.»*

- Nacido de una virgen, Isaías 7:14

- Simiente de mujer, Génesis   3:15

   (la única simiente de mujer mencionada en la Biblia; la parte humana de Cristo).

- Será precedido por un mensajero, Malaquías 3:1*

- Nacido en Belén de Judá, Miqueas 5:2

- De la tribu de Judá, Génesis 49:10

- Hijo de David, 2 Samuel 7:12

- Del linaje de Abraham, Gálatas 3:8

- Hijo de Dios, Salmo 2:7

- Entrada triunfal en Jerusalén en un pollino, Zacarías 9:9

- Precio de traición (30 monedas de plata), Zacarías 11:12-13

- Heriré al Pastor y serán dispersadas las ovejas, Zacarias 13:7

- Silencio ante sus acusadores, Isaías 53:7

- Condenado, Isaías 53:8

- Crucificado, Salmo 22:16

- Exclamación en la cruz, Salmo 22:1

- Burla de los espectadores, Salmo 22:6-8

- Repartieron sus vestiduras, Salmo 22:18

- Horadaron mis manos y mis pies, Salmo 22:16

- Sed en la cruz, Salmo 69.21

- Vinagre, Salmo 69:21

- Lanza en su costado, Zacarías   12:10

- Ninguno de sus huesos fueron rotos, Salmo 34:20

- Descripción del sufrimiento en la cruz y su propósito, Isaías   53

- Tomó nuestros pecados para el perdón de muchos, Isaías 53:5-6,12

- Maltrato físico e injurias, Isaías 50:6

- No corrupción, Salmo 16:10

- Resurrección al tercer día, Mateo 16:21, Mateo 20:19, Mateo 12:40, Marcos 8:31 , Marcos 10:34, Lucas 24:7, Lucas 18:33

Y muchas más... Cuando podemos palpar tal acumulación de profecías, ya cumplidas, al pie de la letra, el sentido común nos indica, claramente, que debemos estudiar cuidadosamente las muchas profecías bíblicas referentes al tiempo de hoy que se están ya cumpliendo y las de un futuro, ya próximo, que están por cumplirse aún.

¿Quién es este hombre llamado Jesús? Esta es una pregunta, tan fundamental en la vida del creyente que Jesús mismo le preguntó a sus discípulos quien creían ellos que era él.

Mateo 16:13 *«¿Quién dicen los hombres que es el Hijo del Hombre?»*

Mateo 16:15 *«Y vosotros, ¿quién decís que soy yo?»*

La razón por la que él insistía en este punto es que la respuesta correcta es fundamental para nuestra relación con él, así como para nuestra salvación. No podemos decir que creemos en él si, en realidad, no sabemos quién es, o si lo tomamos a él por algún otro personaje, o si creemos que su sacrificio en la cruz es parte de otros factores y obras, las cuales nos van a conducir a la salvación cuando muramos.

Hay muchas sectas y creencias de origen pagano y religioso con respecto a esta monumental pregunta. Es dominante entre las religiones orientales, Islámicas, Movimiento Nueva Era, creyentes en la re-encarnación, Testigos de Jehová, Mormones, Masones, Rosacruces y diferentes ramas del ocultismo, presentar y creer en Jesús como un gran maestro, un reformista, un revolucionario pacífico, un ángel del Señor, un gran profeta o un ser humano altamente evolucionado.

Todos estos conceptos presentan problemas irreconciliables, tanto con la lógica como con la moral. Veamos por qué ? Si Él solamente fue un gran profeta, un gran maestro, reformista o aun un ángel de Dios, ¿como es posible que Él mismo fue incapaz de reconocerse como tal, además proclamó ser Dios mismo? Siguiendo esta línea de pensamiento, si Él siendo solamente un profeta o un gran maestro, se hace pasar por Dios, entonces tendríamos que llegar a la conclusión de que Él fue un impostor o un farsante, apropiándose de gloria y honra que no le correspondían.

Además, estos adjetivos deshonrosos no se le pudieran aplicar ni a un profeta ni a un gran maestro. Como ser humano altamente «evolucionado», tendríamos la misma contradicción de la lógica. ¿Se puede ser un ser superior y ser incapaz de reconocerse a sí mismo?; o peor aún, ¿confundir a las gentes con respecto a su verdadera identidad?

Todos esos conceptos son incompatibles con las propias declaraciones de Jesús, con respecto a sí mismo, al propósito de su ministerio en la Tierra y a sus palabras proféticas, con respecto a su muerte y a su resurrección. Cuando Jesús le preguntó a sus discípulos, con respecto al conocimiento de su propia identidad, Él no solamente esperaba la revelación de la verdad entre sus discípulos a través del Santo Espíritu, sino que además les proveyó de evidencia concreta a través de sus propios labios y de las obras y prodigios realizados durante su vida terrestre, revelando, de manera objetiva, acerca de quién en realidad era, y es Él.

Vayamos a la palabra: Moisés, cuando recibía instrucciones de Dios, antes de su gran misión de liberación en Egipto, le preguntó a Dios, cuál era su nombre.

Éxodo 3:13-14 «Dijo Moisés a Dios: He aquí que llego yo a los hijos de Israel, y les digo: El Dios de vuestros padres me ha enviado a vosotros. Si ellos me preguntaren: ¿Cuál es su nombre?, ¿qué les responderé? Y respondió Dios a

Moisés: Yo soy el que soy Y dijo: Así dirás a los hijos de Israel: **YO SOY me envió a vosotros.***»*

«YO SOY» en el lenguaje hebreo original, se escribe: YHWH (sin vocales), a este vocablo se le llama El Tetragramon. El pueblo hebreo no tiene una palabra oral para este nombre, simplemente no lo pronuncia.

YO SOY. El nombre de Dios es Yo Soy, gramaticalmente hablando siempre en tiempo presente.

Es importante asirnos a este concepto de Dios, para poder entender enseñanzas posteriores. Él no se puede encontrar yendo hacia el pasado o hacia el futuro. Él es «Yo Soy», ahora y aquí, un Dios omnipresente que vive permanentemente en una dimensión donde no existe el tiempo.

Con esta revelación milenaria del Antiguo Testamento, veamos como Jesús se identifica así mismo en el Nuevo Testamento: *Yo soy.*

Juan 8:24 «Por eso os dije que moriréis en vuestros pecados; porque si no creéis que **yo soy**, en vuestros pecados moriréis.»

Juan 8:57-58 *«Entonces le dijeron los judíos: Aún no tienes cincuenta años, ¿y has visto a Abraham? Jesús les dijo: De cierto, de cierto os digo: Antes que Abraham fuese,* **yo soy.***»* (Nótese la aparente incongruencia de la forma en que se usa el verbo, hubiera sido más correcto decir «Yo era» en lugar de «Yo soy»).

Juan 8:28 Dijo Jesús: *«Les dijo, pues, Jesús: Cuando hayáis levantado al Hijo del Hombre, entonces conoceréis que yo soy.»*

Marcos 14:61-64 *«Mas él callaba, y nada respondía. El sumo sacerdote le volvió a preguntar, y le dijo: ¿Eres tú el Cristo, el Hijo del Bendito? Y Jesús le dijo: Yo soy; y veréis al Hijo del Hombre sentado a la diestra del poder de Dios, y viniendo en las nubes del cielo. Entonces el sumo sacerdote, rasgando su vestidura, dijo: ¿Qué más necesidad tenemos de testigo. Habéis oído la blasfemia.»*

El sumo sacerdote entendió que Jesús se identificaba a sí mismo como Dios. Blasfemia fue precisamente, la «evidencia legal» por la cual Jesús fue crucificado y de cuya acusación jamás se defendió. El hecho de no haberse defendido de la supuesta blasfemia que lo condenaba a muerte, indica claramente que el ratificaba lo que ellos decían

La resurrección de Lázaro:

Juan 11:24-25 «Marta le dijo: Yo sé que resucitará en la resurrección, en el día postrero. Le dijo Jesús: Yo soy la resurrección y la vida; el que cree en mí, aunque esté muerto, vivirá». Juan 14:6 «Jesús le dijo: Yo soy el camino, y la verdad, y la vida; nadie viene al Padre, sino por mí.»

Juan 14:8 «Felipe le dijo: Señor, muéstranos el Padre, y nos basta. Jesús le dijo: ¿Tanto tiempo hace que estoy con vosotros, y no me has conocido, Felipe? El que me ha visto a mí, ha visto al Padre; ¿cómo, pues, dices tú: Muéstranos el Padre?»

Juan 14:11 «Creedme que yo soy en el Padre, y el Padre en mí; de otra manera, creedme por las mismas obras.» Juan 10:30-33 «Yo y el Padre, uno somos. Entonces, los judíos volvieron a tomar piedras para apedrearle. Jesús les respondió: Muchas buenas obras os he mostrado de mi Padre; ¿por cuál de ellas me apedreáis? Le respondieron los judíos, diciendo: Por buena obra no te apedreamos, sino por la blasfemia; porque tú, siendo hombre, te haces Dios.»

De nuevo, en este pasaje, los judíos entendieron claramente la forma en que Jesús se identificaba como Dios mismo. Es muy revelador en estos pasajes que Jesús no negó lo que ellos estaban diciendo con respecto a que Él se hacía pasar por Dios. ¡La razón misma por la cual fue falsamente acusado de blasfemia y condenado a muerte!

Yo soy el que soy. ¿Estaba él confundido, era acaso un impostor? Es imposible ser un ser puro, un gran maestro y profeta; y al mismo tiempo indicar o tan siquiera sugerir que él es Dios, sin en realidad serlo. Mucho menos afirmarlo convincentemente con sus hechos y palabras. Este pensamiento lo situaría en la categoría de farsante o impostor.

No, Él era, Él es, Dios el Hijo, el Creador mismo en la carne, la segunda persona de la Trinidad, en igualdad con el Padre y el Santo Espíritu. Una sola divinidad. Un solo Dios.

Apocalipsis 1:8: «Yo soy el Alpha y la Omega, principio y fin, dice el Señor, el que es y que era y que ha de venir, el Dios Todopoderoso. Amén.»

Jehová hablando en Zacarías 12:10 *«Y derramaré sobre la casa de David, y sobre los moradores de Jerusalén, espíritu de gracia y oración;* **y mirarán a mí, a quien traspasaron,** *y llorarán como se llora por hijo unigénito, afligiéndose por él como quien se aflige por el primogénito.»*

SOLO DIOS RECIBE ADORACIÓN Y GLORIA

En el segundo mandamiento, y a través de toda la Biblia, Dios prohíbe, condena y advierte sobre presentar alabanzas, adoración u honra hacia cualquier persona o entidad viva o muerta. Adoración, alabanzas y honra, solo a Dios le corresponden.

Podemos constatar en el acontecer bíblico, que cada apóstol, santo (creyente) o ángel del Señor que recibió honor o reconocimiento por las obras realizadas por Dios a través de ellos, tuvieron reacciones dramáticas en contra de estas manifestaciones de veneración o reconocimiento por lo que habían hecho. Más bien estaban dispuestos a arriesgar sus vidas, antes que aceptar honor y gloria por las obras que Dios realizaba a través de ellos.

Jesús sin embargo, jamás rechazó adoración hacia su persona. Sino que la recibió, como quien recibe lo que le corresponde.

Estudiemos los pasajes bíblicos en que se revela y confirma la divinidad de Jesús y de cómo contrasta, al mismo tiempo, el celo de los apóstoles contra toda forma de alabanza o veneración hacia ellos.

*Hechos 10:25-26 «Cuando Pedro entró, salió Cornelio a recibirle, y postrándose a sus pies, adoró. **Mas Pedro le levantó, diciendo: Levántate, pues yo mismo también soy hombre.**»*

Por el Espíritu de Dios podemos aquí detectar la urgencia con que Pedro rechazó el gesto de Cornelio. Lo mismo sucedió con Pablo en Listra (Grecia), cuando Pablo sanó a un hombre que jamás había caminado desde el vientre de su madre.

*Hechos 14:11-19 «Entonces la gente, visto lo que Pablo había hecho, alzó la voz, diciendo en lengua licaónica: Dioses bajo la semejanza de hombres han descendido a nosotros. Y a Bernabé llamaban Júpiter, y a Pablo, Mercurio, porque éste era el que llevaba la palabra. Y el sacerdote de Júpiter, cuyo templo estaba frente a la ciudad, trajo toros y guirnaldas delante de las puertas, y juntamente con la muchedumbre quería ofrecer sacrificios. Cuando lo oyeron los apóstoles Bernabé y Pablo, rasgaron sus ropas, y se lanzaron entre la multitud, dando voces diciendo: **Varones, ¿por qué hacéis esto? Nosotros también somos hombres semejantes a vosotros, que os anunciamos que de estas vanidades os convirtáis al Dios vivo, que hizo el cielo y la tierra, el mar, y todo lo que en ellos hay.**»*

Aquí la escritura describe el ímpetu con el cual Pablo rechazó todas aquellas atenciones y gestos idolátricos hacia su persona. La muchedumbre que venía a rendirle homenaje a Pablo, se llenó de ira contra el gesto y las palabras de rechazo del apóstol, tanto que lo apedrearon y lo echaron fuera de la ciudad, dejándolo por muerto. Pablo arriesgó su vida, una vez más, pero en manera alguna aceptó honores y reconocimiento que él sabía, pertenecían nada más que al Señor. Todo el honor y toda la gloria sea para el Señor, ¡Aleluya!

Podemos, por revelación del Santo Espíritu, sentir la indignación de Pablo y Pedro a través de la Escritura, cuando se dieron cuenta de que ellos estaban recibiendo honor y gloria, por lo que el Señor había hecho a través de ellos.

Exactamente la misma reacción cuando Juan se encuentra con un ángel del Señor:

Apocalipsis 19:10 «Yo (Juan) me postré a sus pies para adorarle. Y él (el ángel) me dijo: Mira, no lo hagas; yo soy consiervo tuyo, y de tus hermanos que retienen el testimonio de Jesús. Adora a Dios…»

La alabanza, el honor y la gloria pertenecen solamente a Dios.

¿ADORARON LOS DISCÍPULOS A JESÚS?

Mateo 14:33 «Entonces los que estaban en la barca vinieron y le adoraron, diciendo: Verdaderamente eres Hijo de Dios.»

Mateo 28:9 «he aquí, Jesús les salió al encuentro, diciendo: !Salve! Y ellas, acercándose, abrazaron sus pies, y le adoraron.»

Lucas 7:37 «Entonces una mujer de la ciudad, que era pecadora, al saber que Jesús estaba a la mesa en casa del fariseo, trajo un frasco de alabastro con perfume.» Marcos 14:3 «Pero estando Él en Betania, en casa de Simón el leproso, y sentado a la mesa, vino una mujer con un vaso de alabastro de perfume de nardo puro de mucho precio; y quebrando el vaso de alabastro, se lo derramó sobre su cabeza.» Cuando uno de sus discípulos (Judas) hizo algunos comentarios negativos con respecto al perfume que era muy caro y se estaba desperdiciando, etc. Jesús le contestó: «Dejadla, ¿por qué la molestáis? Buena obra me ha hecho» (Marcos 14:6).

¡Que contrastes en estas reacciones! Discípulos y ángeles se escandalizan por la sola intención de mostrarles veneración y respeto y, en la otra cara de la medalla, Jesús recibiendo adoración, honor, gloria y alabanzas de su pueblo.

¿Recuerdan a Tomás? *«Entonces, Tomás respondió y le dijo: ¡Señor mío y Dios mío!»*

JESÚS EL HOMBRE

La Palabra establece que hay un solo mediador entre Dios y los hombres: Jesucristo hombre (el ungido de Dios Cristo y su unción). Es el hombre en Jesús (el único hombre que nunca pecó), el que realmente nos redimió. ¿Por qué es esto importante? Porque la identidad de Jesús es fundamental para la salvación y para nuestra relación con Él, ¿Cómo es que vamos a tener relación con alguien de quien no sabemos exactamente quién es? Sin conocerlo a Él dice la escritura, Él tampoco nos reconocerá a nosotros como parte de su pueblo. «¿Quién dicen los hombres que es el Hijo del Hombre?» (Mateo 16:13). «Y vosotros, ¿quién decís que soy yo?» (Mateo 16:15).

Este pasaje, que a continuación sigue, confirma monumentalmente, una vez más, no solo quién era Jesús, sino además, como es que se lleva a cabo el plan de salvación, el cual requería, desde el principio, el rescate por medio de un hombre (Génesis 3:15).

Fue el hombre en Jesús, este hombre, único, singular y extraordinario, quién pagó por nuestros pecados: Determinado y valiente, despojándose de su omnipotencia, se convirtió en siervo hasta la muerte y muerte de cruz. Veamos la revelación bíblica.

Filipenses 2:5-11 «Haya, pues, en vosotros este sentir que hubo también en Cristo Jesús, el cual, siendo en forma de Dios, no estimó el ser igual a Dios, como cosa a que aferrarse, sino que se despojó a sí mismo, tomando forma de siervo, hecho semejante a los hombres; y estando en la condición de hombre, se humilló a sí mismo, haciéndose obediente hasta la muerte, y muerte de cruz. Por lo cual, Dios también le exaltó hasta lo sumo, y le dio un nombre que es sobre todo nombre, para que en el nombre de Jesús se doble toda rodilla de los que están en los cielos, y en la tierra, y debajo de la tierra; y toda lengua confiese que Jesucristo es el Señor, para gloria de Dios Padre.»

Todo el ministerio terrenal de Jesús: La prédica del evangelio, el echar fuera demonios, las sanidades y milagros, todo lo hizo como hombre, el cual habiendo sido tentado en todo, jamás pecó. Todo lo llevó a cabo bajo la unción del Santo Espíritu (Cristo, el ungido de Dios), el título de Cristo (el Mesías en Hebreo), quiere decir el Ungido. Jesús el Ungido, lleno del Espíritu Santo, ante el cual aun los demonios se le sometían... ¿Qué nueva doctrina es ésta que hasta los demonios se le sujetan?, decían asombrados los fariseos religiosos. *«Y en ningún otro hay salvación; porque no hay otro nombre bajo el cielo, dado a los hombres, en que podamos ser salvos.» (Hechos 4:12)*

Al pagar por todos nuestros pecados nos deja, además, una de las armas más poderosas para el cristiano, el nombre que está sobre todo nombre: **El nombre de Jesús.** ¡Bendito sea su nombre para siempre!

XVII

EL CUERPO RESUCITADO Y GLORIFICADO DE JESUS DESPUES DE LA RESURRECCION. EL RESCATE DE LA IGLESIA

ANTES DE ENTRAR EN ESTE interesante tema, quiero tocar brevemente las indubitables pruebas de la resurrección de nuestro Señor. Me quiero referir a una de las de mayor impacto: La reacción de los discípulos. Sabemos que al apresar al maestro, todos los discípulos sin excepción desaparecieron de la escena pública, por temor a la persecución que se desató sobre ellos. También sabemos, por la clara evidencia de las Escrituras, que el más audaz y osado de ellos, Pedro, lo negó tres veces ante la sola mención de que él era uno de ellos. Se arrepintió después, llorando a solas amargamente, por lo que había hecho.

Jesús quedó solo, como estaba escrito: «Heriré al pastor y serán dispersas todas las ovejas» Todos desaparecieron de la escena pública. Se pusieron a buen recaudo, por miedo a los Judíos y a la soldadesca romana, sin embargo, estos mismos discípulos, de repente, con Pedro a la Cabeza, aparecen en el libro de Los Hechos de los Apóstoles, esta vez como valientes, intrépidos audaces, hablando con unción, gracia y poder del poderoso evangelio de nuestro Señor Jesucristo, sin la más remota sombra de timidez, intimidación o preocupación por lo que les pudiera suceder.

¿Por qué el cambio? ¿Acaso se detuvo la persecución o se arrepintieron los principales de la Sinagoga o el Sanedrín de lo que habían hecho? Nada de eso ocurrió. ¿Qué paso entonces? Esto es lo que ocurrió: Tanto Pedro como todos los discípulos estuvieron con el Señor, después de su resurrección, lo tocaron, hablaron y comieron con él y fueron llenos del Espíritu Santo. ¡De repente! no había diablo ni hombre, ni concilio, ni espada, ni soldados, ni amenazas que los intimidaran! ¡Ellos sabían a quién habían creído!

Hechos 2:22 Pedro hablando en público en Jerusalén. «Varones israelitas, oíd estas palabras: Jesús nazareno, varón aprobado por Dios entre vosotros con las maravillas y prodigios y señales que Dios hizo entre vosotros por medio de él, como vosotros mismos sabéis, a este, entregado por el determinado consejo y anticipado conocimiento de Dios, prendisteis y matasteis por manos de inicuos, crucificándole, al cual Dios levantó, sueltos los dolores de la muerte, por cuanto era imposible que fuese retenido por ella.»

Hechos 22:37 Al oír esto, se compungieron de corazón y dijeron a Pedro y los otros apóstoles: Varones hermanos, ¿Qué haremos? Pedro les dijo: Arrepentíos y bautícese cada uno de vosotros en el nombre de Jesucristo para perdón de los pecados; y recibiréis el don del Espíritu Santo.

Hechos 22:41 «Así que los que recibieron su palabra fueron bautizados; y se añadieron aquel día (a la Iglesia) como tres mil personas.»

Recomiendo la lectura de todo el capitulo 2, 3 y 4 del Libro de los Hechos para que participen de la audacia e intrepidez de los Apóstoles, sin importarles la fuerte persecución de las autoridades judías con la temible colaboración de las fuerzas romanas de ocupación. ¡Ya no había temor, estaban todos dirigidos por el Espíritu

Santo! Por fe andamos y no por vista, dice la escritura, sin embargo, son muchas las evidencias que apuntan hacia la certeza histórica de la resurrección de Jesucristo, a través del estudio ordenado de las escrituras. Uno de los testimonios más importantes al respecto es de un famoso ateo Mr. Lee Estrobel, abogado y especialista en leyes y juicios en lo criminal, el cual fue editor y jefe de la página legal del Chicago Tribune, siendo abogado y ateo desde su juventud, él se propuso, ya de mayor y usando su entrenamiento en leyes y manejo de evidencias concluyentes, demostrar que Jesucristo, su resurrección y deidad no eran más que el resultado de leyendas desarrolladas a través de los años, por hombres sin letras y creyentes emocionales, sin evidencia solida alguna. Lo asombroso es que este ateo, desde su primera juventud, utilizando un método nada ortodoxo en los anales del cristianismo (método legal utilizando evidencias comparativas o ausencia de las mismas), llegó a las siguientes dos monumentales conclusiones:

1. Jesús fue y es Dios mismo, el creador del cielo y de la Tierra.

2. Fue resucitado al tercer día, se le apareció resucitado a más de quinientas personas y vive para siempre.

Y no solo eso sino que aceptó, arrepentido, al Señor Jesucristo como su Señor y su Dios.

Este testimonio extraordinario está disponible tanto en CD como en DVD (en inglés), en la siguiente dirección en el internet: keerryshook.org, nombre del CD o DVD: GOD THE SON. Se lo recomiendo muy especialmente a los lectores que requieran evidencias comprobatorias.

EL CUERPO GLORIFICADO

Jesús, mientras estuvo en la tierra, realizó señales, maravillas y prodigios, pero su cuerpo no era diferente al de sus discípulos y él mismo estaba sujeto a todas las limitaciones de los seres humanos (excepto en dos ocasiones, donde mostró el poder de su gloria). Sin embargo, después de la resurrección, su cuerpo aunque físico, ya no estaba sujeto a las leyes físicas y a la dimensión espacio/tiempo, como los demás hombres. Esto es de monumental importancia para el creyente, porque una de sus muchas promesas maravillosas de nuestro Señor, es que vamos a tener un cuerpo glorificado igual que el de Él. Por cuarenta días, después de su resurrección, estuvo apareciéndoseles a sus discípulos. Sin embargo, he aquí lo extraordinario de sus apariciones: Aunque Jesús tenía un cuerpo físico, fue capaz de trascender toda limitación física. *1 Juan 3:2 «Amados, ahora somos hijos de Dios, y aún no se ha manifestado lo que hemos de ser; pero sabemos que cuando Él se manifieste, seremos semejantes a Él, porque le veremos tal como Él es.»*

Escudriñemos las escrituras, donde se revela esta gran promesa:

Lucas 24: 36-43 Estaban los discípulos reunidos secretamente en Jerusalén, después de la crucifixión, *«mientras ellos aún hablaban de estas cosas, Jesús se puso en medio de ellos, y les dijo: Paz a vosotros. Entonces, espantados y atemorizados, pensaban que veían espíritu. Pero Él les dijo: ¿Por qué estáis turbados, y vienen a vuestro corazón estos pensamientos? Mirad mis manos y mis pies, que yo mismo soy; palpad, y ved; porque un espíritu no tiene carne ni huesos, como veis que yo tengo. Y diciendo esto, les mostró las manos y los pies. Y como todavía ellos, de gozo, no lo creían, y estaban maravillados, les dijo: ¿Tenéis aquí algo de comer? Entonces le dieron parte de un pez asado, y un panal de miel. Y él lo tomó, y comió delante de ellos.»*

Podemos destacar en este pasaje que, cuando Jesús se apareció y se puso en medio de ellos, estaban espantados y creían que veían un espíritu o fantasma. La razón de ello es que los discípulos sabían que un cuerpo físico no podía atravesar paredes, ni ventanas y puertas bien cerradas y aseguradas. Vemos también aquí cómo Jesús, no solamente entendió lo que ellos estaban pensando, sino que además se tomó el tiempo para enseñarles cual era la naturaleza de su cuerpo, explicándoles que los espíritus no tienen ni huesos ni carne como Él tenía y, finalmente, comió con ellos un pez asado y un panal de miel que tenían a mano, como una demostración adicional a su condición presente de cuerpo físico. Para Jesús fue importante que ellos entendieran la naturaleza de su cuerpo. Este cuerpo físico, sin embargo, no estaba sometido a las leyes físicas del planeta, de otra manera no hubiera podido entrar a la habitación cerrada en que se encontraban los discípulos. Para Jesús, en su cuerpo glorificado, fue muy fácil entrar de una dimensión a la otra y volver a la dimensión donde se encontraban los discípulos. Este cuerpo glorificado no podía ya ser afectado en manera alguna, por enfermedades, accidentes, muerte o calamidades de ningún tipo. El último enemigo en conquistar será la muerte. *«¿Dónde está, oh muerte, tu aguijón? ¿Dónde, oh sepulcro, tu victoria?»* (1Corintios 15:55). *«Cuando llegó la noche de aquel mismo día, el primero de la semana, estando las puertas cerradas en el lugar donde los discípulos estaban reunidos por miedo de los judíos, vino Jesús, y puesto en medio, les dijo: Paz a vosotros. Y cuando les hubo dicho esto, les mostró las manos y el costado. Y los discípulos se regocijaron viendo al Señor»* (Juan 20:19-20)

Lucas 24:25-31: Este es el pasaje donde camino a Emaus, después de la resurrección, se acerca a dos de sus discípulos que murmuraban y se lamentaban de lo que había pasado en Jerusalén, el sacrificio y muerte de Jesús. *«Entonces él les dijo: !Oh insensatos, y tardos de corazón para creer todo lo que los profetas han dicho! ¿No era necesario que el Cristo padeciera estas cosas, y que entrara en su gloria? Y comenzando desde Moisés, y siguiendo por todos los profetas, les declaraba en todas las Escrituras lo que de Él decían. Llegaron a la aldea adónde iban, y Él hizo como que iba más lejos Mas ellos le obligaron a quedarse, diciendo: Quédate con nosotros, porque se hace tarde, y el día ya ha declinado. Entró, pues, a quedarse con ellos. Y aconteció que estando sentado con ellos a la mesa, tomó el pan y lo bendijo, lo partió, y les dio. Entonces les fueron abiertos los ojos, y le reconocieron; mas Él se desapareció de su vista.»*

Jesús en su cuerpo físico/glorificado no necesitaba de vehículos para trasladarse de un lugar a otro. Esto es evidente, en este maravilloso pasaje. Después que Jesús les explicó y les habló a los discípulos, de repente, se desapareció estando a la mesa sentado con ellos, para reaparecer un poco más tarde en la habitación cerrada del aposento alto, en Jerusalén.

Después que Jesús le da instrucciones finales a los discípulos en cuanto a todo lo que debían hacer y que no se fueran de Jerusalén, porque en breve recibirían poder de lo alto mediante la manifestación del Espíritu Santo, entonces viene la gran revelación de los versículos 9 al 11 del capitulo 1 del libro de los Hechos de los Apóstoles: *«Y habiendo dicho estas cosas, viéndolo ellos, fue alzado, y le recibió una nube que le ocultó de sus ojos. Y estando ellos con los ojos puestos en el cielo, entre tanto que él se iba, he aquí se pusieron junto a ellos dos varones con vestiduras blancas, los cuales también les dijeron: Varones galileos, ¿por qué estáis mirando al cielo? Este mismo Jesús, que ha sido tomado de vosotros al cielo, así vendrá como le habéis visto ir al cielo.»*

Sabemos que una persona humana, al ascender a la estratosfera, necesita llevar consigo tres elementos o condiciones para el sostenimiento de la vida: Aire u oxígeno, la presión atmosférica sobre la superficie del planeta (1 Kg/ cm2 o 14.6959 PSI), y un rango de temperatura dentro del cual la vida humana sea sostenible. Ninguna de estos tres requisitos, se encuentran a niveles de diez mil metros de altura en adelante, lo cual produce la muerte instantánea a la persona. De aquí las cabinas herméticas de los aviones, que aseguran estas tres condiciones a miles de metros de altura y, por supuesto, los trajes espaciales de los astronautas, los cuales estamos tan acostumbrados a ver en los reportajes técnicos y periodísticos de los viajes espaciales.

Jesús, en su cuerpo de carne y huesos, asciende al cielo con sus simples ropas terrenales sobre su cuerpo, glorificado ante la mirada estupefacta de sus discípulos, los cuales no quitaron su vista del cielo hasta tanto «lo recibió una nube», y hubieran seguido mirando atónitos, si no fuera por la intervención de dos ángeles, quienes sacaron a los discípulos de su estado de estupor como se reporta en el pasaje del párrafo anterior. Hechos 1:11

Jesús, obviamente, quería que ellos fueran testigos oculares del poder sin límites de su cuerpo glorificado: Ascendió al cielo sin necesidad de motor impulsor o vehículo alguno, utilizando a manera de equipo de viaje a la mortífera zona estratosférica, simplemente, las mismas ropas con las cuales se desplazaba en la Tierra. Las temperaturas inferiores a -50° F, cero presión atmosférica, en presencia de la cual nuestros órganos se saldrían del cuerpo y la ausencia de oxigeno (muerte instantánea por asfixia), no representaba dificultad alguna para su cuerpo físico/glorificado. ¡Gloria a Dios!

EL RESCATE DE LA IGLESIA-
Tendremos un cuerpo como el de Jesús

Este es el siguiente gran acontecimiento de la Iglesia de Jesucristo: No todos dormiremos (moriremos) pero todos seremos transformados. Una de las extraordinarias promesas del Señor es que vamos a tener un cuerpo glorificado, como el de él. Por supuesto, no vamos a ser Dios, Dios solo es él, nuestros cuerpos, sin embargo serán como el de Él.

Cuando veamos los acontecimientos mundiales indicar el final de los tiempos, alegrémonos dice el Señor, pues nuestra redención esta cercana. *El rescate de la Iglesia es el próximo extraordinario gran acontecimiento después de la resurrección y ascensión al Cielo del Señor.* Este acontecimiento sucederá un corto tiempo antes de la segunda venida del Señor. Vayamos a las escrituras.

Filipenses 3:20 «Mas nuestra ciudadanía está en los cielos, de donde también esperamos al Salvador, al Señor Jesucristo; el cual transformará el cuerpo de la humillación nuestra, para que sea semejante al cuerpo de la gloria suya, por el poder con el cual puede también sujetar a sí mismo todas las cosas.»

1 Corintios 15:51-57 **«He aquí, os digo un misterio: No todos dormiremos; pero todos seremos transformados. Porque es necesario que esto corruptible** *se vista de incorrupción, y esto mortal se vista de inmortalidad. Y cuando esto incorruptible se haya vestido de incorrupción, y esto mortal se haya vestido de inmortalidad, entonces se cumplirá la palabra que está escrita: Sorbida es la muerte en victoria. ¿Dónde está, oh muerte, tu aguijón? ¿Dónde, oh sepulcro, tu victoria?, ya que el aguijón de la muerte es el pecado, y el poder del pecado, la ley, mas gracias sean dadas a Dios, que nos da la victoria por medio de nuestro Señor Jesucristo.»*

Todo esto acontecerá durante el rescate de la Iglesia:

*I Tesalonicenses 4:13-17 «Tampoco queremos, hermanos, que ignoréis acerca de los que duermen (los que han muerto en Cristo Jesús), para que no os entristezcáis como los otros que no tienen esperanza (los incrédulos). Porque si creemos que Jesús murió y resucitó, así también traerá Dios con Jesús a los que durmieron con él (sus espíritus y almas están en el cielo con él). Por lo cual os decimos esto en palabras del Señor: **Que nosotros que vivimos, que habremos quedado hasta la venida del Señor, no precederemos a los que durmieron. Porque el señor mismo con voz de mando, con voz de arcángel, y con trompeta de Dios, descenderá del cielo; y los muertos en Cristo resucitaran primero. Luego nosotros los que vivimos, los que hayamos quedado, seremos arrebatados juntamente con ellos en las nubes para recibir al Señor en el aire, y así estaremos siempre con el Señor."***

Es decir, si estamos vivos a la llegada (segunda venida) del Señor, nuestros cuerpos serán transformados y elevados para encontrarnos con Él en el aire, en ese momento; y un momento antes, si hemos muerto siendo creyentes. Las almas que ya estaban con el Señor en el cielo, vendrán junto con el Señor y recibirán sus cuerpos físicos glorificados. **A sus cuerpos corruptos y/o desaparecidos en la tierra o en el mar, se les infundirá vida con la gloria del Señor y se unirán cada uno a sus cuerpos espirituales en la venida del Señor, así todos estaremos con Él. Cada cual recibirá su cuerpo transformado y glorificado para cumplir los propósitos que tiene Dios para cada uno de nosotros, en su glorioso futuro, el cual incluye mil años de gobierno de Dios (gobierno Teocrático) sobre el planeta Tierra. ¡Aleluya!**

XVIII

EL AMOR DE DIOS

DIOS AMA AL HOMBRE, SU creación, aun siendo pecador. Dios nos ama con amor eterno, el amor ágape, el amor que da sin demanda. Al mismo tiempo, Dios detesta el pecado.

Juan 3:16 *«Porque de tal manera amó Dios al mundo, que ha dado a su Hijo unigénito, para que todo aquel que en Él cree, no se pierda, mas tenga vida eterna.»*

Dios ama al pecador pero rechaza el pecado, además de ser la justicia perfecta uno de sus atributos:

Éxodo 34:7 «...y que de ningún modo tendrá por inocente al malvado....»

Ezequiel 18:4 «...el alma que pecare, esa morirá.»

Tal parece que Dios tiene un dilema muy difícil: Nos ama entrañablemente, al mismo tiempo nos tiene que castigar a todos, pues todos hemos pecado. ¿Cómo resuelve Dios este dilema? ¿Quién va a recibir el castigo que vendría a los pecadores? La respuesta a esta pregunta destaca el extraordinario amor de Dios: Jesús, Dios el hijo, aquel hombre de Galilea que jamás pecó, perfecto e inocente en todos sus caminos, Él habría de cargar nuestros pecados. El Padre Celestial mismo castigó a su hijo cuando fue crucificado, llevando nuestros pecados y transgresiones.

En Isaías 53:10 leemos *«Con todo eso, Jehová quiso quebrantarlo, sujetándole a padecimiento.»* En el Antiguo Testamento fue necesario el sacrificio de animales, cada año, para el perdón de los pecados del pueblo. Estos sacrificios eran temporales e imperfectos en su naturaleza. Necesitábamos un salvador, el postrer Adán, cordero sin mácula, sacerdote para siempre del orden de Melquisedec, el cual pagó con su sangre el rescate, único, extraordinario y permanente. Solamente uno calificaba para esa tarea con el precio requerido: La preciosa sangre del único ser humano, que jamás pecó: Jesús de Nazaret, el glorioso hijo de Dios, nuestro Señor y Salvador: «Yeshua Hammashiach» (Jesús el Mesías), el cordero de Dios inmolado, desde antes de la fundación del mundo. ¡Aleluya!

«Porque por cuanto la muerte entró por un hombre, también por un hombre la resurrección de los muertos. Porque así como en Adán todos mueren, también en Cristo todos serán vivificados.» (1 Corintios 15:21-22). Por un hombre entró el pecado en el mundo (Adán), y por otro (Jesús), ¡el rescate, la salvación y la vida! **¡Gracias Jesús! Jesús ¡La esperanza de Gloria para todo aquel que cree!**

Mientras tanto, ¿qué piensa el mundo? – Veamos a continuación.

XIX

EL CODIGO DA VINCI

EL ENEMIGO RECORRE LA TIERRA como un áspid... y de repente, inocula su veneno sobre los habitantes de la misma. Del libro «El Código Da Vinci» (novela escrita por Dan Brown), se han vendido más de cuarenta millones de copias y se ha filmando una película basada en el mismo, la cual se supone haya tenido un gran éxito. Todo esto debe ser una inequívoca señal de alerta para el pueblo de Dios, para los hijos del Reino ¿Por qué? El autor explica, él mismo, que aunque se trata de una ficción, la misma está basada en hechos históricos. Sucede que esos «hechos históricos» son supuestamente la verdad de los evangelios de Jesucristo, del desarrollo de la Iglesia, sus enseñanzas y la persona y carácter de nuestro Señor Jesucristo.

Esta "verdad de los evangelios y de quien era en realidad Jesucristo" es una burla y una conspiración urdida para clavar una daga en el corazón mismo de nuestra fe. Como consecuencia de ello, hay que enfrentar al enemigo y desenmascararlo. Es por ello que este comentario es importante que sea parte de «El Agua Viva», la cual limpia y borra toda obra del enemigo. Se han escrito varios libros desmintiendo lo que «El Código Da Vinci» reclama como verdades históricas. Uno de los libros más completos sobre el tema es «*The Da Vinci Myth versus Gospel Truth*» (El Mito Da Vinci contra la Verdad del Evangelio), cuyos autores son el Reverendo James Kennedy (ya fallecido), y Jerry Newcombe.

Es muy importante que el creyente entienda la naturaleza, ensañamiento y maldad de los enemigos de Cristo Jesús, así como el hecho cierto de que esas conspiraciones, que se están desarrollando, desde la aparición misma de Cristo en el escenario de la historia del mundo, son fácilmente confrontadas y destruidas por la verdad misma del evangelio.

El Evangelio fue difamado, desde el principio. Primero por los religiosos, aun estando el Señor vivo sobre la Tierra, cuya rebelión contra la Palabra encarnada aparece ya en los mismos evangelios, escritos por testigos oculares de la vida, la muerte y la resurrección de nuestro Señor y posteriormente por escritos y evangelios apócrifos (falsos). Estos seudo-evangelios aparecieron más de un siglo después de la muerte de Jesús y de todos sus apóstoles.

El ataque de Dan Brown a la base misma del cristianismo, no es ni nueva ni original. Lo nuevo si es, la avidez y voracidad del público para recibir falsedades. Estas falsedades sostienen y justifican vidas carentes de dirección y rumbo, personas que aunque inteligentes y capaces están cegadas por el dios de este mundo, una de cuyas armas y distintivo principal es la decepción y la mentira.

Hay aun cristianos, que han tomado a la ligera este ataque fraudulento, argumentando que solo se trata de una novela. Hacen mal, pues así cooperan con las argucias del enemigo. Los lectores de «El Código Da Vinci» necesitan, urgente y desesperadamente, el poderoso amor ágape y la sangre de nuestro Señor Jesucristo en sus vidas.

En la novela aparece Jesús casado y en amores con una mujer de la cual tuvo un hijo, parte de la novela son, supuestamente, los esfuerzos de la Iglesia para ocultar "esta y otras verdades". Se trata de una novela irrespetuosa, la cual como novela, no merece comentario alguno, desde el punto de vista bíblico.

Lo que si vamos a poner bajo la lupa inquisitiva de la verdad, lo que vamos a comentar en detalles, es lo que el novelista nombra como "verdades o hechos históricos", los cuales constituyen supuestamente "la base histórica de la novela."

El libro que anteriormente mencioné, tiene un recuento de cada una de ellas. En este comentario me voy a concentrar en las dos (falsedades) fundamentales, las cuales al comprobarse, derriban toda la premisa sobre la cual la novela fue concebida, en la misma forma que un edificio no puede sostenerse si se socavan o derriban sus bases. Veamos la perfidia de estos engaños:

DECEPCION 1.-Hay muchos evangelios escritos. Según Dan Brown hay ochenta evangelios diferentes y la Iglesia escogió solamente los cuatro evangelios que aparecen en la Biblia, los cuales no son ni los más exactos, ni los que hablan la verdad. Estos evangelios fueron escogidos para ocultar el verdadero mensaje de Jesús y de su vida, lo cual constituye una verdadera conspiración de la Iglesia, en cuya conspiración, aun los apóstoles estaban involucrados.

VERDAD 1.- Los evangelios apócrifos han sido conocidos por mucho tiempo en la historia del Cristianismo, no hay nada nuevo en ellos. Entre los más conocidos, el evangelio de Tomas, el evangelio de Felipe, el evangelio de María Magdalena y otros muchos de este corte. Todos estos evangelios fueron escritos al final del siglo segundo y durante el siglo tercero y cuarto, es decir fueron escritos, supuestamente, por personas que habían ya muerto. Por ejemplo, Felipe hubiera tenido que tener 250 años de edad para haber podido escribir el evangelio que se le atribuye.

Contrariamente los cuatro evangelios bíblicos, tienen el siguiente respaldo cronológico e histórico:

- Mateo: Escrito por Mateo discípulo y apóstol de Jesús. Fecha: 60 DC.

- Marcos: Escrito por Marcos discípulo y apóstol de Jesús. Fecha: 55-65 DC.

- Lucas: Escrito por Lucas (el médico amado). Fecha 60-63 DC.

- Juan: Escrito por Juan discípulo y apóstol de Jesús. Fecha: 80-95 DC.

Jesús fue colgado en el madero aproximadamente en el año 33 DC. Es decir, estos evangelios, fueron escritos dentro de los primeros 30 a 50 años después de su crucifixión. Los cuatro evangelios fueron escritos por testigos oculares de lo que ocurrió en Jerusalén o personas contemporáneas a los sucesos y todo lo concerniente a la vida de Jesús de Nazaret.

Las fechas de los mismos confirman que fueron escritos durante la vida natural de cada uno de sus autores. Además de la evidencia cronológica, existe la evidencia sobrenatural: Estos libros escritos por cuatro discípulos diferentes y sin ponerse de acuerdo unos con otros (las fechas así lo indican), narran sin contradicción alguna, la maravillosa historia de nuestro Señor, el poderoso Evangelio de Salvación y en forma extraordinaria sus narraciones se complementan, dejándonos así todo lo que el Señor quería que supiéramos de su vida y su legado para los hijos del Reino. No hay contradicción alguna en ellos, a pesar de haber sido escrito por cuatro diferentes autores. Los falsos evangelios, anteriormente mencionados y utilizados por el famoso autor del libro, no pasan ninguno de ellos, la primera prueba ni histórica, ni teológica, son simplemente un chiste de mal gusto y peor intención utilizado por el enemigo, sobre los cuales se ha urdido hábilmente una historieta novelesca, a través de la cual se difama a nuestro amado Salvador.

Obviamente, el autor del libro cuenta con la ignorancia del público, en los asuntos de Dios, para lanzar la especie, ya desechada por muchos años y revestirla, con nuevas alucinaciones de veracidad.

DECEPCION **2.-** Durante los primeros tres siglos del cristianismo nunca se consideró que Jesús era Dios. No fue hasta el siglo cuarto (325 AC), que durante el concilio de Nicea se sometió a votación si Jesús era o no Dios y, por estrecho margen, se acordó que Jesús era Dios mismo, y desde entonces la cristiandad aceptó esta decisión del Concilio de Nicea, como un hecho cierto. Es decir es una idea supuestamente errónea, concebida en una reunión de hombres.

VERDAD **2.-** Mi primera reacción al pensamiento del autor del libro es que siendo el hombre un pecador y necesitando el rescate de Dios, ¿qué autoridad tiene el hombre (o concilio de hombres) para decidir quién es o quien no es Dios? ¿Acaso va a depender Dios del hombre para que este decida o testifique de su identidad como tal? Nunca oí tal ridiculez. ¿No es ciertamente la Palabra misma la que nos revela todas las cosas necesarias para la vida y la piedad? incluyendo no solo quien es Dios, sino además, quienes somos nosotros. *Es Él quien define quien es el hombre, no el hombre quien es Dios.*

Obviamente, la votación de los obispos fue la correcta y la misma fue basada en la revelación de la Palabra, como vamos a ver más adelante, y no en criterios de sabiduría humana.

Veamos la verdad de los hechos históricos sobre esta segunda decepción. Una verdad a medias no es más que una mentira cuidadosamente urdida con el propósito de engañar. Es cierto que en el concilio de Nicea se sometió a votación una serie de doctrinas concernientes a la fe y entre ellas la deidad de Jesucristo; esto se hizo pues había en la Iglesia grupos heréticos, entre ellos los llamados

Arianos, que negaban la deidad de Jesucristo. De acuerdo con el autor de la novela y sus consejeros de historia, la votación decidió a favor de la deidad de Jesús por estrecho margen: Una falsedad más.

En dicho concilio de Nicea había 318 obispos, con derecho al voto, y después de discutir en detalles la deidad de Jesús, de acuerdo a las escrituras, decidieron someter el tema a votación: Solamente dos obispos votaron en contra, con 316 votos a favor del reconocimiento de Jesús como Dios mismo. ¡Vaya estrecho margen!

Este hecho del concilio lo cito solamente para hacer énfasis en la inexactitud de los datos que este libro afirma como "hechos históricos". Si el voto hubiera sido de 316 en contra y solamente dos a favor, para nada cambiaría la verdad sobre la deidad de Jesús. La verdad y evidencia, por encima y más allá del concilio de Nicea, o de cualquier otra consideración religiosa, es que toda la escritura y los discípulos en el nuevo testamento, consideraban a Jesús como Dios mismo.

Desde el momento en que Él empezó a predicar el Reino de Dios, hubo una revelación instantánea en el espíritu, para aquellos que tenían entendimiento, además, Jesús mismo así lo establece. Los discípulos y Pablo, en todas sus cartas así como en el libro de los Hechos así lo reconocen. Veamos que, en realidad, la revelación de Jesucristo como Dios mismo, precede al Evangelio por muchos siglos. Ejemplos:

Isaías 40: 3-5 (700/800) años AC) «*Voz que clama en el desierto: Preparad el camino a Jehová; enderezad calzada en la soledad a nuestro Dios. Todo valle sea alzado, y bájese todo monte y collado; y lo torcido se enderece y lo áspero se allane. Y se manifestará la gloria de Jehová, y toda carne juntamente la verá; porque la boca de Jehová ha hablado.*» Aquí el profeta está hablando de Jehová, Dios mismo, el cual ordena que se prepare su camino en la tierra, pues toda carne verá la manifestación de su gloria.

En Mateo 3:3 se cumple esta profecía cuando leemos lo siguiente, hablando de Juan el Bautista: *«Pues éste es aquel de quien habló el profeta Isaías, cuando dijo: Voz del que clama en el desierto: Preparad el camino del Señor, Enderezad sus sendas.»* No solo aparece esta confirmación en el Evangelio de Mateo, sino que además aparece en los tres Evangelios restantes, Marcos 1:3, Juan 1:23 y Lucas 3:46.

Aquí vemos que este pasaje del Antiguo Testamento, donde se habla de alguien que clama en el desierto y de la venida a la Tierra de Jehová (Dios mismo), se cumple en el Nuevo Testamento en la persona de Juan el Bautista, como el predecesor y en la persona de Jesús, El Señor como Dios mismo.

Otro de los muchos ejemplos que indican aun en el Antiguo Testamento quien era Jesús: *Malaquías 3:1(400 años AC) «He aquí, yo envío mi mensajero (Juan el Bautista), el cual preparará el camino delante de mí; y vendrá súbitamente a su templo el Señor a quien vosotros buscáis, y el ángel del pacto, a quien deseáis vosotros. He aquí viene, ha dicho Jehová de los ejércitos.»*

Confirmación por Jesús mismo, hablando de Juan el Bautista, *Mateo 11:10 «Porque éste es de quien está escrito: He aquí, yo envío mi mensajero delante de tu faz, el cual preparará tu camino delante de ti.»*

Tenemos además la revelación de Juan 1:1, hablando de Jesús. «En el principio era el Verbo (Jesús), y el Verbo era con Dios, y *el Verbo era Dios.»*

Toda esta revelación sobre la persona de Jesús es abundante y manifiesta en toda la escritura, la cual se desarrolla como haz de luz desde el Antiguo Testamento y se confirma curiosamente en los primeros capítulos del Nuevo Testamento y se ratifica con explicaciones exhaustivas en las epístolas de los apóstoles y con toda clase de manifestaciones orales y sobrenaturales, en el libro de Los Hechos de los Apóstoles, que es la extraordinaria historia de la Iglesia original.

Para más detalles de quien era Cristo Jesús, en el Nuevo Testamento, revisar el pasaje en este mismo libro *El Agua Viva*, Capitulo XVI ¿QUIEN ERA ESTE HOMBRE LLAMADO JESUS?, donde se escribe abundantemente de la identificación de Jesús como Dios mismo, el creador de cielos y tierra, de todo lo visible e invisible.

A tal extremo se identifica a Jesús como Dios mismo y Jesús mismo, se identifica a si mismo como tal, que una de las acusaciones de los judíos religiosos (fariseos) era la siguiente: «no te queremos apedrear por las obras que has hecho, sino porque tú, siendo hombre te haces Dios», a cuya acusación Jesús, no contestó (su silencio fue de aplastante elocuencia).

Por este pasaje y otros del mismo tenor, podemos concluir que, si en realidad Jesús no era Dios, entonces era un farsante o un impostor, pues ciertamente sus discípulos y aun sus enemigos religiosos entendían lo que decía, que era: Dios mismo el creador del universo, visible e invisible y de todos los seres creados.

¿De dónde pues, viene todo ese conocimiento y esta clara conclusión? ¿De la votación del concilio de Nicea, tres siglos después de la muerte de Cristo en la cruz? Claro que no. Es un entendimiento de la Palabra misma por todos aquellos que, desde el principio, dispusieron su corazón, nacieron de nuevo y proclamaron a Jesús como su Dios y Señor.

El Código d da Vinci no es más que un ataque moderno al Dios de la Gloria, con los mismos engaños, argucias y falsedades que el enemigo ha usado desde el Jardín del Edén, no hay nada nuevo, son las mismas tinieblas y ocultismo desde el principio de la fundación del mundo. El pueblo de Dios tiene el deber de conocer al enemigo que engaña las almas para tratar de llevárselas al infierno. Estemos alertas, vestidos con la armadura de Dios y con la espada de dos filos en nuestra diestra, listos para el combate en el cual ya sabemos que somos más que vencedores, ¡Aleluya! Amén.

XX

LA EVIDENCIA PROFETICA: LOS ACONTECIMIENTOS CONTEMPORANEOS Y SUS RAICES BIBLICAS. LA DESCENDENCIA DE ABRAHAM. LA FALSEDAD DEL ISLAMISMO.

EL CUMPLIMIENTO PROFÉTICO ES DE tal actualidad que podemos decir que la escritura se cumple a medida que escribo estas líneas y a medida que usted, amado lector, las va leyendo. ¿Tienen los recientes acontecimientos históricos de Septiembre 11 de 2001, la guerra de Irak y la aun más reciente guerra entre Israel y la guerrilla terrorista de Hesbollah, en el Sur del Líbano, un común denominador que podamos relacionar con las profecías bíblicas? Definitivamente si lo tienen.

Una de las críticas más repetidas, a nivel coreográfico por la prensa liberal en los Estados Unidos, en contra de la política seguida por el gobierno de los Estados Unidos y su fiel aliado el estado de Israel, es aquella en que, implícita o indirectamente, argumentan que han sido los Estados Unidos los que han provocado a las naciones islámicas, las cuales han reaccionado (con el terrorismo), para defenderse de las supuestas agresiones, tanto del estado de Israel como de los propios Estados Unidos.

Vayamos al trasfondo bíblico e histórico, para poder evaluar las fuerzas que, en forma visible, se están manifestando cada día, con mayor grado de provocación, maldad y perfidia en estos momentos de cambios, en el acontecer histórico del mundo. **Siglos antes de este gobierno y aun de la existencia de los Estados Unidos como nación, ya existía la agresión de estas huestes religiosas y tenemos disponible la evidencia de toda una secuela de hechos históricos que así lo confirman.**

Para descorrer el velo de la verdad y exponer las manipulaciones y engaños del enemigo, moviéndose a través de potestades, principados y cohortes, tenemos que remontarnos a los inicios de los primeros reportes de la historia de la raza humana registrados en la Palabra de Dios: Génesis 16:1-16. Se trata del trascendental acontecimiento del primer hijo de Abraham, Ismael, el cual tuvo con Agar, la sirvienta de su esposa Sara. Este hijo fue la consecuencia de la incredulidad de Sara ante la promesa de Dios y el resultado de su falta de fe en su Palabra.

Antes de seguir con esta narración, es importante que entendamos la obra que ya Dios había realizado con su siervo Abram. El Señor le había cambiado proféticamente el nombre original de Abram (Padre enaltecido) por Abraham (Padre de multitudes o Padre de naciones). Con este cambio de nombre, ya Dios estaba haciendo su obra en el Espíritu, llamando a las cosas que no son como si fueran. Es decir, este hombre, ya muy mayor, y su esposa Sara, estéril desde su juventud, no habían tenido aun su primer hijo y en lo natural parecía que jamás iban a tenerlo, pero he aquí que el Señor había cambiado esa circunstancia negativa y, aparentemente, irreversible con solo profetizar sobre la vida de Abram cambiándole su nombre por Abraham.

La promesa de Dios es que Abraham iba a tener un hijo de su esposa Sara y que este hijo iba a ser el heredero de sus bienes materiales y espirituales, pues él, Abraham, que nunca había tenido hijo, seria «padre de multitudes o padre de muchas naciones.» Sara, al pasar los años y ver que aquella promesa no se realizaba, le asaltó la duda (falta de fe), en la promesa de Dios. Debido a la edad muy avanzada de ambos y con el agravante de ser Sara estéril, simplemente dejo de creer, y al hacerlo, decidió «ayudar a Dios» a que se cumpliera su promesa, ofreciéndole a Abraham su sirvienta Agar, para que tuviera con ella, supuestamente, el hijo de la promesa. De esta desobediencia de Sara nació Ismael.

Seguidamente, la narración bíblica de este hecho trascendental: Agar, la sirvienta, al concebir de Abraham, miraba con desprecio a su señora, la cual, a su vez, la echó de su casa y Agar huyó al desierto, donde puso en peligro su vida. En estas condiciones «la halló el ángel de Jehová», de este momento en adelante, agudice su oído y entendimiento espiritual, pues viene sobre ella la profecía de Dios que se manifiesta de manera evidente, aun en estos días. *Vayamos a Génesis 16: 8-12 (El Angel hablando) «Y le dijo: Agar, sierva de Sarai, ¿de dónde vienes tú, y a dónde vas? Y ella respondió: Huyo de delante de Sarai mi señora. Y le dijo el ángel de Jehová: Vuélvete a tu señora, y ponte sumisa bajo su mano. Le dijo también el ángel de Jehová: Multiplicaré tanto tu descendencia, que no podrá ser contada a causa de la multitud. Además le dijo el ángel de Jehová: He aquí que has concebido, y darás a luz un hijo, y llamarás su nombre Ismael porque Jehová ha oído tu aflicción. Y él será hombre fiero; su mano será contra todos, y la mano de todos contra él, y delante de todos sus hermanos habitará.» En Génesis 25:18, hay una confirmación de esta profecía, hablando de Ismael y su descendencia: «Y habitaron desde Havila hasta Shur, que está enfrente de Egipto viniendo a Asiria; y murió en presencia de todos sus hermanos.»*

La Biblia ampliada '«Versión Internacional» y la «Biblia en inglés» expanden este concepto:

«Sus descendientes se quedaron a vivir en la región que está entre Javila y Sur, cerca de Egipto, en la ruta que conduce a Asiria. Allí se establecieron en franca oposición a sus hermanos.»

Ismael es la raíz o ancestro original de todos los pueblos árabes, cuyo pueblo nació bajo la rebeldía y la desobediencia a la Palabra, y no bajo el diseño de Dios; que fue el caso del pueblo de Israel, cuyo nacimiento sobrenatural de un matrimonio ya muy viejo y estéril ella, fue creado, en contra de las leyes naturales (toda obra de Dios es de origen espiritual), para que se manifestara el poder y la gloria de Dios, en los dos propósitos principales de este acontecer histórico:

1. Traer al mundo la Palabra de Dios.

2. Crear la familia ancestral de la cual habría de descender el Enviado. La parte humana del Mesías (Jesucristo de Nazaret).

Volvamos a tocar el tema profético, con la idea de proyectarlo hasta nuestros días. Vemos en este pasaje de Génesis 16, en primer lugar, la desobediencia de Sara (por falta de fe en Dios), después observamos como se burla y se rebela Agar de su señora (arrogancia y rebeldía de parte de Agar), lo cual hace que ella se lance al desierto, sin tener en cuenta el riesgo de su vida y la del niño que llevaba en su seno. Vemos también como el ángel de Jehová le ordena que regrese a la casa de su señora y se someta a ella, lo cual hace renuentemente, pues posteriormente cuando nace su hijo, vuelve a tener dificultades con Sara su señora y eventualmente se va de nuevo, con su hijo al desierto. El tema central de esta profecía es la naturaleza de Ismael y la del pueblo que habría de descender de él; la «Biblia Ampliada» en Génesis 16:12 dice lo siguiente:

«Será un hombre indómito como asno salvaje. Luchará contra todos y todos lucharán contra él; y vivirá en conflicto con todos sus hermanos.» Los árabes y su religión, el Islam, son los descendientes de Ismael, enemigos del

pueblo de Dios, hasta nuestros días. En el Nuevo Testamento, en el libro de los Gálatas 4:22-31, podemos leer lo siguiente: *«Porque está escrito que Abraham tuvo dos hijos; uno de la esclava (Agar), el otro de la libre (Sara). Pero el de la esclava nació según la carne; mas el de la libre, por la promesa. Lo cual es una alegoría, pues estas mujeres son los dos pactos; el uno proviene del monte Sinaí, el cual da hijos para esclavitud; éste es Agar. Porque Agar es el monte Sinaí en Arabia, y corresponde a la Jerusalén actual, pues ésta, junto con sus hijos, está en esclavitud. Mas la Jerusalén de arriba, la cual es madre de todos nosotros, es libre. Porque está escrito: Regocíjate, oh estéril, tú que no das a luz; Prorrumpe en júbilo y clama, tú que no tienes dolores de parto; Porque más son los hijos de la desolada, que de la que tiene marido. Así que, hermanos, nosotros, como Isaac, somos hijos de la promesa. Pero, como entonces, el que había nacido según la carne perseguía al que había nacido según el Espíritu, así también ahora mas ¿qué dice la Escritura? Echa fuera a la esclava y a su hijo, porque no heredará el hijo de la esclava con el hijo de la libre. De manera, hermanos, que no somos hijos de la esclava (Agar) sino de la libre (Sara).»*

Muy importante en este momento que nos situemos cronológicamente en el tiempo y lugar en que se desarrolla la historia que estamos narrando, para poderla entender a plenitud: Génesis, el primer libro del Antiguo Testamento, donde tiene lugar la historia de Abraham y su familia, terminó de escribirse en el año 1513 A.C. y Malaquías fue escrito en el año 443 A.C., aproximadamente.

El Corán es un libro del siglo séptimo de nuestra era, escrito más de 20 siglos después del libro de Génesis. Estas fechas y comparaciones son importantes para establecer los origines y fuentes históricas de la religión Islámica. ¿Podemos, acaso, a través de las mismas comprobar la legitimidad o falsedad de esta religión en forma inequívoca? Veamos: Vamos a tocar en este análisis dos vectores, o ángulos de acción, de esta religión, que la apartan de toda inspiración divina. El Corán y sus seguidores reconocen el Antiguo Testamento Judío, como legítima inspiración de Dios y, por lo tanto, lo han adoptado como parte fundamental de su religión, por lo cual sus enseñanzas con relación a la familia y la moral están basadas en el Antiguo Testamento del pueblo Judío.

Sin embargo, al llevar las enseñanzas del Antiguo Testamento al Corán, se tomaron la libertad de cambiar personajes y acontecimientos claves. En el libro de Génesis, en lo referente a la historia de Abraham, el Padre de la fe, han cambiado a Isaac por Ismael, simplemente como el que cambia algo que no le cuadra, pues no obedece a sus conceptos teológicos. Esto es típico en todas las sectas. Cuando algo no encaja en su teología, reinterpretan el pasaje de manera tal que pueda sustentar el dogma, criterio o doctrina que se pretende establecer.

Según las enseñanzas del Islam, Ismael, el hijo de la esclava Agar es en realidad el hijo de la promesa y el cumplimiento de la profecía de la cual habría de salir el pueblo de Dios. Veamos el tamaño, el alcance, y decepción de este cambio: Ya Isaac no es el hijo de la promesa, nacido milagrosamente de una pareja de ancianos ya acabados y, además, estéril ella desde su juventud, nacimiento sobrenatural típico de la mano de Dios. Ahora, es Ismael el hijo de la joven esclava, nacido por la falta de fe de Sara y Abraham, pues no supieron esperar la promesa en el tiempo de Dios (el Kairos de Dios). Es Ismael, aquel el cual Dios profetizó «que sería como un asno salvaje y que su mano estaría contra todos y todos estarían contra él» (Génesis 16:12).

De pronto resulta que fue Ismael al que Dios mandó a ser sacrificado por su padre Abraham en el monte Moriah, para probar la fidelidad y fe de Abraham y no Isaac, el hijo nacido de la matriz ya anciana y originalmente estéril de Sara. Este pasaje de la escritura, en Génesis 18: 1-14, es de extraordinaria significación pues es la promesa de Dios a Abraham y el origen mismo del pueblo Judío, pueblo creado por Dios con el propósito de traer el Mesías a la Tierra, la Palabra hecha carne, Génesis 18:1-14:

«*Después le apareció Jehová en el encinar de Mamre, estando él sentado a la puerta de su tienda en el calor del día. Y alzó sus ojos y miró, y he aquí tres varones que estaban junto a él; y cuando los vio, salió corriendo de la puerta de su tienda a recibirlos, y se postró en tierra, y dijo: Señor, si ahora he hallado gracia en tus ojos, te ruego que no pases de tu siervo. Que se traiga ahora un poco de agua, y lavad vuestros pies; y recostaos debajo de un árbol, y traeré un bocado de pan, y sustentad vuestro corazón, y después pasaréis; pues por eso habéis pasado cerca de vuestro siervo. Y ellos dijeron: Haz así como has dicho. Entonces Abraham fue de prisa a la tienda a Sara, y le dijo: Toma pronto tres medidas de flor de harina, y amasa y haz panes cocidos debajo del rescoldo. Y corrió Abraham a las vacas, y tomó un becerro tierno y bueno, y lo dio al criado, y éste se dio prisa a prepararlo. Tomó también mantequilla y leche, y el becerro que había preparado, y lo puso delante de ellos; y él se estuvo con ellos debajo del árbol, y comieron. Y le dijeron: ¿Dónde está Sara tu mujer? Y él respondió: Aquí en la tienda. Entonces dijo: De cierto volveré a ti; y según el tiempo de la vida, he aquí que Sara tu mujer tendrá un hijo. Y Sara escuchaba a la puerta de la tienda, que estaba detrás de él. Y Abraham y Sara eran viejos, de edad avanzada; y a Sara le había cesado ya la costumbre de las mujeres. Se rió, pues, Sara entre sí, diciendo: ¿Después que he envejecido tendré deleite, siendo también mi señor ya viejo? Entonces Jehová dijo a Abraham: ¿Por qué se ha reído Sara diciendo: ¿Será cierto que he de dar a luz siendo ya vieja? ¿Hay para Dios alguna cosa difícil? Al tiempo señalado volveré a ti, y según el tiempo de la vida, Sara tendrá un hijo.*»

En párrafos anteriores anotamos la diferencia cronológica entre el Génesis y el Corán (2,000 años aproximadamente). El Profeta Muhammad nace en el año 570 D.C. y muere en Junio del año 632 D.C. Es decir, sucede que 2,000 años después de escrito el Antiguo Testamento y cientos de copias manuscritas cuidadosamente registradas y protegidas por el Espíritu Santo mismo, vienen los Islámicos, repito veinte siglos después, y deciden cambiar los textos e invertir los nombres de los patriarcas. Los Islámicos, a manera de explicación, simplemente dicen que los judíos fueron los que cambiaron los textos bíblicos para señalar a Isaac y no a Ismael como el heredero de la promesa. ¿De veras? Consideremos esta premisa por un momento: ¿Cómo es que los Judíos habrían de cambiar los textos bíblicos para contradecir a una religión que habría de aparecer en el escenario histórico veinte siglos después? ¿Qué conspiración de proyección generacional habría sido necesaria para lograr estos supuestos cambios, incluyendo la multitud de textos que habrían de ser alterados, sin que faltara ninguno de ellos? Solamente el concepto es grotesco y desatinado.

Por ejemplo, en Génesis 21:12 se establece lo siguiente. Dios hablándole a Abraham: «Entonces dijo Dios a Abraham: No te parezca grave a causa del muchacho (Ismael) y de tu sierva; en todo lo que te dijere Sara, oye sus voz, *porque en Isaac te será llamada descendencia*,* aquí vemos la autoridad de Sara, delegada por Dios mismo, como madre de la generación mesiánica. La débil excusa Islámica, relacionada con lo que ellos mismos consideran Palabra de Dios, el Antiguo Testamento, es suficiente para descartar la seriedad o supuesta inspiración divina de esta religión y del profeta que realizó estos cambios, así como de aquellos que sostienen la veracidad de los mismos.

«Dios no es hombre para que mienta, ni hijo de hombre para que se arrepienta» (Números 23:19). *«De ninguna manera; antes bien sea Dios veraz, y todo hombre mentiroso»,* afirma otra porción de la escritura (Romanos 3:4). Además, como si todo esto fuera poco, tenemos la confirmación de estos hechos en el Nuevo Testamento, hay varios pasajes de referencia, aunque uno de los más corroborativos es el citado anteriormente, en Gálatas 4:22-31, escrito 600 años antes de la existencia del Corán, donde Pablo inspirado por el Espíritu Santo cita la historia de Abraham refiriéndose a estos pasajes, tal como fueron escritos originalmente.

Desde sus inicios en el siglo Séptimo, el Islamismo se ha expandido a golpe de espada. Primero conquistando mediante acciones de guerra la península Arábica, sometiendo a su propio pueblo mediante la imposición de su religión, por medio de la fuerza. Posteriormente se fueron expandiendo al medio oriente, mediante la guerra y la conquista, penetrando la península Ibérica, llegaron hasta Francia, donde fueron derrotados antes de poder conquistar el país. Prueba histórica de la naturaleza hostil y agresiva de esta religión fue la conquista de España, la cual ocuparon nada menos que por 781 años, del año 711 al 1492 D.C.

El Islam tiene la misión y el mandato de conquistar al mundo, para lo cual utiliza una estrategia coordinada y concertada en sus patrones de conducta y enseñanzas. Esta estrategia de factura humana, combina la violencia (terrorismo), con proyecciones políticas:

1. Expansión mediante emigración masiva de sus pueblos: Se hacen residentes y ciudadanos de distintos países, se desarrollan cultural y económicamente en los mismos, escalando y tomando posiciones económicas y políticas, con el propósito de imponer su religión mediante convicción o imposición. Esto es posible en los países democráticos, donde por el concepto mismo de la libertad con que se vive, se les protege mediante las leyes del país, lo cual ellos aprovechan estableciendo así su cultura y su religión. Es decir, ellos se favorecen con lo que niegan tajantemente en sus propios países islámicos, en los cuales manifestar creencias religiosas diferentes al Islam es simplemente arriesgarse a ser encarcelado, ejecutado sumariamente o tal vez linchado por el mismo pueblo, incitado por alguno de sus líderes o clérigos.

2. Parte de sus enseñanzas es la llamada guerra santa o Jihad. Esta guerra está dirigida especialmente contra el pueblo Judío y el pueblo Cristiano (aquellos que resistan la conversión). Para estos, lo que queda es el filo de la espada y la desaparición física de los mismos, pues así lo enseña el Corán. Así de tajante y de simple piensan ellos.

3) Una de las enseñanzas más dramáticas del Corán es la doctrina que explica cómo el pueblo Islámico puede ganarse la "entrada al cielo". Cuando ellos ejercen acciones suicidas contra el "infiel" y mueren en estas acciones, inmediatamente, el dios del Corán los recibirá en el cielo con toda suerte de privilegios, privilegios estos que se enfocan en los deseos de la carne, lo cual indica claramente el origen de estas promesas.

¿Son todos los practicantes del Islam asesinos y terroristas? No, ciertamente, no todos lo son. Hay entre ellos familias excelentes y personas honorables, sin embargo, he aquí el ángulo o eslabón delicado en el que tenemos que meditar: *«Porque no tenemos lucha contra sangre y carne, sino contra principados, contra potestades, contra los gobernadores de las tinieblas de este siglo, contra huestes espirituales de maldad en las regiones celestes.» (Efesios 6:12).* Es decir, podemos asumir para los efectos de este enfoque, que ninguno de ellos es malo ni asesino, son personas que necesitan conocer el Evangelio y ser salvos. Sin embargo, desde niños son enseñados en esta religión, cuya principal motivación es el odio hacia el pueblo judío y cristiano, luego entonces el tema central no es que sean buenos o malos, sino que en sus enseñanzas se mezcla la decencia y el amor a la familia, paralelamente, con el odio, la destrucción y el homicidio indiscriminado, (terrorismo) hacia aquellos que no aceptan su religión. Estas ideas o conceptos simplemente no pueden subsistir simultáneamente en la misma entidad o persona humana. Es una incongruencia filosófica y teológica.

Por medio de la violencia más ancestral y despiadada, la religión Islámica les enseña a eliminar físicamente, no solo hombres, mujeres y niños, sino también naciones enteras. ¿Es esto posible? Ellos mismos lo proclaman. Según sus propias palabras quieren borrar del mapa a Israel. (Así ya lo proclamó el presidente de Irán), precisamente la nación que recibió directamente del Creador, el título de propiedad de la tierra en que se encuentra Israel. Esto hace de Israel la única nación cuya tierra fue otorgada por Dios mismo y cuyo registro de propiedad está en la Palabra de Dios.

Veamos: ¿De quién es la tierra que ocupa hoy el Estado de Israel? Título de propiedad otorgado a Israel por el dueño de la Tierra: Dios mismo. *Génesis 12:1-3 «Pero Jehová había dicho a Abram: Vete de tu tierra y de tu parentela, y de la casa de tu padre, a la tierra que te mostraré. Y haré de ti una nación grande, y te bendeciré, y engrandeceré tu nombre, y serás bendición. Bendeciré a los que te bendijeren, y a los que te maldijeren maldeciré; y serán benditas en ti todas las familias de la tierra.»*

La tierra es para Israel y toda su descendencia. Génesis 17:19 «Respondió Dios: ciertamente Sara tu mujer te dará a luz un hijo, y llamarás su nombre Isaac y confirmaré mi pacto con él como pacto perpetuo para sus descendientes después de él.»

Limites de la Tierra prometida.

Génesis 15:18 «En aquel día hizo Jehová un pacto con Abram, diciendo: A tu descendencia daré esta tierra, desde el río de Egipto hasta el río grande, el río Eufrates.» Deuteronomio 34:1-4 «Subió Moisés de los campos de Moab al monte Nebo, a la cumbre del Pisga, que está enfrente de Jericó; y le mostró Jehová toda la tierra de Galaad hasta Dan, todo Neftalí, y la tierra de Efraín y de Manasés, toda la tierra de Judá hasta el mar occidental; el Neguev, y la llanura, la vega de Jericó, ciudad de las palmeras, hasta Zoar. Y le dijo Jehová: Esta es la tierra de que juré a Abraham, a Isaac y a Jacob, diciendo: A tu descendencia la daré. Te he permitido verla con tus ojos, mas no pasarás allá.» La tierra ha sido otorgada por Dios a Israel desde donde se establecerá el Reino de Dios sobre la Tierra. Nada ni nadie puede ceder ni despojar de esa tierra al pueblo de Israel, pues El Capitán De Los Ejércitos de Israel, Jesucristo mismo, intervendrá en el momento y la hora precisa para impedirlo. Así ya está pre-establecido por el Señor y confirmado en todos los libros proféticos, incluyendo el Apocalipsis. En realidad, en el fondo de este conflicto está la mano de Satanás contra Dios utilizando para ello, desde el principio, al pueblo árabe.

Luego, entonces, la presente agresión terrorista de los extremistas Islámicos, contra los Estados Unidos e Israel, así como otros países de origen o cultura cristiana, no es más que la resultante de sus históricas conspiraciones y acciones bélicas, para imponer en el mundo un gobierno mundial islámico. A los niños se les enseña a odiar y destruir al enemigo, entiéndase al pueblo hebreo y cristiano. Este odio y acción destructiva lo ejecutan desde las turbas en las calles hasta los clérigos religiosos mientras que los presidentes de algunos de estos países, amenazan con borrar del mapa a Israel.

Es interesante tomar también en cuenta que, en contraste con la revelación de Dios en la Biblia, en la cual Dios mismo va a imponer un gobierno teocrático en la tierra, en forma sobre natural y mediante su perfecta justicia, en el caso del Islam, son los religiosos Islámicos (los hombres), quienes, por la fuerza misma de sus brazos, van a imponer en la tierra un gobierno Islámico, según su propia justicia. Recientemente, estos gobiernos extremistas Islámicos, se han alineado con fuerzas políticas comunistas en todo el mundo, pero muy especialmente con los países comunistas en América Latina, con las cuales comparten un enemigo común, creado por ellos mismos: El pueblo Cristiano, el Cuerpo de Cristo en la Tierra, los Estados Unidos y el pueblo de Israel.

¡La Iglesia de Jesucristo, en cambio, espera la intervención del Mesías Todopoderoso, en forma sobrenatural y justa, Jesucristo mismo, el cual gobernará la Tierra por mil años!, en cambio, ¡La religión Islámica, por medio de la guerra, va a imponer, según ellos, su propio gobierno a nombre de Alá! Una dictadura religiosa, totalitaria y absolutista, la cual utiliza el nombre de un falso dios para imponer al mundo un sistema religioso y arbitrario creado por el hombre mismo!

. ¡Qué contraste entre el plan de Dios y el plan satánico! ¿Qué debemos hacer los cristianos? ...los hijos de Abraham, el pueblo Santo de Dios. Nosotros estamos en paz y en victoria, sabemos en quien hemos creído. Preguntó David de Goliat: «Porque ¿quién es este filisteo incircunciso, para que provoque a los escuadrones del Dios viviente?» (1 Samuel 17:26). El Señor nos dirá qué hacer en cada momento, en esta lucha que ya ha sido desatada por ellos, a escala mundial. Lo que ya han dado en llamar, no con poca razón, en algunos medios, «la tercera guerra mundial.»

Paralelamente a todos estos acontecimientos, también está ocurriendo en el mundo árabe que muchos islámicos están escuchando el Evangelio, a través de medios Cristianos televisivos y radiales, el poder de Dios se está manifestando en forma sobrenatural, y muchos de ellos están recibiendo al Señor y están siendo Salvos y convertidos al Evangelio. ¡Gloria a Dios!

Todos estos acontecimientos indican que, ciertamente, ya estamos muy cerca de lo profetizado en Apocalipsis, con la final victoria total del pueblo de Dios, capitaneados por el Todopoderoso, el Rey de reyes y Señor de señores, el Capitán de los ejércitos de Israel, ¡Jesucristo mismo! Solo tenemos que permanecer en un solo sentir, buscando su rostro, buscando su unción, poder y revelación y dispuesto a realizar la obra que a cada cual nos ha sido señalada. Esta obra es la proclamación del Reino de Dios que ya ha llegado a nosotros: «*y diciendo: Arrepentíos, porque el reino de los cielos se ha acercado» (Mateo 3:2).*

Mateo 28:20 «enseñándoles que guarden todas las cosas que os he mandado; y he aquí yo estoy con vosotros todos los días, hasta el fin del mundo. Amén.»

Sabemos que Él no nos abandonará, ni nos dejará y *« El ángel de Jehová acampa alrededor de los que le temen y los defiende » (Salmo 34:7).*

Sabemos que «Hijitos, vosotros sois de Dios, y los habéis vencido; porque mayor es el que está en vosotros, que el que está en el mundo.»

Sabemos que si Él nos manda a resistir, resistiremos y que si hay que tomar una acción la tomaremos, pues Él nos equipa grande y poderosamente para cualquier misión que tengamos que hacer en su nombre. En el nombre de Jesús, el nombre sobre todo nombre. Sabemos, además, que ya todos los principados y potestades fueron derrotados y puestos debajo del escabel de Jesús, hace ya más de 2000 años, y todos ellos fueron expuestos a pública vergüenza. Sabemos que es un enemigo derrotado, no importa cuán grande sean sus engaños.

Sabemos que nuestro Dios y Señor también es nuestro amigo y por ser nuestro amigo no nos ocultó nada de lo que sabía de su Padre. ¡Bendito sea su nombre para siempre! Por lo cual fue tan misericordioso que nos mostró, en grandes detalles, el final de toda la historia, antes de que aconteciera. Gracias Señor pues ya tú nos has dado la victoria. Saldremos a predicar tu Palabra y predicaremos el Evangelio de tu Reino, muchos se convertirán, así como se convirtió el endemoniado del país de los gadarenos. Gracias Señor, pues el enemigo no nos puede tocar y como Gedeón, derrotaremos ejércitos mucho más numerosos y poderosos que nosotros y, como Caleb y Josué, conquistaremos los montes llenos de gigantes, los cuales por un camino vendrán contra nosotros y por siete caminos correrán delante de nosotros. ¡Nadie nos podrá hacer frente en todos los días de nuestra vida!

Isaías 54:17 -«*Ninguna arma forjada contra ti prosperará.*» Promesas de Dios. ¡Gloria a su nombre! Por la gracia de Dios y el amor a su nombre, no nos contaminaremos, ni con ecumenismo, ni con religión de hombres, pues tendremos nuestra vista puesta en Jesús, el autor y perfeccionador de nuestra fe. Somos parte del Reino de Dios y recipientes y portadores del mayor poder del universo: El amor ágape de Cristo Jesús. Mas que vencedores en Cristo Jesús, ¡Aleluya! Amén.

XXI

EL PLAN DE SALVACIÓN

¿Cómo es que puedes recibir a Jesús, como tu señor y salvador? Por la fe, creada y repartida, en una medida, por Dios a cada uno de nosotros. *Romanos 12:3: «Digo, pues, por la gracia que me es dada, a cada cual que está entre vosotros, que no tenga más alto concepto de sí que el que debe tener, sino que piense de sí con cordura, conforme a la medida de fe que Dios repartió a cada uno.» La* fe no es intelectual, no es temporal, tampoco es de nuestra naturaleza. La fe, que salva, nos ha sido dada por el Señor, por su misericordia. Es la fe, siempre en tiempo presente, el poder de Dios dado al creyente, el cual transforma nuestras esperanzas en realidades palpables.

Hebreos 11:1:«Es, pues, la fe la certeza de lo que se espera, la convicción de lo que no se ve.» La fe que salva, la fe de Jesús y en Jesús, no es un pensamiento, no es un sentimiento, tampoco es una idea quimérica. La fe en Jesús es una acción. Es verbo, no sustantivo. La fe es acción correspondiente, en función de aquello que se cree, de modo que ponemos en práctica lo que hemos creído, aunque todavía no lo veamos, sabiendo con certeza que ha de manifestarse tal como lo hemos creído, al oír la Palabra o al pedírselo al Padre, en el nombre de Jesús.

Una de las formas más importantes de ejercer la fe es confesar con nuestra boca, lo que hemos creído en nuestro corazón. De aquí viene el mote de fanáticos con el cual el mundo suele tratar al creyente. ¿Te avergüenzas de confesar lo que eres? ¡Cuidado! Jesús murió por ti, desnudo públicamente, en las afueras de Jerusalén.

La Palabra nos enseña: *«Y creyó a Jehová, y le fue contado por justicia» (Génesis 15:6).* Es decir, Abraham fue salvo al creer por fe. Esta fe de Abraham fue seguida de acción correspondiente: A los 75 años dejó su parentela, su ciudad natal, sus comodidades, su religión y se fue al desierto tomando a su esposa Sara, creyendo por fe que las bendiciones de Dios le seguirían. La Biblia nos reporta que de esta pareja, obviamente incapacitada y ajenas a las cosas de Dios, Abraham ya viejo, y su esposa también anciana y además estéril aun desde su juventud, Dios creó al pueblo Judío. El pueblo de Dios, del cual habría de nacer el Mesías. Además, bendijo a Abraham no solo espiritual sino financieramente, más allá de toda imaginación.

¿Hay algo imposible para Dios? ¿Qué clase de acción por medio de la fe tenemos que tomar para ser salvos? *Romanos 10:9-10 «Que si confesares con tu boca que Jesús es el Señor, y creyeres en tu corazón que Dios le levantó de los muertos, **serás salvo**. Porque con el corazón se cree para justicia, pero con la boca se confiesa para salvación.»* ¡Promesa de Dios! ¡Pacto de Dios con el Creyente!

Cuando, con un corazón sincero y quebrantado, te arrepientes de tus pecados y de tus obras, te conviertes en una nueva criatura, en un hijo o hija de Dios. Cuando le pides al Señor que tome control de tu vida, aceptando el sacrificio de Jesús y su sangre derramada en la cruz del Calvario, como lo único que puede darte vida eterna, el Espíritu Santo comienza una poderosa transformación en ti y te da vida eterna desde ese momento. Además, mientras vivas sobre el planeta, tomarán efecto sobre tu vida multitud de promesas y bendiciones para ti y los tuyos (las bendiciones de Abraham, nos alcanzan).

El Señor te llama ahora, es la mayor (y mejor) decisión de tu vida. Si has creído que tu salvación dependía de tu propio comportamiento, de creencias religiosas, doctrinas de hombres y tradiciones vacías sin respaldo bíblico alguno, ahora es el tiempo de tu salvación a través de la semilla imperecedera de la Palabra de Dios) «*Siendo renacidos, no de simiente corruptible, sino de incorruptible, por la palabra de Dios que vive y permanece para siempre*» I de Pedro 1:23), y del poder de la Sangre de Jesús.

Hoy es el día de salvación. Repite la siguiente oración en alta voz con un corazón sincero y arrepentido. Esta es una oración sugerida, puede ser distinta, siempre que contenga los elementos de sincero arrepentimiento, de fe en Jesús y su sacrificio en la cruz, y el reconocimiento de su resurrección, tal como lo hemos leído anteriormente en Romanos 10:9-10:

«Señor Jesús, aquí ante tu presencia, reconozco que soy un pecador. Me arrepiento ante ti de todos mis pecados, y rompo todo pacto hecho con Satanás voluntaria o involuntariamente, sé que tu sangre preciosa derramada en la cruz me limpia de todo pecado y que, con ella, pagaste el precio de mi salvación, la cual me ofreces ahora como regalo inmerecido. Yo acepto ese precioso regalo y abro mi corazón y te recibo vivo como mi Señor y mi Salvador y confieso con mi boca lo que creo en mi corazón, que Jesús de Nazaret por mi murió y al tercer día el Padre lo resucitó de los muertos. Vive para siempre y está sentado a la derecha del Padre, intercediendo por mí y por todo aquel que cree y clama a Él. También, en este momento, yo perdono a toda persona que me haya ofendido desde mi niñez hasta ahora. Gracias, Señor Jesús, por mi salvación y tu sacrificio en la Cruz, gracias Señor por escribir mi nombre en el libro de la vida, de ahora en adelante me rindo a ti y te entrego mi vida. Ahora sé que yo soy tuyo y

tú eres mío para siempre. ¡Toda la Gloria y la honra sea para ti solamente Señor! Amén.»

Si has hecho esta oración con sinceridad, creyendo lo que dices, el Espíritu Santo tomará control de tu vida y comenzará un cambio radical en ella. Te revelará las Escrituras para que puedas entender la Palabra y el poder de Dios. Seguidamente, te colocará en una congregación donde puedas aprender la Palabra y recibir el amor de Cristo a través del Pastor y los hermanos, dirigidos por el Espíritu Santo. Posteriormente, te empezará a usar como un hijo de Dios en aquellas obras que el pre-ordenó para ti para que anduvieras en ellas. *Efesios 2:10:«Porque somos hechura suya, **creados en Cristo Jesús para buenas obras, las cuales Dios preparó de antemano para que anduviésemos en ellas.**»*

El enemigo (Satanás y sus cohortes) tratarán de desviarte y engañarte, pero la Palabra nos dice: *«Resistid al diablo y huirá de vosotros.» (Santiago 4:7)*. También nos dice: *«Mayor es el que está en vosotros (el Señor), que el que está en el mundo (Satanás)»* (1 Juan 4:4). De modo que entrarás en novedad de vida, caminarás en luz y en victoria (somos más que vencedores) y la vida abundante y eterna se iniciará en ti, según la promesa del Espíritu Santo. ¡Nacido de nuevo! ¡Nueva criatura! ¡Gloria a Dios!

XXII

LO SOBRENATURAL ES EN REALIDAD LO COTIDIANO, CUANDO CAMINAMOS CON JESÚS. LA SANIDAD DE TU CUERPO.

Es muy importante entender cabalmente que la Palabra de Dios no se discierne, ni tampoco se entiende intelectualmente. ¿Por qué? Todas las revelaciones bíblicas y sus doctrinas son verdades espirituales y sobrenaturales, las cuales se entienden únicamente por la fe en el Espíritu de Dios, El Espíritu Santo. La mente es carnal y solamente puede entender temas o doctrinas que pueda aceptar mediante el razonamiento de las mismas y sabemos que esto es imposible, pues la mente no capta las cosas sobrenaturales, aquellas que no tienen una explicación lógica.

I de Corintios 2:14 «Pero el hombre natural no percibe las cosas que son del Espíritu de Dios, porque para él, son locura, y no las puede entender, porque se han de discernir espiritualmente.» Por el contrario, el hombre espiritual, aquel que ha entendido el Evangelio y le ha entregado su corazón al Señor, nacido de nuevo, lleno de gracia, recibe voluntariamente al

Espíritu Santo, y éste le da el entendimiento espiritual necesario para convencer a su mente y corazón carnal de las verdades espirituales, y lo llama a que resueltamente camine en el Espíritu de Dios.Esto tiene tres consecuencias sumamente deseables y compensatorias para el creyente de la Palabra o creyente bíblico:

a) Va a entender y predicar la Palabra, mediante los **nueve frutos** del Espíritu Santo: Gálatas 5:22-24

   Amor, Gozo, Paz

   Paciencia, Benignidad, Bondad

   Fe, Mansedumbre y Templanza

b) Va a recibir los **nueve dones** del Espíritu Santo, confesarlos en voz alta y ejercerlos en el ministerio:

   I Corintios 12:8-10.

   Palabra de Sabiduría, Palabra de Ciencia, Fe

   Dones de Sanidades, el Don de hacer milagros,

   Don de Profecía, Discernimiento de Espíritus, Diversos géneros de lenguas, Interpretación de lenguas

c) Alabarlo, bendecirlo, amarlo y adorarlo en Espíritu, con música y cánticos nuevos que le puedas crear al Señor. Adorarlo en Espíritu y en Verdad, (pues a éstos adoradores él busca que le adoren en Espíritu y en verdad). Adóralo en las mañanas, en el templo, en el carro, adórale en cualquier momento y lugar y verás la presencia, el fuego y el amor de Dios caer sobre ti.

Entendamos, ante nada, que todo esto es parte de la naturaleza intrínseca del hombre, la creación de Dios. Dios es Padre, Hijo y Espíritu Santo, como Dios crea al hombre Cuerpo, Alma y

Espíritu. El Espíritu es inmortal y el que se comunica con Dios. Luego entonces queda establecido que es el espíritu del hombre en obediencia a Dios, quien tiene que comunicarle al alma (la voluntad del hombre y sus deseos), y al cuerpo, cómo es que tienen que proceder para prepararse para la vida, la eternidad donde el tiempo no es, y también para tener éxito en esta vida temporal sobre el planeta Tierra, en todas las cosas que hagamos pues escrito esta: «*Todo lo puedo en Jesucristo que me fortalece.*» (Filipenses 4:13).

Todo esto te equipa para vivir en el Espíritu:

1. Entendiendo la Palabra Espiritualmente.

2. Recibiendo el discernimiento de Espíritus y el poder de ejercer, tanto los frutos como los dones, del Espíritu Santo.

Entonces verás la ¡Gloria de Dios!

CÓMO SE RECIBE LA SANIDAD DEL CUERPO

Marcos 16:18 «Y estas señales seguirán a los que creen: En mi nombre (Jesús hablando), echarán fuera demonios, hablarán nuevas lenguas, tomarán en las manos serpientes, y si bebieren cosa mortífera no les hará daño; sobre los enfermos impondrán sus manos, y sanarán.»

¿Estas enfermo? Ponte en manos del Señor creyendo que él te quiere sano, repitiendo los versículos para la sanidad divina. No importa que te hayan declarado una enfermedad mortal, para Dios nada es imposible.

Isaías 53:5 «Mas él herido fue por nuestras rebeliones, molido por nuestros pecados; el castigo de nuestra paz fue sobre él, y por su llaga fuimos nosotros curados.»

Para él no hay excepción de hombres. Todo es posible, si puedes creer. Las maravillas que ocurrían en el Libro de Los Hechos de los Apóstoles, en la Iglesia original, siguen todavía ocurriendo en la Iglesia contemporánea. Yo he sido testigo de multitud de señales y curaciones maravillosas del Señor.

También doy testimonio personal que en más de una ocasión, por medio de la oración me levantó del borde de la muerte. !Bendito sea su nombre para siempre!

Asombrados estaban los discípulos de las maravillas y milagros que Jesús hacía. Entonces Jesús les comentó: «*Obras aun mayores que estas harán Ustedes, pues yo voy al Padre.*» El don de sanidades, el echar fuera demonios y el don de hacer milagros son las características indicativas de que el Reino de Dios está entre nosotros. Solamente tienes que creerle a él y recibir por fe lo que ya él hizo por ti. ¡Por su llaga hemos sido sanados! Gloria al Cordero inmolado desde antes de la fundación del mundo!

XXIII

LA VIDA EN EL ESPIRITU Y LA
SEGUNDA VENIDA DE JESUCRISTO

Sᴵ ᴠᴀᴍᴏs ᴀ ᴛᴇɴᴇʀ ᴜɴᴀ relación personal con Él, para recibir sus bendiciones, es necesario conocerlo íntimamente y rendirle honra, alabanzas y adoración. ¿De qué otra manera podemos relacionarnos con él? Casi enseguida que conocí al Señor hace ya muchos años. El Señor claramente me dijo «Todo es por el Espíritu», es decir, a través del Espíritu Santo. Si vamos a Juan 14:26 vamos a leer el siguiente versículo-clave: *«Mas el Consolador, el Espíritu Santo, a quien el Padre enviará en mi nombre, él os enseñará todas las cosas y os recordará todo lo que yo os he dicho» (Juan 14:26).*

Es decir, el Espíritu Santo es el maestro que nos enseña, revela y discierne la Palabra en toda su intensidad y de acuerdo a la necesidad del momento, pues es Dios mismo. Es muy importante conocer el carácter y la mente de Dios y su Palabra, que se cumple al pie de la letra. Esto se logra leyendo y meditando en la Biblia, la Palabra de

Dios. Sin embargo, igualmente importante para el hijo de Dios es «vivir en el Espíritu Santo.»

En Romanos 8:7-8 leemos «Por cuanto los designios de la carne (la mente del hombre), son enemistad contra Dios; porque no se sujetan a la ley de Dios ni tampoco pueden; y los que viven según la carne no pueden agradar a Dios.»

En los versículos 14 y 15 del mismo capítulo (Romanos 8), leemos: «Porque todos los que son guiados por el Espíritu de Dios, éstos son hijos de Dios. Pues no habéis recibido el espíritu de esclavitud para estar otra vez en temor, sino que habéis recibido el espíritu de adopción, por el cual clamamos ¡Abba Padre!»

«Y si hijos, también herederos; herederos de Dios y coherederos con Cristo, si es que padecemos juntamente con él, para que juntamente con él, seamos glorificados» (Romanos 8:17).

Cuando vivimos en Santidad y en el Santo temor de Dios, por su gracia y misericordia, entonces como está escrito: *«De cierto, de cierto os digo: El que en mí cree, las obras que yo hago, él las hará también; **y aun mayores hará, porque yo voy al Padre» (Juan 14:12).***

Busca del Señor a cualquier precio, en el Espíritu. Simplemente no hay otro camino ni a la vida Eterna ni a una vida provechosa en la Tierra. *«Toda buena dádiva y todo don perfecto desciende de lo alto, del Padre de las luces, en el cual no hay mudanza, ni sombra de variación» (Santiago 1:17)* ¡Amén! ¡Nunca olvides el Pacto de Sangre!

LA SEGUNDA VENIDA DE JESUCRISTO

Le dedico la última parte de este libro, dirigido por el Espíritu Santo, al mensaje que Jesús quiere que su Iglesia conozca con urgencia: Su segunda venida a la Tierra, para establecer en la misma (el milenio), el gobierno Santo y de perfecta justicia de Dios. ¡Vengo pronto!

Zacarías 8:3 «Así dice Jehová; yo he restaurado a Sion y moraré en medio de Jerusalén; y Jerusalén se llamará Ciudad de la Verdad, y el monte de Jehová de los ejércitos, monte de santidad.»

¿Cuándo vendrá el Señor? Habrá señales, avisos y acontecimientos que le dirán a «los entendidos», la cercanía de su pronta llegada, sin embargo, del día y hora o fecha nadie sabrá: *Mateo 24: 35-36 «El cielo y la tierra pasarán. Pero del día y la hora nadie sabe, ni aun los ángeles de los cielos, sino solo mi padre.»*

Mateo 24:27: «Porque como el relámpago que sale del oriente y se muestra hasta el occidente, así será también la venida del hijo del hombre.»

Daniel 12: 10-12 (en aquel tiempo) «Muchos serán limpios y emblanquecidos y purificados; los impíos procederán impíamente y ninguno de los impíos entenderá, pero los entendidos comprenderán. Y desde que sea quitado el continuo sacrificio (en Israel) hasta la abominación desoladora*, habrá 1290 días (43 meses), bienaventurado el que espere y llegue a 1,335 días (45 días más)».*La abominación desoladora (periodo del Anticristo posterior al rescate de la Iglesia).

Apocalipsis 13:5 «También se le dio boca (al anticristo), que hablaba grandes cosas y blasfemias; y se le dio autoridad para actuar cuarenta y dos meses.» Apocalipsis 22:11 «El que es injusto sea injusto todavía; y el que es inmundo, sea inmundo todavía; y el que es justo practique la justicia todavía; y el que es santo, santifíquese todavía».

Es muy importante entender que en el lenguaje apocalíptico y profético, el Señor por un lado nos indica que el momento de su retorno nadie lo sabe, sin embargo nos da a los entendidos dos índices muy importantes:

a) Señales abundantes de los últimos tiempos (Capítulo 24 de San Mateo, Libro de Daniel, Libro de Isaías, Malaquías, Libro del Apocalipsis, y otras muchas referencias).

b) Periodos de tiempos exactos, a partir de determinados acontecimientos proféticos (futuros), que debemos discernir, a través de la lectura de la biblia y la guía del Espíritu Santo.

Apocalipsis 21:4 «enjugará Dios toda lagrima de los ojos de Ellos (los hombres); y ya no habrá muerte, ni habrá más llanto, ni clamor, ni dolor, porque las primeras cosas pasaron.»

Mateo 13:43 (En aquel día) «Entonces los justos resplandecerán como el sol en el Reino de su Padre. El que tiene oídos para oír oiga.»

Apocalipsis 22:12 «He aquí yo vengo pronto y mi galardón conmigo, para recompensar a cada uno según su obra. Yo soy el Alpha y la Omega, el Principio y el Fin, el Primero y el Ultimo.» Apocalipsis 22:20 «El que da testimonio de estas cosas dice: Ciertamente vengo en breve. Amén. ¡Si ven Señor Jesús!»

¡Que el Señor bendiga a todo el que lee este libro buscando con pasión la revelación de Dios en su vida!

Autor por la gracia de Dios: J. Ernesto Aguilar

Escrito en obediencia y bajo la unción del Espíritu Santo. Amén

El énfasis en las escrituras ha sido añadido por el autor

BIBLIOGRAFÍA PARCIAL: La Biblia*

The Creator and the Cosmos by Hugh Ross, Ph.D.

The Finger Print of God by Hugh Ross, Ph. D.

The Story of Physics by Lloyd Motz and Jefferson Hane Weaver.

Rethinking Aids by Robert RootBerstein.

The Collapse of Evolution by Scott M. Hose.

Science and The Bible by Henrry M. Morris.

The World that Perished by John C. Whitcomb.

Correlation of The Bible and Science by Edward F.Blick

Special Creation Vs. Evolution by Edward Blick

Reasons to Believe a Christian publication.

Bible Handbook, by Henry H. Halley

Faith What It Is, by Kenneth E. Hagin

Babilonia Misterio Religioso, Ralph Woodrow

True Encounter, Dr. Anthony Pezzotta, ex sacerdote católico, ordenado en 1961 en Turín, (con quince años de estudios en Roma, en el Seminario Católico de Los Salesianos de Don Bosco.)

Varios libros formativos de la fe en la Palabra escritos por importantes autores y apóstoles evangélicos .

Biblia usada para todas las referencias de este trabajo:

- Reina Valera, antigua versión de Casiodoro de Reina (1569)

- Revisada por Cipriano de Valera (1602) y cotejada posteriormente con diversas traducciones, con los textos Hebreo y Griego.

- Revisión con referencias (1960) También, se usó (solamente como referencia) la Nueva Versión Internacional de la Biblia publicada por la Sociedad Bíblica Internacional, versión 1999.

- Referencias Usadas: Concordancia Caribe, Interlinear New Testament, Griego/Ingles autor Jay P. Green

RECONOCIMIENTO

Mi sincero agradecimiento a mi amigo y hermano en Cristo Arturo Alba, quien ha realizado un excelente trabajo de revisión y corrección de textos. Muchas gracias Arturo por tu dedicación y trabajo exhaustivo. ¡Que el Señor te bendiga abundantemente!

Breves datos biográficos del Autor, con relación al libro «El Agua Viva».

Mis padres fueron Domingo Aguilar y Mercedes Valdés, los cuales bendigo en el nombre de Jesús, como padres excelentes que siempre me dieron amor y buenos ejemplos Nací en Catalina, Provincia de la Habana, Cuba.

Muy de joven me inicié en la industria y el comercio en la otrora próspera y hermosa capital de Cuba, hasta que mi patria fue asaltada, secuestrada y sometida a cautiverio, por el comunismo internacional, con la complicidad de la prensa liberal, apoyada también , más allá de toda lógica, por no pocos políticos y jefes de gobiernos.

Ya casado y con dos pequeños niños Ernesto y Juan Carlos, junto con mi esposa Nora, tuve que salir de Cuba, por primera vez en mi vida; con la cuantiosa suma de veinte dólares, cinco por cabeza que era lo máximo que permitía el régimen en aquella época a todo el que se iba de la isla. Tras una breve estancia en Miami, se me ofreció la oportunidad de trasladarme a Chicago, en busca de más amplios horizontes de trabajo.

Poco tiempo después, la compañía para la que trabajaba en Cuba me ofreció una posición en el campo de los plásticos, mi especialidad, y más tarde me enviaron a México, como Gerente General de la División Plásticos, en cuyo país viví por seis años. Mi vida en México fue exitosa, desde el punto de vista de mi carrera profesional, también la familia aumentó en México, con el feliz nacimiento de una niña, Maria Virginia.

También en México hubo un acontecimiento muy desafortunado en mi vida, del cual me arrepentí amargamente ante mi Dios: Cometí el pecado de autorizar el aborto de uno de mis hijos.

Eventualmente, regresé a los Estados Unidos con mi familia y empecé una nueva etapa en mi vida. Inicialmente, fue una etapa difícil para mí y para toda la familia, tanto en lo espiritual como en el área económica. Esta nueva fase de mi vida, no estuvo exenta de situaciones difíciles, sin embargo, entiendo que fue el medio que uso Dios para llevarme al conocimiento y relación personal con Jesucristo, mi Señor, mi Salvador y mi Dios.

En un principio, di un paso en la dirección equivocada. Me acerqué a un grupo que practicaba la meditación, a través de la llamada cibernética, la cual prometía cambios maravillosos, por medio de la mente, para aquellos que la practicaban. Pocos meses después, me di cuenta de que eran prácticas ocultistas y aunque mi conocimiento del Señor, en aquélla época, era muy precario, el Espíritu Santo empezó a inquietarme e indicarme que esas prácticas eran contrarias a Dios. Después de una confrontación con el profesor, en la cual le dije que sus enseñanzas eran contrarias al Evangelio, me retiré del grupo. Salí de allí decidido a buscar de Dios a través de su Palabra.

Mi educación bíblica y cultural han sido dirigidas siempre por el Espíritu Santo, la gloria es para el Señor, además le estoy inmensamente agradecido a los evangelistas, pastores, apóstoles profetas y maestros que me han dirigido, corregido y formado en el conocimiento de la Palabra, tanto desde el pulpito como a través de libros y programas de radio y televisión.

Tuve la experiencia de nacer de nuevo del Agua y del Espíritu, tal como le instruyó Jesús a Nicodemo, en la maravillosa enseñanza del capítulo tres del evangelio de San Juan, después de lo cual también fui bautizado en aguas, tal como lo manda la escritura.

Este hecho tuvo consecuencias trascendentales para mi vida, ocurrió en Miami, en el año 1985 o 1986. El nuevo nacimiento produjo en mi liberación de paradigmas, culpabilidad y temores. Me curó de enfermedades y dolencias y, al entrar en la *economía de Dios,* me liberó primero de todas mis deudas y me prosperó, dándome un negocio propio con avances en mis finanzas, como nunca antes tuve en mi vida. Como está escrito sus promesas son en Cristo, si, y en Cristo. Amén. ¡Gloria a Dios!

Eventualmente, me inscribí en el Instituto Bíblico Alfa y Omega en Miami, Florida, al cual le debo la base de la fe en la Palabra, en la Sangre de Cristo y el conocimiento de la vida dirigida por el Espíritu Santo. Estudié con ahínco la Palabra, tanto en el Antiguo como el Nuevo Testamento, buscando con avidez, la vida en el Espíritu así como la autoridad del creyente, por medio de la fe, graduándome, tres años después en dicho instituto.

Tan pronto me entregué al Señor, sentí un vivo deseo de comunicarle a otros la salvación por medio de la Sangre del Pacto y del Poderoso Evangelio de nuestro Señor, de modo que empecé inicialmente a predicarle el Evangelio a todo el que me quisiera oír. Esto me puso en contacto con la gran necesidad que tiene el ser humano del conocimiento de La Palabra.

El Señor me abrió las puertas para la predicación radial en un programa evangélico, alcanzando un gran territorio en el sur de la Florida, bajo el nombre de «Jesús es Vida».

Al mismo tiempo, he estado predicando en las cárceles por más de 20 años, primero en una prisión de alta seguridad en Miami, Florida Reception Center, y después en el Krome Detention Center, en la misma ciudad, en cuya institución sigo predicando por la Gracia de Dios. El ministerio en la cárcel lo comparto con mi hermano en la fe, Carlos Ramos, el cual es un fiel discípulo del Señor y de dicho ministerio.

Unos años después un acontecimiento familiar sacudió mi vida intensamente. Mi hijo mayor Ernesto, al que le llamábamos cariñosamente Kiko, falleció en un accidente. Además de la gran tragedia familiar que esto significó, mi hijo querido fue el primer creyente evangélico en la familia. Él calladamente, asistía a una Iglesia Bautista, en la cual le enseñaron a amar a Jesús y su Evangelio, a través de la Palabra, y no a través de dogmas religiosos. Él recibió a Jesús como su Señor y Salvador y le dedicó su vida, con toda la pasión, inteligencia e integridad que eran las características naturales que lo adornaban, llegando a tener un conocimiento muy amplio de la Palabra. Conocimiento que marcó su vida para siempre.

Después de esta inesperada tragedia, el Señor le hizo saber a su hermano y a mí, en forma incidental, que su muerte había sido instantánea. De modo que por circunstancias especiales, entendimos que fue una revelación del Señor para decirnos que Kiko estaba con él en su gloria: «*Ausente del Cuerpo, presente con el Señor*». Su hermano Juan Carlos, mi hijo menor, siempre fiel a su padre, también le ha entregado su vida al Señor Jesucristo. ¡Gloria Dios por ello!

Durante el tiempo posterior a la partida de mi hijo mayor, fue de gran consuelo para mí, buscar al Señor, en medio de mi dolor, en «Espíritu y en Verdad», encerrado en mi cuarto, a solas en su presencia, oyendo alabanzas inspiradas por el Espíritu Santo. Así supe siempre que él ya estaba en la ciudad del Gran Rey, en la presencia y el gozo del Señor.

Al principio de haber recibido al Señor, no tenía idea de que él me pondría a escribir para testimonio de su nombre, las revelaciones de su palabra, que por su misericordia me hacía, las cuales yo les daba cabida en mi corazón, llevando muchas veces un recuento por escrito de las mismas, lo cual estuve haciendo por más de quince años.

De este fuego de mi espíritu, fue que nació «El Agua Viva».

El Agua Viva presenta el poderoso Evangelio de nuestro Señor Jesucristo, mientras recorre avenidas, paralelas al mismo, con detalles que usualmente no se tocan y de los cuales el Espíritu Santo me inquietó a hablar en este trabajo, en forma simple, directa y práctica, con mucho respeto a todo el que cree, cree erróneamente o simplemente no cree. Pues Dios, aunque detesta el pecado, ama entrañablemente a todos los hombres, al extremo de entregar su vida por amor a nosotros y siempre perdona y bendice a todo el que le busca y está dispuesto a arrepentirse de sus pecados.

«Por gracia sois salvos a través de la fe.......» Efesios 2:8-9.

Al nacer de nuevo, (Evangelio de San Juan capítulo 3) el Señor mi Dios me hizo el favor de dedicarme, a parte de su obra, con un propósito que viene de lo Alto: Parte de ese propósito es *«El Agua Viva»*, presentada a todo aquel que sinceramente busca conocer el Camino de Salvación y Gracia, que únicamente se encuentra a través de una relación personal con Jesucristo, el Hijo de Dios, Dios mismo hecho hombre. *«Yo soy el Camino, la Verdad y la Vida, nadie va al Padre sino por mí.» Amén.*